Vera Lourié
Briefe an Dich

Erinnerungen an das russische Berlin

Herausgegeben von
Doris Liebermann

Schöffling & Co.

Erste Auflage 2014
© Schöffling & Co. Verlagsbuchhandlung GmbH,
Frankfurt am Main 2014
Alle Rechte vorbehalten
Satz: Fotosatz Amann, Memmingen
Druck & Bindung: Pustet, Regensburg
ISBN 978-3-89561-615-0

www.schoeffling.de

Inhalt

Doris Liebermann
Einleitung

Vera Lourié war achtzig Jahre alt, als sie sich noch einmal leidenschaftlich verliebte: in eine jüngere Frau, die Gattin ihres Hausarztes. Dreißig Jahre lang hatte Vera Lourié kein Gedicht mehr geschrieben, nun begann sie, Liebesgedichte auf Deutsch zu verfassen.

Die Angebetete erwiderte die fordernde, besitzergreifende Liebe nicht. Sie sah in Vera eine Freundin, sorgte sich um ihr Wohlergehen, brachte ihr Medikamente. Jeden Montag tranken die beiden ein Glas Champagner zusammen.

Vera Lourié begann damals auch, ihre Erinnerungen aufzuschreiben, in Form der hier erstmals veröffentlichten Briefe, die an die Geliebte adressiert sind. *Tagebuch einer Seele* sollte die Briefsammlung als Buch heißen. Die kleine, gebrechliche russische Dichterin hatte zu dieser Zeit schon nicht mehr die Kraft, sich über Stunden zu konzentrieren. Sie konnte nicht mehr lange sitzen, ein Bein und die Hüfte schmerzten ständig. Das Laufen fiel ihr schwer, und die Wohnung konnte sie nur noch in Begleitung verlassen. Aber sie klagte nicht. »Alte Klamotte«, so nannte sie sich selbst. Ihre Briefe, die mehr und mehr zum Tagebuch wurden, schildern Fragmente eines Lebens voller Brüche, sie sind Stimmungsbild, Berliner Stadtgeschichte und Autobiografie in einem. Als sie während der Berliner Festwochen 1995 im Deutschen Theater daraus las, bekam sie stürmischen Applaus. Einen Verlag konnte sie indes zu Lebzeiten für ihre Aufzeichnungen nicht gewinnen.

Sie kam erst spät zu Ehren, die letzte Angehörige des legendären »russischen Berlins« der zwanziger Jahre. Lange trug Vera Lourié ihr Wissen mit sich, ohne dass sich jemand in Berlin dafür interessiert hätte. Es war auch ein Amerikaner, der die russische Dichterin Anfang der achtziger Jahre in West-Berlin »entdeckte«. Der Slawist Thomas R. Beyer vom Middlebury College war während seiner Arbeit an einer Monografie über den russischen Symbolisten Andrej Belyj, der von 1921 bis 1923 in Berlin gelebt hatte, auf die Spur der russischen Emigrantin gestoßen. In Amerika hatte Beyer die russische Schriftstellerin Nina Berberova gefragt, wer von den Russen der zwanziger Jahre noch in Berlin wohnen und Belyj gekannt haben könnte. Die Berberova hatte Vera Lourié genannt, es aber für unwahrscheinlich gehalten, dass sie die Nazi-Zeit überlebt hatte.[1] Und wenn doch, war sie womöglich nach dem Krieg als »Weiße« ein Opfer der Roten Armee geworden. Als »bourgeois« abgestempelt, wurden russische Emigranten nach dem Einmarsch der Roten Armee in Berlin 1945 oft erschossen oder auf Jahre in Lager deportiert – von den eigenen Landsleuten.

Beyer suchte die alte Dame im Telefonbuch zunächst, korrekt aus dem Kyrillischen transkribiert, unter Lurje, Lurie, Luré. Vergeblich. Er wollte schon aufgeben, als ihm die französische Schreibweise in den Sinn kam. Tatsächlich fand er unter »Lourié« die Dichterin, die in den zwanziger Jahren zur russischen Bohème Berlins gehört hatte. Beyer machte sich nach Berlin auf und erfuhr von Vera Lourié unbekannte Details über Andrej Belyj und viele andere Schriftsteller, mit denen sie verkehrt hatte. Beyer war es auch, der Vera Louriés

---

1 Siehe den Brief von Nina Berberova an Vera Lourié im Anhang, Seite 227.

eigene Gedichte veröffentlichte. In Russland hatte sie nur drei Gedichte publizieren können, ihre Hefte mit den Strophen hatten die Wirrnisse der Zeit überstanden. Dank Thomas R. Beyer erschien der Band 1987 in einer Reihe der Staatsbibliothek Berlin.[2] Überwiegend sind es russische Gedichte, ausgenommen das letzte. Es ist das Gedicht an die Freundin »Es war, es ist!« mit den Versen: »Da plötzlich das Wunder, das Wunder zu lieben!/Vergessen das Alter, nicht denken an Schmerzen!/Nach Dir nur geblieben/Die Sehnsucht im Herzen!/Das ist!//Gefallen die Schranken,/Die Leere genommen./Dem Himmel ich danke,/Die Fee ist gekommen!/Nur Du!//«

Als Professor Beyer an der Universität Göttingen über Andrej Belyj und dessen Berliner Zeit referierte, erwähnte er auch Vera Lourié. Er ermutigte die Slawistikstudenten, sie in Berlin zu besuchen. Eine Freundin, die in Göttingen studierte und Beyers Vortrag gehört hatte, erzählte mir davon. Ich studierte damals am Osteuropa-Institut der Freien Universität, vom »russischen Berlin« erfuhr ich dort nichts. Ich glaube, auch die Professoren hatten noch nichts oder wenig davon gehört. Die 300 000 Russen, die zu Beginn der zwanziger Jahre in der Stadt Verlage, Zeitungen, Theater, Geschäfte, Schulen und Restaurants betrieben hatten, waren längst in alle Winde zerstreut, die Geschichte im geteilten Nachkriegsdeutschland in Vergessenheit geraten. Bücher wie Fritz Mieraus *Russen in Berlin*,[3] Karl Schlögels *Der große Exodus*

---

2 Vera Lourié (Vera Lur'e): *Stichotvorenija. Poems.* Edited and with an introduction by Thomas R. Beyer Jr. Berlin: Reihe der Staatsbibliothek Preußischer Kulturbesitz, Band 8, 1987.
3 Fritz Mierau (Hrsg.): *Russen in Berlin: Literatur, Malerei, Theater, Film 1918–1933.* Leipzig: Verlag Philipp Reclam jun. 1987 und Weinheim: Verlag Quadriga 1988.

oder *Berlin Ostbahnhof Europas*[4] waren zu dieser Zeit noch
nicht erschienen, die Quellen waren verstreut und in den
Ländern des Ostblocks nur schwer oder gar nicht zugänglich. Zusammen mit der Göttinger Freundin rief ich Vera
Lourié an. Sie lud uns zum Tee ein, und bald gehörten wir zu
ihrem Freundeskreis.

Schon seit 1933 lebte sie in einer bescheidenen, herunter-
gekommenen Hinterhofwohnung im Berliner Stadtteil Wil-
mersdorf. Ein Klavier, Bilder mit dem Portrait der Mutter
und russischen Landschaften an den Wänden, Katzen. Weil
sie nicht alle Kosten von ihrer Rente bestreiten konnte, ver-
mietete sie zwei Zimmer an junge Leute, Studenten, die ihr
im Alltag zur Hand gingen. Man fühlte sich an die Notge-
meinschaften russischer »Kommunalkas« erinnert. Die Studenten kamen aus dem Iran oder aus Amerika. Nach dem
Zerfall der Sowjetunion waren es meist russischsprachige,
aus der Ukraine, aus Kasachstan, aus Turkmenistan. Sie nahm
Anteil am Schicksal ihrer Mieter und wusste über die politischen Zustände der jeweiligen Länder Bescheid. Sie selbst
begnügte sich mit dem Durchgangszimmer. Nie hörte man
sie über die Enge und Unbequemlichkeit klagen, darüber,
dass die jungen Leute erst ihr Bett passieren mussten, wenn
sie in die vermieteten Räume wollten. Einsam zu sein wäre
schlimmer für sie gewesen. Ich nahm lange Interviews mit ihr
auf, aus denen Radiosendungen[5] entstanden, ich befragte sie

4 Karl Schlögel: »Berlin: Stiefmutter unter den russischen Städten«, in:
Ders.: *Der große Exodus. Die Russische Emigration und ihre Zentren 1917
bis 1941.* München: Verlag C. H. Beck 1994. Ders.: *Berlin Ostbahnhof Europas. Russen und Deutsche in ihrem Jahrhundert.* Berlin: Siedler Verlag 1998.
5 Doris Liebermann: *Das russische Berlin. Vera Lourié erinnert sich.* Berlin:
SFB, 22. Februar 1985.

auch für einen Dokumentarfilm über das »russische Berlin«.[6] Vera Lourié erinnerte sich lebhaft und sie konnte gut erzählen. Sie sprach mit energischer, tiefer, dunkler Stimme. Ihr Deutsch war russisch gefärbt.

Ich fragte sie nach der Herkunft ihres Namens. Sie sagte, er sei hugenottisch. Damals glaubte ich es bereitwillig. Später klärten mich russische Literaturwissenschaftler darüber auf, dass »Lur'e« ein jüdischer Name sei. Womöglich war erst Vera Louriés Vater zum evangelischen Glauben konvertiert, ein Schritt, durch den sie mitsamt der »Hugenotten-Legende« die Zeit des Nationalsozialismus überlebt hatte.

Die französische Schreibweise ihres Namens taucht in den Texten zum ersten Mal 1932 auf, bis zu diesem Zeitpunkt sind sie mit »Lur'e« unterzeichnet.

Am 21. April 1901 wurde Vera Jossifowna Lourié als Tochter wohlhabender Eltern in St. Petersburg geboren. Sie wuchs mit einem Schweizer Kindermädchen, einer estnischen Gouvernante und einem Privatlehrer so auf, wie man es aus den klassischen russischen Romanen kennt. Erst mit zwölf Jahren besuchte sie das Taganzewa-Gymnasium für Töchter aus höherem Hause. Der Großvater war ein erfolgreicher Börsenmakler, der Vater besaß als Arzt eine eigene Klinik in der Gorochowaja Uliza. Ihre ersten Lebensjahre verbrachte sie in einem imposanten Haus an der Fontanka, der Haupteingang befand sich in der Morskaja Uliza 48. Sie konnte sich gut an die weißen Nächte erinnern, die im Sommer die Stadt in ein geheimnisvolles, irisierendes Licht tauchten, auch an

6 *Russland an der Spree*. Ein Film von Doris Liebermann und Dennis Weiler. Berlin: SFB 1988.

die Spaziergänge auf dem Newskij Prospekt, die sie, herausgeputzt im Matrosenkleid, als kleines Mädchen mit dem Kinderfräulein unternahm, am liebsten zum Kaufhaus Gostinnyj dwor, wo es den Stand mit den begehrten orientalischen Spezereien gab. In zärtlicher Erinnerung waren ihr die »amerikanskije shiteli« geblieben, die »amerikanischen Bürger«, ein Kinderspielzeug, das es auf dem Jahrmarkt in der Karwoche zu kaufen gab: in Glasröhren eingeschlossene Männchen, die sich auf Knopfdruck bewegen ließen. Auch den »mushik«, den hübschen Bauernjungen im roten Kittelhemd, der an der Fontanka Fisch verkaufte und den sie unbedingt heiraten wollte, vergaß sie nie.

Der Großvater besaß ein Logenabonnement im Mariinskij Theater, nach dem Genuss der Oper wurde in großen Gesellschaften gespeist. »Oft ließen sich meine Eltern noch um ein Uhr nachts vom Delikatessengeschäft Romanow Kaviar, Schinken und Champagner liefern«, erzählte sie gleichmütig. Das Geschäft liebte sie, weil dort drei Katzen waren. Man sprach fließend Französisch und reiste vor dem Ersten Weltkrieg im Sommer in die deutschen Badeorte Kissingen, Kreuznach und Wiesbaden, mit Zwischenaufenthalten in Berlin.

Die Revolution 1917 kam dem Freiheitsdrang der jungen Vera zunächst entgegen. Im allgemeinen Wirrwarr konnte sie endlich einmal der Gouvernante entwischen und vor der Sperrstunde jugendliche Verehrer zu schüchternen Rendezvous treffen. Ein Pädagogikstudium brach sie ab und belegte im 1919 gegründeten Petrograder Haus der Künste einen Schauspielkurs bei dem Regisseur Nikolaj Jewrejnow und einen Lyrikkurs bei dem Dichter Nikolaj Gumiljow.

Gumiljow, erster Ehemann der Lyrikerin Anna Achmatowa, war eine schillernde Figur im damaligen Petrograd, wie Petersburg seit 1914 hieß. Er unterrichtete eine Gruppe junger Künstler, die sich »Die tönende Muschel« nannte. Zu ihr gehörten Irina Odojewzewa, Georgij Iwanow, Nikolaj Tichonow, Konstantin Waginow und Vera Lourié. Gumiljows Einfluss auf seine Schüler war stark, ihre Verse sind von ihm geprägt. Gumiljow war zusammen mit Anna Achmatowa und Ossip Mandelstam einer der Hauptvertreter des Akmeismus, einer literarischen Strömung, die sich vom griechischen Wort Akme (Blüte, Spitze, Reife) herleitete. Die Akmeisten forderten eine klare Sprache und exzellent gebaute Formen, Maßstäbe, die Gumiljow auch an die Dichtkunst seiner Schüler richtete. Der von Vera Lourié verehrte Lehrer machte keinen Hehl daraus, dass er Lenins bolschewistisches Regime ablehnte. Anfang August 1921 wurde der 35-jährige Dichter verhaftet und drei Wochen später mit 60 weiteren Menschen erschossen. Vergeblich hatte sich Maxim Gorkij für ihn eingesetzt. Vera Lourié berichtet in ihren Aufzeichnungen davon, dass es nun gefährlich war, Gumiljows Namen auch nur zu erwähnen. Noch im gleichen Jahr entschloss sich ihre Familie, aus Russland zu fliehen.

Über eine Million Menschen verließ infolge von Revolution, Bürgerkrieg und Hungersnot das Land. Deutschland wurde ein Hauptziel des russischen Emigrantenstroms und Berlin die Metropole der russischen Kultur und Politik. Die Berliner Pensionen waren Anfang der zwanziger Jahre von russischen Flüchtlingen überfüllt, die sich notgedrungen in düster-muffigen Bleiben einrichten mussten. Unter den Flüchtlingen waren Adlige, verfolgte Bourgeois, in Deutschland gebliebene Kriegsgefangene, Politiker aller Parteien, Studenten, zwangsausgewiesene Professoren, Künstler und

Intellektuelle. Der Westen Berlins, der Kurfürstendamm, der Tauentzien und der Wittenbergplatz mit allen Quer- und Nebenstraßen war von den Russen geprägt. Für Außenstehende bot dieses »Charlottengrad« ein pittoreskes Bild. Den siebzehnjährigen Klaus Mann inspirierte es zu folgenden Zeilen: »Wie faszinierend, in einem der kleinen russischen Restaurants an jeder Berliner Straßenecke die dicke Borschtschsuppe zu löffeln und sich von einem exilierten Großfürsten bedienen zu lassen.«[7]

Bevor Vera Lourié Russland verließ, schrieb ihr Konstantin Waginow gefühlvolle Zeilen in ein Büchlein ihrer Lieblingsdichterin Anna Achmatowa – das einzige Erinnerungsstück aus St. Petersburg/Petrograd, das ihr geblieben war.[8] Über Riga kam die Familie nach Berlin, wo man »nicht besonders nett zu den Russen war«, wie Vera Lourié die abweisende Haltung der Deutschen euphemistisch umschrieb. »Auf dem kalten Asphalt von Berlin/kannst du der Sehnsucht nirgends entgehen« heißen zwei Zeilen in ihrem bekanntesten Gedicht aus den fünfziger Jahren, in dem sie das Grundgefühl formulierte, das sie zeitlebens begleitete: Heimatlosigkeit. Der Vater durfte nicht als Arzt praktizieren, das bedeutete Gelegenheitsjobs, ein Flüchtlingsdasein in ungemütlichen Pensionen, Schlangestehen bei den Behörden. »Wenn wir im Park auf einer Bank saßen und Russisch sprachen, liefen die Deutschen weg. Dann haben wir Turgenjews Wort von der ›großen, mächtigen, russischen Sprache‹ zitiert – damit haben wir sie verjagt!«

In Berlin trafen die Louriés viele Bekannte aus der Heimat

7 Klaus Mann: *Der Wendepunkt. Ein Lebensbericht.* Reinbek bei Hamburg: Rowohlt Verlag 2006, S. 172.
8 Siehe S. 40 sowie den Bildteil.

wieder. Unter den Emigranten befanden sich auch die Großen der russischen Kunst und Kultur, Andrej Belyj, Marc Chagall, Vladimir Nabokov, Marina Zwetajewa, Maxim Gorkij, Iwan Puni, Leonid Pasternak, Wladimir Majakowskij, Ilja Ehrenburg und viele andere. Berlin wurde bald zur wichtigsten Diaspora der russischen Kunst, Kultur und Politik. Der russische Literaturwissenschaftler Gleb Struve bezeichnete das Berlin der zwanziger Jahre später sogar als »Hauptstadt der russischen Literatur«.

Die russischen Künstler kamen in die Stadt, um allen politischen Wirren und finanziellen Sorgen zum Trotz Gedichte zu schreiben, Bilder zu malen, Bücher zu veröffentlichen und erbitterte Gefechte über die Frage »Bleiben oder Rückkehren« auszutragen. Dem Schicksal ihrer Landsleute gegenüber waren die Russen in Berlin nicht gleichgültig. Als Sowjetrussland 1921 von einer Hungerkatastrophe heimgesucht wurde, organisierten sie eine Reihe Wohltätigkeitsveranstaltungen, deren Erlös für die Notleidenden bestimmt war.

Gleich nach ihrer Ankunft in Berlin suchte Vera Lourié das Haus der Künste auf, das der Dichter Nikolaj Minskij nach Vorbild der gleichnamigen Petersburger Institution ins Leben gerufen hatte.[9] In Berlin war es ein Treffpunkt russischer Künstler in wechselnden Cafés. Vera Lourié las eigene Gedichte und lernte bei einer Lesung den Schriftsteller Andrej Belyj kennen. Der Symbolist, Philosoph und Kulturtheoretiker hatte mit seinen großen, in rhythmisierender Sprache geschriebenen mystischen Romanen *Die silberne Taube* und

---

9 Thomas R. Beyer Jr.: »The House of the Arts und the Writers' Club. Berlin 1921–1923«, in: Thomas R. Beyer Jr., Gottfried Kratz, Xenia Werner: *Russische Autoren und Verlage in Berlin nach dem Ersten Weltkrieg*. Berlin: Verlag Arnold Spitz 1987.

Petersburg, mit seinen Gedichtbänden *Gold in Azur, Asche* und *Die Urne* sowie mit zahlreichen Essays und theoretischen Schriften das literarische Leben Russlands zu Beginn des 20. Jahrhunderts entscheidend beeinflusst. Belyj hofierte die junge Lyrikerin und führte sie alsbald in die Tanzdielen des »Gespensterreichs«[10] aus, als das er Berlin empfand. Vera Lourié schüttelte den Kopf, wenn sie an die »Tänze« des anthroposophisch orientierten Symbolisten dachte, sie waren eine Mischung aus Flagellantentum und Eurythmie.

Sie verkehrte in Ilja Ehrenburgs Kreis am Prager Platz, traf El Lissitzky, Sergej Jessenin, Marina Zwetajewa, Roman Gul, Nina Berberova, Wladislaw Chodassewitsch. Der Schriftsteller Alexej Remisow verlieh ihr einen seiner berühmten »Affenorden«. Sie schrieb für in- und ausländische Zeitschriften, auch für die russische Zeitung *Dni* (Tage), die der Sozialrevolutionär Alexander Kerenskij, der letzte Premierminister vor Lenins Staatsstreich, in Berlin herausgab.

Ab Mitte der zwanziger Jahre zogen die Russen weiter, nach Paris und Prag oder kehrten in die Sowjetunion zurück. Eigentlich wollte Vera Lourié, als Hitler an die Macht kam, nach Paris emigrieren. Der Schriftsteller Michail Ossorgin riet ihr im November 1933 von diesem Schritt ab, er beschwor die noch größere Not in Frankreich.[11]

Der Vater starb im Herbst 1936, zwei Jahre später floh ihre Schwester Jelena vor den Nationalsozialisten nach England. Ihr Bruder Sergej gelangte über Dänemark und Paraguay nach Argentinien, wo er sich jahrelang illegal aufhielt. Bitterarm, konnten die Geschwister der Mutter, einer Jüdin, kein

10 Andrej Belyj: *Im Reich der Schatten. Berlin 1921–1923.* Übersetzt von Birgit Veit. Frankfurt am Main: Insel Verlag 1987.
11 Vgl. den Brief von Michail Ossorgin im Anhang, S. 225 f.

Affidavit beschaffen, jene eidesstattliche Erklärung, die Unterstützung im Gastland zusicherte. Vera Lourié hatte wie ihre Schwester die Erlaubnis bekommen, in England als Dienstmädchen arbeiten zu können,[12] aber sie entschloss sich, bei der Mutter in Berlin zu bleiben. Die Mutter wurde verhaftet, sie überlebte das KZ Theresienstadt. Auch Vera Lourié wurde 1938 von der Gestapo festgenommen, kam nach fast acht Wochen Haft aber wie durch ein Wunder wieder frei. Ihr Verlobter Alexis Posnjakow, ein russischer Rechtsanwalt, starb 1941 im KZ Dachau. »Der Bürgermeister der Stadt Dachau erwartet auch einmal Ihren Besuch«, stand auf dem Brief mit der Todesmeldung, den sie in ihrem Schreibtisch aufbewahrte.

Das Ende des Krieges erlebte sie als Befreiung, und mit den Rotarmisten machte sie sogar Geschäfte. Über den Schwarzhandel berichtet sie in ihren Aufzeichnungen.

Schon vor dem Krieg hatte sie angefangen, Privatschüler in mehreren Sprachen – Russisch, Französisch, Englisch – zu unterrichten. Damit hielt sie sich auch nach dem Krieg mehr schlecht als recht über Wasser. Sie unterrichtete bis ins hohe Alter, um die Rente aufzubessern. Aus den zwanziger Jahren war ihr, als ich sie kennenlernte, kaum ein Erinnerungsstück geblieben. Ihr gesamtes Archiv, Briefe, Widmungen, Bücher von Ilja Ehrenburg, Alexej Remisow, Irina Odojewzewa hatte sie Ende der siebziger Jahre für ein Butterbrot an einen Pariser Sammler verkauft. »Damals hat sich doch in Berlin niemand dafür interessiert«, sagte sie bedauernd. Immerhin

---

12 »›Für das Gewesene gibt der Jude nichts.‹ Vera Lourié, russisch-jüdische Dichterin«, in: *Israelitisches Wochenblatt* Nr. 48, 28. November 1997, S. 7. Interview Karin Huser. Auch in den *Briefen an Dich* schreibt V. L. von der Absicht, nach England gehen zu wollen, siehe S. 122 f.

erwarb Janos Frecot für die Berlinische Galerie zwei Fotoalben, deren verblichene Seiten einen schwachen Schimmer vom einstigen Glanz des russischen Berlins bewahrt haben. Die Fotos zeigen die schöne junge Vera in fröhlichen Runden mit dem Maler El Lissitzky und den Schriftstellern Viktor Schklowskij und Ilja Ehrenburg.

In ihren letzten Lebensjahren besuchten sie russische Schriftsteller und Journalisten, wenn sie in Berlin weilten, unter ihnen Andrej Wosnessenskij und Arkadij Waksberg. Ungläubig hörten sie zu, wenn Vera Lourié eine Zeit lebendig werden ließ, die die Gäste nur aus der Literatur kannten. Nach St. Petersburg, die Stadt ihrer Kindheit und Jugend, kehrte die Dichterin nie wieder zurück. Als sie im September 1998 hoch betagt mit 97 Jahren starb, war sie so arm, dass ihr Freundeskreis um Spenden für die Beerdigung bitten musste.

Vera Lourié wurde auf dem Luisenkirchhof III in Berlin-Charlottenburg beigesetzt.

Editorische Notiz

Vera Louriés nachgelassene Gedichte, Prosatexte, Briefe und Lebenszeugnisse befinden sich im Archiv der Akademie der Künste zu Berlin, mit deren Erlaubnis die *Briefe an Dich* hier zum ersten Mal veröffentlicht werden. Auszüge daraus erschienen in der Zeitschrift *Sinn und Form* Heft 4/2011.

Von den *Briefen an Dich*, die Vera Lourié zwischen dem 9. Juli 1985 und dem 12. Juni 1986 auf Deutsch verfasste, existieren mehrere Varianten. Die ursprüngliche Fassung, eine maschinenschriftliche Abschrift der in Schulhefte handgeschriebenen Briefe (Sign. 41 und 42), ist unter der Signatur 46 archiviert. Da Vera Lourié in ihren Schilderungen häufig von einem Jahrzehnt in ein anderes wechselt, mitunter ganze Jahrzehnte überspringt, Briefe oft auch nicht beendete, wurde diesem Buch eine unter Signatur 44 archivierte bearbeitete Version zugrunde gelegt. Sie bemüht sich um mehr Chronologie, bündelt den Inhalt mehrerer Briefe thematisch und ist somit besser verständlich. Diese Version ist um Passagen aus der Urfassung Signatur 46 sowie aus Fassungen, die unter den Signaturen 37, 43 und 45 archiviert sind, erweitert. Auf die genaue Datierung wurde in dieser Ausgabe verzichtet, da die bearbeitete Fassung Signatur 44 nicht der ursprünglichen Anordnung der Briefe folgt.

Die *Briefe an Dich* werden ergänzt durch Prosatexte, Gedichte und Dokumente, die in Bezug zu Vera Louriés Biografie stehen. Einige davon wurden für diese Ausgabe von der Herausgeberin aus dem Russischen übersetzt.

Die Wiedergabe der russischen Namen ist an die deutsche Duden-Umschrift angelehnt; in einigen Fällen (wie Nabokov, Berberova, Struve oder Scherbina) wurde die gebräuchliche deutsche Schreibweise beibehalten.

Das Register im Anhang gibt zu den im Text genannten russischen Personen jeweils die Namen in wissenschaftlicher Transliteration wieder, so dass interessierte Leser in der slawistischen Fachliteratur mühelos weitere Informationen finden können.

Offensichtliche orthografische und sachliche Fehler in den Texten wurden stillschweigend korrigiert.

Vera Lourié
Etwas über mich

Ich bin am 21. April 1901 im damaligen St. Petersburg geboren. Mein Vater war Arzt, meine Mutter die Tochter eines sehr vermögenden Börsenmaklers.

Meine Jugend war von materiellem Wohlstand geprägt und wies alle irdischen Güter in Hülle und Fülle auf, nur eines nicht: Freiheit! Spielen auf der Straße, Umgang mit fremden Kindern; alles war gefährlich und schädlich.

Nachdem ich bis dahin zu Hause unterrichtet worden war, kam ich mit zwölf Jahren in die dritte Klasse eines privaten Mädchengymnasiums. Diese Schule besuchte ich mit größter Freude, nicht wegen der Lernmöglichkeiten, sondern weil sie damals im Gegensatz zu meinem Elternhaus die ersehnte Freiheit verkörperte.

Mit neunzehn oder zwanzig Jahren kam ich in das Haus der Künste in Petrograd, wo ich zwei Kurse besuchte: einen über das Theater, dessen Lektor der bekannte Regisseur Nikolaj Jewrejnow war; und einen zweiten über die Kunst des Dichtens, geleitet von Nikolaj Gumiljow, dem Dichter und Gründer des Akmeismus, der später als Feind der Sowjetmacht erschossen wurde.

Dort begann ich Gedichte zu schreiben.

Einige meiner Werke wurden im Gedichtband *Die tönende Muschel* veröffentlicht; dies war gleichzeitig der erste Schritt von mir an die Öffentlichkeit, der sich unsere Gruppe junger Dichter um Gumiljow mit diesem Titel vorstellte.

Im Herbst 1921, ausgestattet mit falschen Papieren, verließ meine Familie – meine Eltern, die beiden Geschwister und ich – die Sowjetunion. Diesen Heimatverlust und die Trennung von den literarischen Freunden habe ich nur schwer verkraftet.

So schrieb ich im Berlin der zwanziger Jahre in verschiedenen russischen Zeitschriften, in der russischen Tageszeitung *Dni*, verfasste Buchrezensionen, einige Feuilletons, schrieb Gedichte, von denen viele Petrograd gewidmet waren, schrieb weitere Gedichte und konnte auch eine ganze Reihe veröffentlichen.

In der Nazi-Zeit habe ich geschwiegen.

Meine Mutter war Jüdin und deshalb anderthalb Jahre im Konzentrationslager Theresienstadt. Ich selbst wurde 1938 von der Geheimen Staatspolizei in »Schutzhaft« genommen, kam aber nach siebeneinhalb Wochen mit Gottes Hilfe wieder frei.

Nachdem 1945 der Krieg zu Ende war und meine Mutter wieder zurückkehrte, schrieb ich noch einige russische Gedichte und für die Pariser Zeitung *Russkaja Mysl* (Russischer Gedanke) einige Artikel in russischer Sprache. Bis 1983 habe ich dann ungefähr 30 Jahre nicht mehr geschrieben. Seither schreibe ich wieder: Gedichte und Erinnerungen – auf Deutsch.

Briefe an Dich

Vorwort

Leider habe ich nie ein Tagebuch geführt. Wenn ich es getan hätte, fiele es mir jetzt viel leichter, über die Vergangenheit zu schreiben. Besonders schade ist, dass ich in meiner Jugend keins geführt habe. Ich kannte eine Reihe bedeutender Menschen und war auch mit einigen eng befreundet. Ich konnte und kann nur dann schöpferisch tätig sein, wenn mein Gefühl der Liebe zu einem Menschen so stark ist, dass es zu einer Energie führt, welche einen Ausweg in einem Gedicht oder bei einer ins Leben gerufenen Erinnerung sucht. Ich habe jahrelang nicht geschrieben und es wundert mich selber, dass ich in meinem Alter noch die Kraft aufbringe, so stark zu lieben.

Das Erzählen fällt mir insofern schwer, als ich die deutsche Sprache nicht so beherrsche, dass ich mich frei ausdrücken kann; aber zum Schreiben auf Russisch habe ich keine Lust mehr.

Es war, es ist!

Die Schlitten in Russland hatten keine Lehne,
Man hielt sich fest, die Pferde rasten geschwind,
Der Schnee war so weiß wie die weißen Schwäne.
Die Glocken der Schlitten sangen mit dem Wind.

Es war!

Es war die Zeit der Sehnsucht und Träume,
Wo man noch glaubte an die gute Fee.
Man hatte Angst was zu versäumen …
Die Straßen rochen nach tauendem Schnee.

Es war!

Dann kam des reifen Lebens Erfüllung,
Das Glück, die Liebe, Enttäuschung und Tränen.
Das war der Sommer in Pracht und in Fülle.
Mal oben, mal unten, die Zeit blieb nicht stehen!

Es war!

Und dann der Herbst, ohne Zukunft und Träume,
Die Tage gebunden im Einerlei.
Man beeilte sich nicht, man hatte nichts zu versäumen,
Man war von Erwartung und Sehnsucht frei!

Es war!

Da plötzlich das Wunder, das Wunder zu lieben!
Vergessen das Alter, nicht denken an Schmerzen!
Nach Dir nur geblieben
Die Sehnsucht im Herzen!

Das ist!

Gefallen die Schranken,
Die Leere genommen.
Dem Himmel ich danke,
Die Fee ist gekommen!

Nur Du!

Liebste,

das Wetter ist kühl, regnerisch, keine Sonne. Die schreckliche Stille in der Wohnung. Du würdest es sicher wunderschön finden! Aber die letzten Tage habe ich sogar Angst, bis zum Bäcker allein zu gehen, und dieser Zwang, zu Hause zu bleiben, geht auf die Nerven. Schluss mit dem Jammern, es wird Dich nur ärgern.

Heute will ich weit zurückwandern in das Jahr 1917.

Als im Februar 1917 die erste, die bürgerliche Revolution ausbrach, war die gesamte russische Intelligenz hell begeistert. Alles rannte mit kleinen roten Fähnchen durch die Straßen. Fast alle gebildeten Bürger waren gegen die absolute, autoritäre Monarchie eingestellt und hatten demokratische Ideale. Stell Dir vor, meine Mutter besaß ein Fotoalbum, in dem sich Bilder von berühmten Revolutionären und Terroristen befanden. Sie hatte Fotos von Vera Figner und dem Terroristen Kaljajew, der die Bombe auf den Großfürsten Sergej geworfen hatte und dann natürlich hingerichtet wurde. Die Witwe des Großfürsten, Elisabeth, die Schwester der Zarin, besuchte Kaljajew in seiner Todeszelle und schenkte ihm ein Kreuz, dann ging sie in ein Kloster. Die russischen Terroristen wurden selbst in bürgerlichen Kreisen als Helden verehrt. Sie gingen in einen sicheren Tod und waren dennoch sorgsam bemüht, bei ihren Anschlägen keine Unschuldigen zu treffen. Niemals wurden Attentate verübt, wenn Kinder gefährdet waren. Es ging ihnen nur darum, diejenigen zu töten, die den Menschen das Leben verdarben, die viel auf dem Kerbholz hatten.[13]

Kleine Pause, eine Tasse Tee und es geht weiter.

13 In Albert Camus' Drama *Die Gerechten* wird das Attentat thematisiert.

Während und nach der Februarrevolution hatte sich das Leben des Bürgertums nur unwesentlich verändert. Aber als die Bolschewiki im Oktober die Provisorische Regierung von Alexander Kerenskij stürzten, ging es auch den bürgerlichen Familien von Tag zu Tag schlechter. Auch wir hatten nun unter der Lebensmittelknappheit zu leiden. Es wurde für uns sogar schwierig, Holz für unsere Öfen zu besorgen. In den Schlafzimmern standen kleine, provisorische und transportable Öfen, die geheizt wurden, aber in den anderen Zimmern war es kalt. Im Winter waren Fenster und Fensterbretter vereist. Auf dem Hof zerhackte und zersägte ich mit Soldaten, die sich dazu bereit fanden, feuchtes Holz.

Geld besaß in dieser Zeit überhaupt keinen Wert. Lebensmittel wie Mehl, Kartoffeln und Zucker waren nur auf dem Lande im Tausch gegen Sachwerte zu bekommen. Mein Vater war vor der Revolution Chef eines Militärsanatoriums. In den Wirren der Revolution wurde das Sanatorium geschlossen, und ein großer Teil der Krankenhauswäsche und andere Dinge landeten bei uns zu Hause. Diese Dinge waren auf dem Land sehr wertvoll, und wir konnten sie gegen Lebensmittel eintauschen.

Nachdem meine Großmutter mütterlicherseits gestorben war, floh mein reicher Großvater mit seinem jüngsten Bruder Peter mit einem Schlitten durch Finnland nach Deutschland. Ihre Juwelen hatte er in seinen Mantel eingenäht.

Da in Petrograd große Wohnungsnot herrschte, verordneten die Revolutionsorgane Einquartierungen. Um keine fremden Leute in unser Haus aufnehmen zu müssen, versuchten wir die frei gewordenen Zimmer mit Leuten zu besetzen, die wir kannten.

Also zog das frühere Dienstmädchen meiner Großmutter

und ihr Geliebter, ein Soldat, der im Krieg einen Arm verloren hatte, bei uns ein, was sich als recht nützlich erwies, da der Kriegsveteran ein »Hamsterer« war. Er fuhr mit Wäsche, Stores und Gardinen aufs Land und brachte im Tausch Lebensmittel nach Petrograd zurück.

Für uns in der zweiten Etage gab es kein fließendes Wasser mehr. Wir musste es von unten heraufschleppen, was gewöhnlich ich erledigte, da ich sechzig Kilo wog und sehr kräftig war.

Vor der Oktoberrevolution hatte unser großes Haus in der Morskaja Uliza zwei Eingänge, einen herrschaftlichen vorn zur Morskaja hinaus, und einen für die Dienstboten an der Hinterseite des Hauses. Am vorderen Eingang stand ein uniformierter Portier. Nach der Oktoberrevolution gab es keine »Herren« mehr. Also wurde der herrschaftliche Eingang von den Revolutionären zugemauert, und wir alle mussten durch den Dienstboteneingang gehen.

Aber so weit bin ich ja noch gar nicht. Wir zogen in das Haus in der Morskaja ein … Zwei nebeneinanderliegende Wohnungen wurden zu einer Wohnung umgebaut. Wir hatten circa 11 Zimmer. Als Dienstpersonal hatten wir: zwei Dienstmädchen, das erste Mädchen musste auch am Tisch servieren und war verpflichtet, ein schwarzes Kleid mit einer weißen Schürze und Haube zu tragen. Wir hatten einmal eine sehr nette Finnin als erstes Dienstmädchen. Sie weigerte sich, die Haube zu tragen. Das war ein genügender Grund für meinen Vater, ihr zu kündigen.

Neben dem ersten gab es ein zweites Dienstmädchen. Es hatte hauptsächlich die »Barynja« – die Hausherrin zu bedienen, beim Ankleiden helfen, ins Theater begleiten, dort die Überschuhe aus- und anziehen und so weiter. Dann kam die

Köchin. Meine Eltern wollten keinen Koch halten und engagierten eine Köchin, welche perfekt war und »Köchin als Koch« genannt wurde. Als Test ihrer Kochtalente musste sie Bouletten zubereiten. Die Köchin lebte wie Gott in Frankreich, sie holte ein und bekam Prozente von den Kaufleuten, außerdem stahl sie wie ein Rabe und konnte dadurch mit herrschaftlichen Lebensmitteln ihre ganze Sippe ernähren. Die Köchin hatte eine Küchengehilfin, zum Geschirrwaschen, Gemüseputzen, Kartoffelnschälen, die Küche sauber halten. Dann kam eine Waschfrau. Der Kutscher und die Waschfrau wohnten nicht in unserer Wohnung. Der Kutscher hatte in seiner Wohnung ein Telefon, damit mein Vater ihn immer erreichen konnte. Die Dienstboten bekamen miserable Gehälter, so circa 15 Rubel im Monat. Ich hatte zuerst eine Kinderfrau und dann eine Erzieherin.

Meine Mutter war vom Theater sehr begeistert und ging häufig in das Alexandrinka-Theater, um sich die Premieren anzusehen. Eines Tages, im Oktober 1917, fand dort die Generalprobe der »Maskerade« von Michail Lermontow statt. Da sie offenbar für die Premiere keine Karten mehr bekommen hatte, wollte sie sich wenigstens die Generalprobe ansehen. Nachmittags fuhr sie mit ihrer Equipage los, doch sie erreichte das Theater nicht. In den Straßen wurde geschossen, und es gelang dem Kutscher nur mit Mühe und Not, die von der Knallerei erschreckten Pferde zu beruhigen und meine Mutter heil nach Hause zu bringen. Die Oktoberrevolution war ausgebrochen.

Auf der anderen Straßenseite der Morskaja, nicht weit von unserer Wohnung entfernt, wohnte die Familie Nabokov. Wir kannten die Nabokovs nicht näher, ich wusste nur, dass der Vater der »Partei der Konstitutionellen Demokratie«, deren Mitglieder »Kadetten«[14] genannt wurden, angehörte. Es war eine liberale, demokratische, bürgerliche Partei. Oft sah ich seine zwei Söhne, die auf englische Art mit Knickerbockern und gestreiften Tweedanzügen gekleidet waren, mit ihrem Erzieher spazieren gehen. Einer der beiden wurde später der Schriftsteller Sirin,[15] der mit seinem umstrittenen Roman *Lolita* Aufsehen erregte. Sein Vater kam später in Berlin auf dramatische Weise ums Leben. Der Führer der Partei, Miljukow, trat bei einer politischen Veranstaltung in der Philharmonie in der Köthener Straße als Redner auf. Ein »Schwarzhunderter«,[16] also ein russischer Nazi, wollte ihn ermorden, aber Nabokov warf sich schützend vor Miljukow und wurde selbst tödlich von den Schüssen getroffen.

Im Jahre 1920, nach Abschluss des Gymnasiums, besuchte ich für einen Tag das Pädagogische Institut, wo es mir überhaupt nicht gefiel. Netotschka, die Tochter einer Freundin meiner Mutter, die einige Jahre älter war als ich, erzählte mir vom neu eingerichteten Haus der Künste an der Ecke Newskij Prospekt/Uliza Mojka. Maxim Gorkij hatte es gegründet. Es befand sich in einem früheren fürstlichen Palast. Dort fanden verschiedene Seminare statt: über die Kunst des Dichtens, über Schriftstellerei, über das Theater und viele

14 Nach den Anfangsbuchstaben KD, kadety, woraus deutsch »Kadetten« wurde.
15 Frühes Pseudonym des Schriftstellers Vladimir Nabokov.
16 »Schwarze Hundertschaften (tschernyje sotni) wurden während der Revolution von 1905 rechtsradikale, gegenrevolutionäre Terrorgruppen, die meist von der ›Union des Russischen Volkes‹ organisiert waren, von ihren Gegnern genannt. Auf das Konto der Schwarzen Hundertschaften gingen zahlreiche Morde an oppositionellen Politikern und eine Reihe von Judenpogromen von 1905–1907.« Zit. nach *Lexikon der Russischen Geschichte. Von den Anfängen bis zur Oktoberrevolution*, hrsg. von Hans-Joachim Torke. München: C. H. Beck 1985.

andere mehr. Außerdem wurden Kammerkonzerte, Tanzabende und literarische Vorträge organisiert. Es gab ein Buffet mit belegten Broten und Kuchen, einen Friseur und eine Maniküre, ein unerhörter Luxus in jener Zeit. Außerdem befanden sich dort einige Apartments für bekannte Künstler. Die Schriftstellerin Marietta Schaginjan und der Dichter Michail Losinskij wohnten dort, und auch Nikolaj Gumiljow, der damals schon von der wohl bedeutendsten russischen Dichterin, Anna Achmatowa, geschieden war. Er war mittlerweile mit der sehr jungen und sehr nichtssagenden Schauspielerin Anja Engelhardt, der Stieftochter des Dichters Balmont, verheiratet.

Eines Abends fand im Haus der Künste, das nicht weit von unserer Wohnung entfernt war, ein Gesellschaftsabend statt, auf dem getanzt wurde. Gumiljow stand in einer Ecke des Saales und unterhielt sich mit dem Dichter Ossip Mandelstam.

Mandelstam war klein und erinnerte mit seinem nach oben geworfenen Kopf an einen aufgeregten Hahn. Gemeinsam mit Gumiljow, Achmatowa und Iwanow war er einer der Mitbegründer des Akmeismus, einer literarischen Richtung, die sich im Anschluss an den Symbolismus entwickelte und einen gewissen literarischen Gegenpol darstellte. Mandelstam wurde später, wie auch Isaak Babel, in sowjetischen Lagern ermordet.

Gumiljow machte auf mich einen sehr ruhigen Eindruck. Er war nicht eigentlich hübsch, hatte einen ovalen Kopf, ein schmales Gesicht und graue Augen. Aber Gumiljow besaß großen Charme und war eine Persönlichkeit. Ohne ihm bekannt zu sein, ging ich in meinem Übermut auf ihn zu und fragte: »Nikolaj Stepanowitsch, wollen wir tanzen?« Es wurde gerade Walzer gespielt, und er antwortete: »Ich tanze

nicht, aber einer jungen Dame mag ich keinen Korb geben.«
Also gingen wir zur Tanzfläche und bewegten uns dort
eher in Schrittform, als dass wir wirklich tanzten. Gumiljow
konnte nämlich wirklich nicht tanzen.

Ich belegte zwei Seminare im Haus der Künste. Eines
wurde von dem Regisseur Nikolaj Jewrejnow geleitet, der
viele Stücke geschrieben hat, unter anderem auch »Die
Hauptsache«, das in viele Sprachen übersetzt wurde. Darin
geht es um ein Büro zur Verschönerung des Lebens unglück-
licher Menschen. Einem sehr hässlichen und einsamen Mädchen wird ein gutaussehender Mann vermittelt, der ihr den
Hof macht und die Illusion des Glücks hervorruft. Jewrejnow vertrat die Theorie, das Menschenleben sei ein Theaterstück, und Gott der Regisseur. Er hielt Vorträge über Drama-
turgie und verschiedene Theaterthemen. Ich war in ihn
verliebt und widmete ihm ein Gedicht, das mit den Worten
begann: »Wer sind Sie? Ein Gott oder ein Harlekin?« und mit
den Worten schloss: »Heute ein Gott und morgen ein Dro-
gensüchtiger, ein Abendgast der Apotheken.«

Jewrejnow war sehr kurzsichtig und musste auf der Straße
mit einem Stock gehen. Oft wurde er von Nora Sacher, einer
seiner Verehrerinnen, begleitet. Später heiratete er die Schauspielerin Anna Kaschina.

Das zweite Seminar, an dem ich teilnahm, wurde von
Nikolaj Gumiljow gehalten und behandelte »Die Kunst des
Dichtens«.

Gumiljow vertrat die Auffassung, es sei möglich, aus jedem
Menschen einen Dichter zu machen. Ich stimme auch heute
noch in diesem Punkt nicht mit ihm überein, denn ich halte
eine gewisse Begabung für unerlässlich. Dieses Talent kann
man dann natürlich günstig beeinflussen. Die Seminarteil-

nehmer schrieben Gedichte, die sie vortrugen. Anschließend übten die anderen Studenten Kritik, und zum Schluss äußerte sich Gumiljow selbst dazu.

Jahrzehntelang waren die Werke Gumiljows in der Sowjetunion verboten, denn Gumiljow war ein erklärter Gegner des Sowjet-Regimes, ein Monarchist. Als er eines Tages einen Vortrag beenden wollte und das Publikum noch einmal mit »Meine Herren« anredete, sprang ein Bolschewik auf und rief: »Es gibt keine Herren mehr, sondern nur noch Genossen!« Gumiljow sah ihn voller Verachtung an und erwiderte: »Von einem solchen Dekret ist mir nichts bekannt.«

Es war eine schöne Zeit. Aus der Tiefe meines Inneren heraus wird es vor meinen Augen wieder lebendig, wie wir, im kalten russischen Winter, an einem langen Tisch saßen, die Tür sich öffnete und Gumiljow eintrat. Er trug stets einen Pelzmantel und eine Pelzmütze. Langsam zog er den Mantel aus, nahm die Mütze ab und setzte sich an das Kopfende des Tisches. Dann holte er sein mit Schildpatt verziertes Zigarettenetui heraus, entnahm ihm eine Zigarette, zündete sie an, und der Unterricht begann.

Langsam werde ich müde, deshalb schließe ich diesen Brief.

In Liebe
Deine Vera

Liebste.

Noch zwei Tage, und Du fährst weg. Kann man denn die Sehnsucht mit Pillen bekämpfen? Warum gibt es keine gute Fee, die einem armen Sünder drei Wünsche erfüllt. Meine drei Wünsche wären ein einziger Wunsch: bei Dir bleiben, Dich sehen, Deine Nähe fühlen! Aber das sind nur Wachträume. Ich muss weiter in die Vergangenheit wandern, in die Vergangenheit, die so weit zurückliegt, dass sie schon fast nicht mehr wahr ist.

Ich war ein komisches Kind. Mit knapp drei Jahren versammelte ich meine Verwandtschaft, nahm meine Puppen zusammen und verprügelte sie. Resultat: die Kinderfrau kündigte, denn es war ihr klar, dass alle verstanden hatten, dass ich mit den Puppen dasselbe tat wie sie mit mir. Mit vier Jahren erlebte ich meine erste Liebe. In Kreuznach am Rhein. Ich weiß nicht, ob es noch heute ein Kinderkurort ist, damals war es ein Kinderkurort. Fast jeden Sommer fuhren meine Mutter, ihre alte Gouvernante, die ich nicht leiden konnte, und ich ins Ausland. Eigentlich finde ich es recht dumm, denn in Russland gab es genug schöne Orte, wo man den Sommer verbringen konnte. Ich kenne weder die Krim noch den Kaukasus. Erste Station war Berlin, Hotel Continental am Schiffbauerdamm.

In meiner Erinnerung kamen wir immer abends an und man servierte uns im Zimmer eine Platte mit kaltem Fleisch, Butter in kleinen Bällchen und besonders schöne verschiedene weiße Brötchen. Dann erinnere ich mich an die Läden in der Friedrichstraße, es waren sehr viele Läden, wo jeder Gegenstand eine Mark kostete.

Da kaufte ich Geschenke für meine Schützlinge in Petersburg. Das waren eine vergrämte, kränkliche Waschfrau mit

ihren Kindern und der »Dwornik«, der Hausknecht Wladimir, ein junger Bursche.

Warum gerade diese Leute meine Auserwählten waren,
weiß ich nicht. Ich sagte ja schon, dass ich ein recht sonder-
bares Kind gewesen bin. Es wird Dich kaum wundern, da Du
mich kennst. Ich war eben schon als Kind verdreht! Zurück
zu meiner ersten Liebe.

Wir machten eine Fahrt auf dem Rhein. Der Dampfer ging
nach Koblenz. Zusammen mit uns waren auf dem Schiff ent-
fernte Verwandte meines Vaters. Sie hatten einen siebenjäh-
rigen Sohn, Pawlik. Der Knabe bückte sich über die Reling
und versuchte, das Wasser zu berühren. Die Erwachsenen
schimpften mit ihm. Daraufhin habe ich ihn festgehalten. Man
sagte mir: »Lass ihn doch, Du kannst mit ihm ins Wasser fallen.« Daraufhin antwortete ich: »Ich will mit Pawlik sterben!«

Genug für heute.

Vera

Liebste!

Nach dem unbeständigen Wetter ist heute nun eine Hitze-
welle über uns hereingebrochen. Das bereitet einem in der
Stadt keine große Freude, wo alles asphaltiert und zugepflas-
tert ist. Das soll keine Klage sein! Es gibt sicher Menschen,
deren Lage unvergleichlich schlechter als meine ist.

Zum Einkaufen begleitete mich die Nachbarin. Wir waren
in der Lottostelle und ich habe meinen Schein abgegeben,
vielleicht, vielleicht … Aber es ist nur ein Spiel, ein kleiner
Nervenkitzel!

Ich hoffe, Du fühlst Dich wohl. Heute weiß ich, dass ich nicht auf Deinen Anruf zu warten brauche. Und doch: Ab 18 Uhr bleibe ich im Zimmer! Jetzt sitze ich auf dem Balkon.

Meine Gedanken gehen wieder weit zurück, fast 60 Jahre sind vergangen, seitdem ich in Petrograd meine literarische Arbeit begann, damals, im Haus der Künste.

Ein Teil der Seminarteilnehmer ging, als es Frühling wurde, mit Gumiljow spazieren. Wir gingen durch die verwilderten Straßen, wo zwischen dem Gehwegpflaster Gras emporwuchs. Besonders die Straße am Ufer der Newa, die Nabereshnaja, ist mir im Gedächtnis geblieben. In Petrograd und auch noch später in Berlin habe ich viele Gedichte über die Nabereshnaja geschrieben.

Die Gruppe um Gumiljow nannte sich »Die tönende Muschel« (Swutschaschtschaja Rakowina). Von ihren Mitgliedern machten sich später Nikolaj Tichonow und Konstantin Waginow einen Namen. Zu den Dichterabenden kamen auch manchmal Mitglieder der Dichterinnung (Zech poetow), deren Vorsitz ebenfalls Gumiljow hatte. Von dieser Gruppe waren schon damals Irina Odojewzewa und Georgij Iwanow bekannte Dichter. Sie heirateten und gingen 1923 nach Paris. Wie im vorigen Jahr in der Presse berichtet wurde, kehrte Irina Odojewzewa im Alter von 89 Jahren aus Paris nach Leningrad zurück, wo sie mit allen Ehren empfangen wurde.

Anja Engelhardt, Gumiljows Frau, befand sich zu der Zeit, als ich ihn kennenlernte, nicht in Petrograd, und Gumiljow hatte viele Freundinnen, liebte und wurde geliebt. Auch ich war natürlich sehr in Gumiljow verliebt, und meine Schwärmerei für Jewrejnow war vergessen.

Eines Tages erzählte mir Gumiljow, das Mitglied der Petrograder Dichterinnung, Nikolaj Ozup, wolle ein kleines Fest in seiner Wohnung veranstalten, allerdings »ohne Erwachsene«, was ja wohl »für ein so braves Mädchen wie Sie nicht in Frage kommt«, wie er betonte.

Das kränkte und reizte mich als Zwanzigjährige gleichermaßen, und ich beschloss, hinzugehen. In jener Zeit, der Bürgerkrieg war in vollem Gange, war über Petrograd ab 20 Uhr abends eine Ausgangssperre verhängt. Man konnte den Heimweg also erst am frühen Morgen antreten, wenn man nicht auf der Straße verhaftet werden wollte.

Als ich in Ozups Wohnung eintraf, saßen dort bereits Gumiljow, der Dichter Georgij Iwanow, der Marineoffizier Sergej Kolbasjew, der auch Gedichte schrieb, die Tochter des Fotografen Moissej Nappelbaum, der später Starfotograf der Sowjetunion wurde und viele Bilder von Lenin machte, und Nikolaj Ozup selbst. Es gab kein Licht in der Wohnung, und wir wanderten mit einer Petroleumlampe von Zimmer zu Zimmer. Getrunken wurde etwas Entsetzliches aus denaturiertem Spiritus. Als ich am nächsten Morgen nach Hause kam, schrieb ich ein Gedicht, in dem die Zeile vorkam: »Meine Lieben, die Nacht hat mich von Euch weggerissen ...«[17]

Ich wollte, dass wenigstens irgendjemand weiß, wo ich die Nacht verbringen werde und weihte daher mein Fräulein und Kostja Waginow, einen jungen Dichter, der mich seinerzeit sehr liebte, in meine Pläne ein. Heute denke ich, dass es eine große Gemeinheit von mir war, Kostja davon zu erzählen, da er sich durchaus vorstellen konnte, was dort in der Wohnung passieren würde. Denn er wusste von meiner

17 Möglicherweise ist die Erzählung »Die Nacht«, S. 178, eine Parabel auf diese Begebenheit.

Verliebtheit, und Gumiljow war ein berüchtigter Frauenheld.

Kostja Waginow widmete mir eines seiner Gedichte, welches er mir in das Buch »Rosenkranz« meiner Lieblingsdichterin Anna Achmatowa, der ersten Frau Gumiljows, als Widmung schrieb. Dieses Buch besitze ich noch heute. Das Gedicht ist publiziert in der Ausgabe von Waginows Gedichten, die 1982 in München im Verlag Otto Sagner erschien.

Es war ein sehr lyrisches, kompliziertes und sehr schönes Gedicht.

Der lieben Vera Lourié
gewidmet zur Erinnerung an eine große, einen Monat
während Freundschaft im Buch Ihrer Lieblingsdichterin.

Die Nacht fiel in deine Wimpern,
Wie viele Tage lang schon hüten wir die Liebe;
Antiochia schläft, und blauer Dunst steigt auf
Zwischen farbigen erstorbenen Ufern.

Orpheus war ein Mensch, ich hingegen grauer Dunst.
Von krauser Nacht ist schwer die Liebe, –
Sie lässt sich nicht behüten. Ewiges Feuer
Lodert von diesen toten Ufern.

Waginow
9.X.1921 Petersburg.[18]

18 Ein Faksimile des Originals befindet sich im Bildteil.

Aus dem Dunkel der Vergangenheit taucht das Bild Kostjas auf, wie er auf dem Hof unseres Hauses stand, als wir Russland verlassen wollten. Alles war bereits gepackt, wir waren zur Abreise bereit, und Waginow stand da in seinem langen, umgeänderten Militärmantel seines Vaters, und sagte mir Lebewohl.

In Berlin widmete ich ihm einige Gedichte und wir schrieben uns noch eine Zeit lang. Später wurde er als Dichter in der Sowjetunion ziemlich bekannt, heiratete ein Mitglied der »Tönenden Muschel« und starb in jungen Jahren an Tuberkulose.

Als ich eines Tages in das Haus der Künste kam, um Gumiljow zu besuchen, wurde ich im Foyer davor gewarnt, in sein Apartment zu gehen. Denn dort sei eine Mausefalle der Tscheka, der bolschewistischen Geheimpolizei. Er selbst sei bereits verhaftet worden und oben wären Tschekisten postiert, die auf seine Freunde lauerten, um auch diese festzunehmen.

Während seiner Haft wurde Gumiljow von drei Frauen versorgt, die ihm Päckchen in das Gefängnis brachten; Anja Engelhardt, Ida Nappelbaum und Nina Berberova, die Lebensgefährtin des Dichters Wladislaw Chodassewitsch.

Kürzlich sagte mir der sowjetische Journalist und Kunsthistoriker Natan Fedorowskij, Gumiljow sei als Konterrevolutionär eigenhändig von dem berüchtigten Chef der Tscheka, Dsershinskij, erschossen worden.[19]

Nach Gumiljows Tod bestellten die Mitglieder der »Tönenden Muschel« im Kasanskij-Dom am Newskij Prospekt

19 Nicht nachzuweisen. Es gibt verschiedene Versionen und Annahmen, aber der Ort und die genauen Umstände von Gumiljows Tod sind bis heute unbekannt. Der Dichter wurde 1992 rehabilitiert.

einen Trauergottesdienst »für den Sklaven Gottes, Nikolaj«, denn den Namen Gumiljow durfte man nicht mehr öffentlich aussprechen. Zufällig begegnete ich auf der Straße Anna Achmatowa, die ich bat, zu der »Panichida«[20] zu kommen, was sie auch tat.

Ich schrieb in der folgenden Zeit einige Gedichte über den Tod Gumiljows, die in den zwanziger Jahren in der in Berlin herausgegebenen Zeitschrift *Dni*, Die Tage, für deren literarischen Teil ich damals ständig arbeitete, veröffentlicht wurden.

Im gleichen Jahr starb auch Alexander Blok, der damals der beliebteste Dichter Russlands war. In der Wohnung Bloks, wo sein Leichnam aufgebahrt war, fand ebenfalls ein Trauergottesdienst statt. Das Zimmer, in dem er lag, war voller Menschen, und alle Türen mussten offen stehen, weil sich die Leute noch auf den Gängen drängten, um ihn ein letztes Mal zu sehen. Er wurde im Alexander Newskij-Kloster begraben, der Sarg wurde von sechs Männern durch die Straßen getragen, die gesamte Intelligenzija Petrograds war anwesend. Damals wurde gesagt: »Wenn bei Bloks Begräbnis eine Bombe explodiert wäre, hätte keiner aus den Petrograder künstlerischen und wissenschaftlichen Kreisen überlebt.«

Schon bald nach Bloks Begräbnis verließen wir die Sowjetunion, obwohl ich nichts sehnlicher wünschte, als in Russland bleiben zu können, auch in Lenins Russland. Schluchzend lag ich in meinem Zimmer auf dem Bett aus rotem Mahagoniholz, das früher meinen Großeltern gehörte und jetzt bereits verkauft war. Ich weinte sehr, war ohne Hoffnung und voller Verzweiflung. Eine wichtige Etappe meines

20 Requiem, Totenamt.

Lebens ging zu Ende, und ich sollte Russland niemals wiedersehen.

Aber der Entschluss meines Vaters stand fest. Er wollte nicht mehr in der Sowjetunion leben, obwohl man ihn dort als Arzt dringend brauchte und er auch im revolutionären Petrograd eine gute Position hatte. Er bekam besondere Lebensmittelkarten, was damals unbezahlbar war.

Mein Vater ließ sich den Kontakt zu einem Passfälscher herstellen, der gerade in dem berüchtigten Gefängnis »Kresty« einsaß. Kaum vorstellbar, wie der Mann im Gefängnis unbemerkt Pässe fälschen konnte, aber nach einiger Zeit hielt mein Vater ein Dokument in der Hand, das ihm den Geburtsort Riga, also die lettische Herkunft, bescheinigte. Obwohl er in Wirklichkeit aus Kiew in der Ukraine stammte, hatte er damit das Recht, mit seiner Familie nach Lettland überzusiedeln.

Es war Herbst, ein regnerischer, finsterer Tag, als wir in Petrograd auf dem Bahnhof standen. Auf dem Gleis stand ein langer Zug mit Viehwagen, in denen sich harte Bänke befanden. Die Wagen wurden mit Petroleumlampen beleuchtet. Wir hatten uns mit Proviant eingedeckt und nahmen einen Petroleumkocher, einen »Primus«, mit auf unsere Reise, die eine Woche dauern sollte, weil der Zug immer wieder anhalten musste und wir nur sehr langsam vorankamen.

Meine Eltern, meine siebenjährige Schwester, mein dreijähriger Bruder und ich waren in dem Wagen nicht allein. Mit uns reisten ein lettisches Ehepaar und ein junger Russe, etwa dreißig Jahre alt, der eine schwarze Lederjoppe anhatte, einen schwarzen Mephistobart trug und verdächtigerweise völlig ohne Gepäck reiste. Der Lette, der einen langen roten Bart hatte, unterhielt sich eines Nachts mit dem jungen Russen, als alle zu schlafen schienen. Mein Vater aber war wach geblieben und konnte belauschen, dass der junge Mann ohne Gepäck ein Tschekist war, die Behörden starke Zweifel an der Echtheit unserer Reisedokumente hegten und wir an der lettischen Grenze von ihm aus dem Zug geholt werden sollten, um der Tscheka übergeben zu werden.

Aber es geschah ein Wunder. Der junge Tschekist freundete sich mit mir auf eine sehr harmlose Weise an. Gemeinsam kochten wir Grießbrei auf dem »Primus«, ich verbrannte mir die Hand, und er verband sie mir. Wir plauderten und waren fröhlich. Die Reise war nicht mehr so langweilig, und der junge Mann in der Lederjoppe war an der Grenze plötzlich verschwunden. Wir konnten ohne Probleme passieren. Ich war traurig, er fehlte mir sehr.[21]

Im lettischen Grenzort Reschiza[22] mussten wir aussteigen und unsere Papiere vorlegen. Wir hatten aber, abgesehen von dem gefälschten Pass meines Vaters, keine weiteren »Beweise« unserer lettischen Herkunft. Daher vertraute sich mein Vater dem Bahnhofsvorsteher an und erzählte ihm die ganze Wahrheit. Zunächst kamen wir in die Quarantäne. Ob wir aus Gründen der Ansteckungsgefahr oder aus anderen Erwägungen isoliert wurden, teilte man uns nicht mit.

Wir lebten in einer großen Holzbaracke mit langen Holzbänken, in der sich viele Menschen befanden, kleine Kinder, die in der Nacht schrien, Greise und schwangere Frauen, stillende Mütter. Wegen der Läuse, Flöhe und des anderen Ungeziefers mussten wir in eine speziell dafür eingerichtete Sauna gehen, wo wir uns in einer unmenschlichen Hitze wu-

21 Diese Geschichte greift Vera Lourié in ihrem Prosatext »Der Tschekist« auf, siehe S. 187.
22 Lett. Rēzekne, dt.: Rositten.

schen. Ich konnte in dem Dampf kaum atmen. Wir waren in einer sehr unangenehmen Lage. Mein reicher Großvater war bereits in Berlin und erwartete uns. Die lettischen Grenzbehörden wollten uns jedoch die Weiterfahrt nicht gestatten. Da mein Vater Arzt war, gelang es ihm wenigstens, für sich und seine Familie die Erlaubnis zu bekommen, mittags die Baracke zu verlassen, um auf dem Bahnhof von Reschiza essen zu gehen.

Nach zehn Tagen kam die Befreiung in Gestalt des Herrn Fein, eines reichen, jüdischen Kaufmanns aus Riga, der ein Bekannter meines Großvaters war. Er bewies den Behörden seine lettische Staatsangehörigkeit und hinterlegte für uns eine schriftliche Bürgschaft. Dann durfte er uns mitnehmen. Herr Fein hatte von meinem Großvater zu einem Spottpreis den Kaufbrief seines Hauses in der Morskaja erworben. Er glaubte, wie viele Leute damals, an die Kurzlebigkeit des Sowjetregimes, und hoffte, schon bald der Besitzer dieses schönen Petrograder Hauses zu sein, wobei er sich allerdings verkalkuliert hatte, wie sich später herausstellen sollte.

In Riga verbrachten wir einen Monat. Wir wohnten in einem Hotel in der Bahnhofsstraße. Die Lebensmittelläden, die voller Fleisch, Wurst, Käse, Obst und Süßigkeiten waren, machten auf mich nach Jahren der Lebensmittelknappheit in Petrograd einen gewaltigen Eindruck. Trotzdem, dieser leibliche Wohlstand allein genügte mir nicht. Der sowjetische Schriftsteller Wladimir Dudinzew schrieb den Roman »Der Mensch lebt nicht von Brot allein«. Das ist wahr, auch ich wollte mehr, und Riga war eine sehr ruhige, sehr saubere, gemütliche, aber entsetzlich langweilige Stadt. Ich wollte nach Berlin, dorthin, wo sich ein großer Teil der russischen Intelligenz befand.

Bevor wir Petrograd verließen, bat mich ein uns bekannter Zahnarzt, seinem Bruder in Riga, einem Ingenieur, Grüße auszurichten. Ich war froh, in dieser langweiligen Stadt ein wenig Ablenkung zu finden und jemanden besuchen zu können. Der Mann spielte sehr gut Klavier, ich liebte Klaviermusik, und blieb dabei in seiner Wohnung. Er gefiel mir überhaupt nicht, und alles war ganz harmlos, aber mein Vater beklagte sich bei meiner Mutter bitter über mein unschickliches Verhalten.

Es zieme sich nicht für ein junges Mädchen, so lange allein mit einem Mann in einer Wohnung zu sein. Meine Mutter, die eine kluge, fortschrittliche und aufgeschlossene Frau war, erwiderte, es sei zu spät, sich über solche Dinge aufzuregen, die Zeiten hätten sich geändert.

Nach vier Wochen war es endlich so weit. Wir fuhren nach Berlin, und ein neuer Lebensabschnitt begann für mich, die Etappe der literarischen Tätigkeit im Berlin der zwanziger Jahre.

Jetzt bin ich sehr müde vom Schreiben und mache Schluss.

Liebste, wie geht es Dir? Bist Du mit Deinem Urlaub zufrieden? Erholst Du Dich gut?

Immer in Liebe, Deine Vera.

Liebste,

im Spätherbst 1921 kamen wir in Berlin an und wohnten zunächst in der Pension Steinplatz am damaligen Knie, dem heutigen Ernst-Reuter-Platz. Damals hatte mein Großvater noch etwas Geld, aber wir konnten dennoch nicht lange in der Pension wohnen, weil sie einfach zu teuer war. Ich erinnere mich, dass ich im Tattersall am Zoo Reitunterricht bei einem russischen Oberst nahm und einmal vom Pferd fiel!

Gestern habe ich ausnahmsweise einmal ferngesehen. Es war sehr interessant, weil es eine Sendung über literarische Cafés in Berlin gab. Ich wurde an das Café Landgraf in den zwanziger Jahren in Berlin erinnert, in dem russisch-literarische Abende veranstaltet wurden.

Bald als ich in Berlin ankam, ging ich nämlich in das Café Landgraf und hielt einen Vortrag über die Petrograder Dichter-Innung und über die »Tönende Muschel«. Ich stand inmitten des Raumes und erzählte von der Arbeit und den Werken der russischen Dichter Petrograds, vom Haus der Künste, von Gumiljow, seiner Verhaftung und Ermordung und vom Tode und Begräbnis Alexander Bloks. Zum Abschluss trug ich einige meiner Gedichte vor, die ich noch in Russland geschrieben hatte. Dann geschah etwas Unglaubliches. Der berühmte russische Dichter Andrej Belyj, der in Russland etwa den Rang eines Thomas Mann hatte, stand auf und ging auf mich zu. Belyj war für mich eine unerreichbare Größe. Bereits in Petrograd las ich zwei seiner Romane: *Die silberne Taube* und *Petersburg*, der in rhythmischer Prosa geschrieben war und eine Prophezeiung des Ersten Weltkrieges und der russischen Revolution enthielt.

Er sprach mich an und sagte mir, meine Gedichte hätten ihm gefallen, ich solle sie ihm bringen, denn er sei Redakteur des literarischen Teils der Zeitschrift *Epopeja*. Ich war sehr stolz.

Abram Wischnjak, der später von den Nazis ermordet wurde, war der Verleger von *Epopeja*. Obwohl Andrej Belyj die Veröffentlichung meiner Gedichte angeregt hatte, endete mein Besuch bei Wischnjak mit einer großen Enttäuschung. Er sagte mir, meine Gedichte seien nicht gut genug und er könne sie in seiner Zeitschrift unmöglich drucken. Um mich zu trösten, wollte er mir eine Flasche Eau de Cologne schenken, die ich empört ablehnte. Du kannst Dir sicher vorstellen, wie beleidigt ich war. Mit 21 Jahren empfindet man es noch viel stärker als im Alter.

Aber nun begann meine Freundschaft mit Belyj. Oft besuchte ich ihn, kochte Tee, stopfte seine Socken und glaubte, sehr in ihn verliebt zu sein. Heute denke ich, es war eher Verehrung für den berühmten Mann und Stolz, dass eine solche literarische Größe mir, der kleinen Dichterin Vera Lourié, den Hof machte und so viel Interesse an mir zeigte. Das alles hatte aber bei Belyj nicht viel zu bedeuten, denn er war auch in Mariechen, die Tochter eines Berliner Kneipenbesitzers, verliebt, wie ich erst später erfuhr.

Belyj war menschlich eher schwierig, sehr egozentrisch und liebte im Grunde nur sich selbst. So was muss man aber wohl bei einem genialen Menschen in Kauf nehmen, und Andrej Belyj war ein Genie.

Damals schrieb er an seinen Erinnerungen an Alexander Blok, mit dem er in seiner Jugend eng befreundet war, bevor es wegen einer Liebesromanze zwischen Belyj und Bloks Frau zum Zerwürfnis kam. Während meiner Besuche las Belyj mir aus seinen Erinnerungen vor. Außerdem schrieb er damals das Buch *Glossolalija*, ein wissenschaftliches Werk, das sich mit der Verbindung von Worten, Rhythmen und Lauten beschäftigt. Es war sehr kompliziert und für mich fast unverständlich. Er erklärte es mir aber, so dass ich in der Zeitung *Dni* sogar eine Kritik veröffentlichen konnte. In diesen Tagen überarbeitete Belyj auch seinen Roman *Petersburg* und kürzte ihn.

Belyj hatte eine Glatze, die von grauen Haaren umrahmt war, eine sogenannte Spielwiese. Zu Hause trug er gewöhnlich eine Jarmulke auf dem Kopf, eine schwarze Stoffmütze, die gläubige Ostjuden im alten Russland zu tragen pflegten. Das Auffallendste an seinem Äußeren waren seine Augen. Sie waren grünlich und schmal, saßen tief in den Augenhöhlen und leuchteten gleichsam von innen heraus. Anfangs wohnte Belyj in der Passauer Straße, direkt gegenüber vom KaDeWe, dann zog er in eine Pension am Viktoria-Luise-Platz, wo sich ein großes Café befand, in dem man tanzen konnte. Gelegentlich verbrachten wir dort die Abende. Belyj trug einen langen, schwarzen Gehrock und statt einer Krawatte eine schwarze, seidene Schleife. Wir tanzten zu den Rhythmen von One-Step und Shimmy einen von ihm selbst erfundenen Tanz, der nicht die geringste Ähnlichkeit mit den Modetänzen hatte, das Publikum aber so begeisterte, dass ich Blumen geschenkt bekam.

Belyj war schnell der Großstadt Berlin überdrüssig. Eines Tages fuhr er Hals über Kopf nach Zossen, ein kleines Städtchen südlich von Berlin. Einige Male besuchte ich ihn dort. Man musste eine gute Stunde mit dem Dampfzug fahren und dann einen langen Weg durch ein Feld gehen, bevor man zu dem Haus kam, in dem er lebte. Es war ein kleines, graues Haus mit einer ebenso grauen Wirtin. Belyj bewohnte ein großes, dunkles Zimmer und arbeitete.

Dann lebte er eine gewisse Zeit in Swinemünde an der Ostsee, wo auch meine Familie auf meine Bitte hin ein paar Wochen verbrachte.[23] Wir wohnten in einer privaten Villa, in der ein junges Stubenmädchen arbeitete, das mir eines Tages erzählte, sie werde abends auf einen Matrosenball gehen. Mich interessierten die menschliche Psyche und das Schicksal der Menschen sehr, und ich wollte gern etwas über das Leben der Matrosen erfahren. Also begleitete ich sie, nicht ohne zuvor von meinem Großvater mit einem Augenzwinkern ermahnt zu werden, nur nicht etwa einen Matrosen mit nach Hause zu bringen. Es wurde ein interessanter Abend, der aber mit einer kleinen Enttäuschung endete.

Ein junger Matrose, der mit mir getanzt hatte, sagte zu mir: »Fräulein, Sie passen überhaupt nicht hierher.«

Ein weiterer Abend in Swinemünde[24] blieb fest in meinem Gedächtnis. Belyj konnte grausam sein. In einem Café, in dem das Kurpublikum von einem Conferencier, dem Eintänzer Fred und kleineren Varieténummern unterhalten wurde, trat ein Zauberer auf, der Zahlenkunststücke aufführte. Plötzlich stand Belyj auf und entlarvte den armen Mann, indem er ihm mathematisch nachwies, dass seine Kunststücke purer Betrug waren.

Belyj gehörte der anthroposophischen Bewegung an, was auf den Einfluss seiner geschiedenen Frau Asja Turgenjewa,

---

23 Alexander Bachrach und Marina Zwetajewa: »Andrej Belyj in Berlin. Mit Gedichten aus dem *Berliner Liederzyklus*«, *Kontinent* Nr. 3/1978, S. 157–209. Bachrach schildert dort, dass Belyj in Swinemünde Vera Lourié keines Blickes würdigte: »Nebenbei bemerkt war auch Vera Lurje in Swinemünde, bereit, ihre ›Seele‹ für Belyj hinzugeben, aber diesem bereitete es offenbar ein sadistisches Vergnügen, sie zu ignorieren. Er grüßte sie nicht und tat ganz bewusst so, als ob sie nicht existiere.« Ebd., S. 179.

24 »Swinemünde« heißt auch ein russisches Gedicht von Vera Lourié, VL-Archiv Sign. 84, Bl. 5, Broschüre »Pamir«, S. 143.

die eine entschiedene Anhängerin Rudolf Steiners war, zurückging. Asja Turgenjewa kam dann auch nach Berlin und hatte dort ein Liebesverhältnis mit dem Dichter Alexander Kussikow, der ein Freund Sergej Jessenins war, aber selbst nur bescheidene literarische Talente besaß. Dieses Verhältnis bedrückte Belyj sehr.

Als ich ihn eines Tages in seiner Pension in Berlin besuchte, fand ich ihn in einem verzweifelten Zustand vor. Er erzählte mir, die Kuppel des Tempels der Anthroposophen, des Goetheanums in Dornach, sei ausgebrannt. Da sich sein Kopf dort in der Kuppel befände, müsse er jetzt sterben oder zumindest schwer erkranken. Belyj hatte an der Kuppel mitgebaut und daher ein sehr intensives Verhältnis zu dem Goetheanum. Natürlich starb er nicht und wurde auch nicht krank.

Belyj trank sehr viel Alkohol, aber nie habe ich ihn sehr betrunken gesehen. Ich habe wohl, wenn ich zurückdenke, nicht so sehr die Abende, sondern verlängerte Nachmittage mit ihm verbracht. Als die Anthroposophin Wassiljewa aus Moskau nach Berlin kam, um Belyj zur Rückkehr in die Sowjetunion zu überreden, besuchte ich ihn noch gelegentlich, aber unsere Freundschaft hatte einen Riss bekommen. Wassiljewa sah sehr russisch aus, bescheiden bekleidet, und hatte ein angenehmes, wenngleich nicht markantes Gesicht. Sie übte einen großen Einfluss auf Belyj aus, und er entsprach nicht nur ihrem Wunsch, in die Sowjetunion zurückzukehren, sondern heiratete sie später auch.

Meine letzte Erinnerung an ihn. Bahnhof Zoo. Belyj verlässt Berlin. Viele seiner Freunde und Bekannten, auch ich, begleiteten ihn zum Zug. Der Zug fährt ab, und der winkende Belyj verschwindet allmählich aus der Sicht. Verschwindet für mich für immer. Es war traurig, wieder war eine wichtige Lebensetappe zu Ende gegangen.[25]

Liebste, am Telefon Deine Stimme gehört. Es war kurz, ich dachte, es ist so ähnlich, wenn man auf dem Bahnsteig steht und jemanden begleitet, den man so unendlich liebt, er fährt für eine längere Zeit weg. Gleich fährt der Zug ab, man kann ihn nicht halten. Man möchte noch so viel sagen, man sagt kein Wort. Gleich verschwindet das Gesicht aus den Augen, gleich verschwindet die Stimme aus dem Hörer ... Gleich werde ich mich in den Hof setzen, die Nachbarinnen werden ununterbrochen erzählen, sie werden stören, aber ich muss aus der Wohnung, das Telefon erinnert mich zu sehr an Dich.

Vera

---

25 Nina Berberova: *Kursiv moj*, dt.: *Ich komme aus St. Petersburg*, Düsseldorf 1990, S. 199 f.: »Chodassewitsch und ich waren zu Hause, immer noch in der Pension Krampe, als Vera Lurie, eine gemeinsame Freundin von Bely und uns, gegen Abend direkt vom Bahnhof Zoo, wohin sie Bely begleitet hatte, zu uns kam. Im letzten Moment war er plötzlich aus dem Zug gesprungen und hatte vor sich hin gemurmelt: ›Nicht jetzt, nicht jetzt, nicht jetzt!‹ Das erinnerte mich an die Szene in den ›Dämonen‹ von Dostojewski, als Werchowenski zu Kirillow ins Zimmer kommt, der in einer dunklen Ecke vor sich hin spricht: ›Jetzt, jetzt, jetzt.‹ Der Schaffner zog Bely dann wieder in den schon fahrenden Zug hinein. Er versuchte, noch etwas zu rufen, aber man konnte schon nichts mehr verstehen. Ich erinnere mich nicht, ob Klawdija Wassiljewa bei ihm war, dann saß sie in diesem Moment sicher am Fenster des Waggons und las ungerührt in irgendeinem dicken Buch. Bely war weg. Berlin wurde leer, das russische Berlin, das andere kannte ich nicht.«

Liebste,

gestern habe ich Dich singen gehört. Du hast eine so schöne Stimme. Ich sehe Dich so wenig! Ich weiß, Du hast keine Zeit, aber mir fehlen die Stunden, wenn auch kurze, in denen Du bei mir warst und ich Dich sah.

Heute will ich Dir noch etwas aus dem Berlin der zwanziger Jahre erzählen. Ich begann Gedichte und Literaturkritiken für die Tageszeitung *Dni* zu schreiben, deren Chefredakteur Alexander Kerenskij war. Er war von Beruf Rechtsanwalt, Sozialrevolutionär und nach der russischen Februarrevolution Ministerpräsident der Provisorischen Regierung, bevor er im Oktober 1917 von Lenin gestürzt wurde. Er konnte hervorragend reden und es gelang ihm ein gutes halbes Jahr lang, die Soldaten an der Front zu halten, bis die Kriegsmüdigkeit der Menschen über ihren Patriotismus siegte. Kerenskij besaß kein rechtes politisches Durchsetzungsvermögen und wurde in Russland spöttisch »der kleine Napoleon« genannt.

Die Redaktion von *Dni* befand sich in der Kreuzberger Lindenstraße, nicht weit vom Halleschen Tor entfernt. Kerenskij und ich hatten persönlich wenig miteinander zu tun, da er für den politischen Teil der Zeitung verantwortlich war und ich ausschließlich für das Feuilleton arbeitete. Doch einige Male hatte ich Gelegenheit, mit ihm zu reden. Ich erzählte ihm, dass ich sein Foto nach der bolschewistischen Machtübernahme verstecken musste. Er lächelte.

Der Redakteur der literarischen Abteilung war Michail Ossorgin. Er gab mir, als ich das erste Mal in die Redaktion kam, einen ganzen Stapel Bücher mit den Worten: »Vera, bitte schreiben Sie mir bis zur nächsten Woche darüber Rezensionen.« Ich erschrak und bemerkte, dass ich diese vielen Bücher unmöglich innerhalb einer Woche lesen könne. »Wer spricht denn von lesen. Sie fangen oben links an und hören unten rechts auf. Als Rezensentin müssen Sie lernen, schnell zu lesen.«

Ich nahm es mir zu Herzen, und siehe, es ging. Auch später bin ich oft nach dieser Methode verfahren.

Michail Ossorgin wurde vom Ischias geplagt. Oft konnte er daher das Haus nicht verlassen, und seine Frau ging ohne ihn aus. Manchmal blieb ich allein mit ihm in der Wohnung zurück. Wir küssten uns, aber weiter ist zwischen uns nichts vorgefallen. Später schrieb er mir aus Paris, er bedaure es, mir damals nicht die Unschuld genommen zu haben, da in Paris schon die sechsmonatigen Mädchen ihren Ammen untreu würden und es dort überhaupt keine unschuldigen Mädchen gäbe.[26]

Ich lernte damals auch Alexej Tolstoj kennen. Er war Redakteur der Zeitung *Der Vorabend* [*Nakanune*], die kommunistisch orientiert war. Er bot mir an, bei ihm zu arbeiten. Aber ich war zufrieden mit meinen Sozialrevolutionären und blieb lieber bei Kerenskij.

In diesen Tagen begegnete mir zufällig Alexander Bachrach auf der Straße. Er war ein entfernter Verwandter von mir, und ich kannte ihn schon als Knaben. Als Kinder sahen wir uns allerdings selten, da seine Eltern nicht in Petersburg wohnten. Er war ein knappes Jahr jünger als ich und stammte aus einer sehr spießigen, bürgerlichen Familie, die mit der literarischen Bohème überhaupt nichts zu schaffen hatte. Er selbst jedoch war sehr intelligent und äußerst belesen. Eines Tages nahm ich ihn in die *Dni*-Redaktion mit, und bald ver-

---

26 Siehe den Brief von Ossorgin im Anhang, Seite 225 f.

öffentliche auch er viele Literaturkritiken. Er freundete sich mit vielen Künstlern an. Großen Ärger gab es aber mit Viktor Schklowskij. Bachrach und ich hatten eine schlechte Kritik über eines seiner Werke geschrieben und mussten miterleben, wie ein rasend wütender Schklowskij in den Redaktionsräumen erschien, einen Stuhl ergriff und ihn heftig auf den Boden schlug. Dabei brüllte er: »So weit sind wir gekommen, dass Kinder über unsere Bücher Kritiken schreiben dürfen!«

Dann verließ Bachrach Berlin und ging nach Frankreich, wo er eine Zeit lang Sekretär des Nobelpreisträgers Iwan Bunin wurde. Später kämpfte er in den Reihen der französischen Armee gegen die Nazis und arbeitete nach dem Krieg eine Zeit lang beim Sender Freies Europa in München. Ich korrespondierte noch eine Weile mit ihm, bis der Kontakt einschlief.

Viele Jahre später fiel mir eine Ausgabe der Zeitschrift *Kontinent* in die Hand, in der Bachrach einen Artikel über Andrej Belyj geschrieben hatte. Er vertrat dort die für mich wenig schmeichelhafte und meines Erachtens nicht zutreffende Ansicht, ich sei damals Andrej Belyj nachgelaufen, was mich aber nicht sonderlich berührte. Ich konnte über die Redaktion der *Kontinent* seine neue Adresse ermitteln und wir schrieben uns regelmäßig. Vor einigen Jahren, anlässlich eines Vortrages über Iwan Bunin, den er in Köln hielt, kam er für drei Tage nach Berlin geflogen, nur um mich nach fast sechzig Jahren Trennung wiederzusehen.

Aber ich will wieder in die zwanziger Jahre zurückkehren. Nun steht Tatida plötzlich vor meinen Augen, die auch irgendwie zu uns gehörte, wenngleich ich mir nicht sicher bin, ob auch sie literarisch gearbeitet hat. Sie war älter als ich, nicht besonders hübsch und hatte dunkles Haar. Noch bevor wir uns kennenlernten, war sie eng mit dem Dichter Maximilian Woloschin befreundet, den sie für einige Zeit in seiner Datscha auf der Krim besuchte. Eines Nachmittags gingen wir spazieren und setzten uns auf eine Bank in der Bismarckallee. Neben uns saß ein Deutscher. Wir sprachen Russisch miteinander. Von einem hinter der Bank stehenden Akazienbaum riss ich einen Zweig ab, worauf der Deutsche aufsprang und mir mit seinem Spazierstock auf die Finger schlug. Damals habe ich gelacht, aber es zeigt deutlich, mit welch großem Hass die deutschen Spießbürger den russischen Emigranten entgegentraten.

Tatida war mein Anstandshündchen, jedenfalls taten wir so, als wäre sie es. Mein Vater war nämlich nach wie vor der Ansicht, es zieme sich nicht für seine Tochter, allein mit einem jungen Mann spazieren zu gehen. Wohl konnte er es mir nicht mehr verbieten, ich war volljährig, aber es hätte zu Hause Skandal und unnützes Gerede gegeben. Also spielten wir ihm etwas vor.

Gemeinsam mit Tatida verließen Lasar Mejerson und ich die elterliche Wohnung. An der nächsten Straßenecke verabschiedete sich Tatida und ging ihrer Wege. Dann waren Ljonka, wie wir ihn nannten, und ich allein. Lasar Mejerson war ein jüdischer Kunstmaler, der in seinem Äußeren an einen katholischen Mönch erinnerte. Mit ihm hatte ich eine sehr schöne Romanze, von der mir nichts als ein Buch von E. T. A. Hoffmann blieb, das er mir geschenkt hatte.

Manchmal ging ich mit einer ganzen Horde junger Künstler spazieren. Nach Hause begleitete mich Mejerson aber allein. Gelegentlich stand mein Vater am Fenster und konnte mich und meinen Begleiter beobachten. In solch einem Falle warnte mich meine Mutter, ich solle nur nicht lügen, er habe alles gesehen.

Lasar Mejerson lebte mit dem jungen, schwerkranken Schriftsteller Fedja Iwanow zusammen. Sie waren so arm, dass sie nicht nur gemeinsam ein möbliertes Zimmer bewohnen mussten, sondern auch für beide nur ein einziges Paar Schuhe und einen guten Mantel besaßen. Wenn einer von ihnen ausging, musste der andere zu Hause bleiben. Ich las zwei der Werke Fedja Iwanows, ein Taschenbuch mit Erzählungen und *Der rote Parnass*, ein Buch über die zeitgenössischen Maler. Iwanow war ein großgewachsener Jüngling, der kerngesund aussah. Bei näherer Betrachtung aber verriet die unnatürliche Röte seiner Wangen die schwere Krankheit, und er starb schon bald in Berlin an Tuberkulose. Mejerson ging nach Paris, wo er als Bühnenmaler bekannt wurde und früh starb. Auch der Künstler Salschupin wurde nicht alt.

Tschelischtschew, der Vetter von Wladimir Lindenberg, wurde Bühnenmaler in Amerika. Pikelnij und Tereschkowitsch zogen ebenfalls nach Paris. Vor einiger Zeit traf ein Freund von mir Pikelnij in Paris bei Alexander Bachrach. Er sei sehr dick geworden und habe kränklich ausgesehen, erzählte er mir. Pikelnij schickte mir ein Buch mit den Reproduktionen seiner Bilder und schrieb eine freundliche Widmung hinein. Ich sehe ihn noch jung und schlank vor meinen Augen.

Der Kubist Iwan Puni war ein schöner Mann, hatte aber, obgleich verheiratet, wenig Interesse an Frauen. Seine Art der Malerei ist mir immer fremd geblieben. Seine Frau war die ukrainische Malerin Ksana Boguslawskaja, die ihrerseits Frauen liebte und mit der weniger bekannten Dichterin Jelena Ferrari befreundet war. Während einer Party in unserer Wohnung musste ich zum Haustor gehen, um weitere Gäste einzulassen. Ksana begleitete mich, und als wir allein waren, begann sie mich heftig abzuknutschen. Ich fand das äußerst amüsant und wehrte mich nicht.

Eines Abends gab Iwan Puni ein Fest in den Räumen seines Ateliers, zu dem ich gemeinsam mit Natascha, der Tochter des Schriftstellers Semjon Juschkewitsch, ging. Es wurde sehr spät und Ksana bat mich, die Nacht über bei ihr zu bleiben, was ich ablehnte, da sie mir eigentlich nicht besonders gefiel. Daraufhin wurde sie so wütend, dass sie schrie: »Du Hexe, mit der Ehrenburg kannst Du, aber mich willst Du nicht.« Natascha und ich mussten fluchtartig das Atelier verlassen.

Ich hatte zu Ljuba Ehrenburg ein sehr liebevolles Verhältnis, was aber rein platonischer Natur war. Wer aber gesehen hatte, wie wir uns in der Prager Diele gegenseitig mit Kaffeesahne fütterten, hätte uns durchaus für ein Liebespaar halten können.

Heute habe ich keine Lust, noch weiter zu schreiben. Ich liebe Dich. Ich weine, weil Du, obwohl Du nah bist, hier in Berlin, unerreichbar scheinst.

Vera.

Liebste,

heute kam ein Brief von Dir. Ich war so aufgeregt, als ich ihn aus dem Briefkasten nahm, dass ich versehentlich versuchte, eine fremde Wohnungstür zu öffnen. Gestern las ich einen Artikel des Kunsthistorikers und Journalisten Natan

Fedorowskij über mich, in dem er mich die »wahnsinnige Poetessa« nennt. Ich stimme ihm bei. Nur weiß ich immer noch nicht, ob ein Leben, in denen es Tage großen Glückes und schweren Kummers gegeben hat, einem ruhigen, durchschnittlichen Gang durchs Leben vorzuziehen ist. Für mich persönlich trifft das jedenfalls zu.

Nun noch einiges über das russische Berlin der zwanziger Jahre. Einige Zeit lang waren die Gegend um den Wittenbergplatz, Tauentzien und Gedächtniskirche fest in russischer Hand. An jeder Ecke gab es russische Lokale, auf den Straßen hörte man die Leute Russisch sprechen. Es gab 86 russische Verlage und dutzende russische Zeitungen.

Vorübergehend lebten über 300 000 russische Emigranten in Berlin.

Um das Jahr 1921 herum bewohnten Ilja Grigorjewitsch Ehrenburg und seine Frau Ljuba Michajlowna, eine Kunstmalerin, ein Zimmer in einer Pension in der Passauer Straße. Mit ihnen war ich befreundet, insbesondere mit Frau Ehrenburg. Den Ehrenburgs habe ich zu verdanken, dass ich viele interessante Menschen kennengelernt habe. Manchmal nahmen sie mich in das vornehme Restaurant Schwannecke mit, in dem die links stehende, literarische Prominenz Berlins verkehrte. Dort traf ich auch mit Ernst Toller, Axel Eggebrecht und Leonhard Frank zusammen. Zuvor war das Romanische Café in der Nähe der Gedächtniskirche das Zentrum der Literaten und Maler. Zu meiner Zeit war das Niveau dort aber so tief gesunken, dass man kaum mehr Künstler mit Namen treffen konnte.

Ilja Ehrenburg und seine Frau sagten »Sie« zueinander. Er redete sie mit »Sie, Ljuba« an und sie nannte ihn: »Sie, Ilja Grigorjewitsch«. Ich hieß bei ihnen »Wolodja«, weil ein Artikel von mir in der Zeitung *Dni* versehentlich mit »Wl. Lourié« gezeichnet war. Wl. ist die Abkürzung von Wladimir und Wolodja ist die Zärtlichkeitsform dieses Namens. In eines seiner Bücher schrieb mir Ilja Ehrenburg: »Ich widme es meinem lieben Wolodja, nicht einem Kapaun, sondern einem Huhn.«

Ilja Ehrenburg war ein sehr kluger Mann und hatte eine scharfe Zunge. Obwohl ich gut mit ihm befreundet war, kann ich ihn nicht als ausgesprochen sympathisch bezeichnen. Er war bisweilen sehr ironisch. Als er in späteren Jahren in London von einem BBC-Reporter gefragt wurde, was ihm an England am besten gefiele, antwortete er: »Die Hunde.«

Eines Morgens fand Frau Ehrenburg einen Maulkorb vor der Zimmertür ihrer Pension, offenbar gedacht für das lose Mundwerk ihres Gatten.

Ehrenburg sah sehr ungepflegt aus, es fehlten ihm einige Vorderzähne und die Knöpfe seiner Hosenträger. Alles an seinem Äußeren war in Unordnung. Böse Zungen behaupteten sogar, er hätte seine Hosen bei der Trauungszeremonie mit den Händen festhalten müssen, damit sie ihm nicht herunterrutschten. Daher habe er seiner Frau den Ehering nicht aufstecken können.

Als eines Morgens ein Karton Seife vor der Tür stand, nahm Ljuba Ehrenburg es mit Humor und meinte, sie sei glücklich, nun endlich genügend Seife zum Waschen zu haben.

Ehrenburg verbrachte einen großen Teil des Tages im Café Prager Diele, wo er seinen Stammtisch hatte. Dort frühstückte er und dort schrieb er auch seine Bücher. Abends versammelten sich viele Künstler, die ihn sehen wollten, in der Prager Diele. Eines Tages tauchte der berühmte Clown

Wladimir Durow auf, mit dem Ehrenburg befreundet war, nachdem er in frühen Jahren mit ihm in der Sowjetunion Pinguine dressiert hatte. Er hatte eine kleine Holzkiste mitgebracht. Als er sie öffnete, kam seine Lieblingsratte »Finka« herausgekrochen, nahm auf Durows Schulter Platz und knabberte Kekse.[27]

Ich hatte eine schlechte Kritik des Poems »Pugatschow« von Sergej Jessenin geschrieben. Jessenin war einer der herausragenden Dichter jener Zeit, voller Leidenschaft für die Revolution. Wie viele russische Genies trank er unmäßig und machte auch durch gelegentliches Randalieren auf sich aufmerksam. Als ich abends in die Prager Diele kam, stellte mir Ilja Ehrenburg, der meinen Artikel kannte, einen hübschen Bauernjungen mit blonden Locken vor, indem er sagte: »Wolodja, das ist der Dichter Sergej Jessenin.« Es war mir sehr peinlich. Jessenin sagte mir lächelnd: »Ich finde, dass Ihre Kritik sehr ungerecht war. Es ist ein schönes Poem.« Ich wäre am liebsten im Boden versunken.

Jahre später verübte Jessenin, nachdem er noch ein letztes

27 Ilja Ehrenburg hat dem Tierdresseur Wladimir Durow in seiner Autobiografie *Menschen Jahre Leben. Memoiren* einige Seiten gewidmet. Er schildert dort auch folgende Episode: »Einmal kam er mit einer Bitte zu Lunatscharski. Es ging um eine Unterschrift. Lunatscharski antwortete, er müsse die Sache erst prüfen. Da sprang aus Durows Jackentasche die Ratte Finka, sein Liebling, und stellte sich vor dem Volksbildungskommissar auf die Hinterpfötchen. Lunatscharski hatte Angst vor Ratten und schrie: ›Nehmen Sie das Tier weg!‹ Durow seufzte: ›Ich kann nicht, Anatoli Wassiljewitsch. Sie bittet für ihre Kameraden. Das ist Solidarität!‹

Zehn Jahre später brachte er in das Pariser Café Coupole auch eine Ratte mit und wunderte sich sehr, als die Damen hysterisch kreischten. Er erklärte, dass es sich um eine Artistin handle, aber die Damen wollten nichts davon wissen.« In: Ilja Ehrenburg: *Menschen Jahre Leben. Memoiren.* Band I. Übersetzt von Fritz Mierau. Berlin: Verlag Volk und Welt 1982, S. 376.

Gedicht geschrieben hatte, im Leningrader Hotel Angleterre Selbstmord, indem er sich die Pulsadern aufschnitt und erhängte.

Ich schrieb auch Artikel für Zeitschriften in der Tschechoslowakei und Litauen. Der Dichter Jewgenij Schkljar gab mir zwei Dollar, damit ich eine gute Rezension eines seiner Bücher schreibe, das ich im Grunde miserabel fand. Zwei Dollar waren eine Menge Geld, da die deutsche Währung von Tag zu Tag verfiel. Man musste alles deutsche Geld schleunigst ausgeben, weil es am nächsten Tag viel weniger wert war.

Ehrenburg verspottete mich und riet mir, ich solle immer sofort die Hand ausstrecken, wenn mich ein Schriftsteller bittet, eine Kritik eines seiner Bücher zu schreiben.

Ljuba Ehrenburg war Kunstmalerin und das genaue Gegenteil ihres Mannes, mindestens, was das Äußere betrifft. Sie war schön und sehr elegant. Auch nach der Hochzeit behielt sie ihren Mädchennamen Kosinzewa als Künstlernamen bei. Sie war so schlank, dass mein Redakteur Michail Ossorgin meinte, er würde sie trotz ihrer Schönheit nicht umarmen wollen, weil er sich an ihren Knochen zerkratzen könnte. Aus dem Sommerurlaub schrieb sie mir aus Spaß einen Brief mit roter Tinte. »Lieber Wolodja, ich schreibe Ihnen mit meinem Blute.«

Gelegentlich rief sie mich zu Hause an und sagte: »Wolodja, Sie müssen kommen. Ilja Grigorjewitsch langweilt sich.« Wenn ich dann bei ihnen war, nahm mich Ilja Ehrenburg auf den Schoß und spielte einen Franzosen, der ein Straßenmädchen verfolgt, hob mich hoch und trug mich durchs Zimmer. Er sprach perfekt Französisch, da er lange Jahre in Paris gelebt hatte. Als Dichterin nahm mich Ehrenburg überhaupt nicht ernst, er machte sich lustig über mich.

Liebste, ich kann nicht weiterschreiben. Dein Brief liegt in meinem Nachttisch, wie alle Karten, Briefe und Zettel, die von Deiner Hand geschrieben wurden. Gute Nacht!

In Liebe Deine Vera

Liebste,

manchmal habe ich einen solchen seelischen Zustand, dass ich mich von der Gegenwart nicht frei machen kann. Heute habe ich diese sinnlose Depression, wo ich den Kopf auf den Tisch legen möchte, um die ganze Seele auszuheulen. Das Gefühl der Nutzlosigkeit, wenn man alt ist. Das Wissen, dass Du mich nicht brauchst, dass ich zu nichts im Stande bin, etwas zu machen, was für Dich wirklich wichtig wäre. – Daraus entsteht die Eifersucht. Die Machtlosigkeit macht gereizt, man sagt, was man nicht sagen sollte, es verschlimmert die Beziehungen und es ist wie ein Teufelskreis.

Aber jetzt muss ich versuchen, mich in die Vergangenheit zu begeben. Ich will mich mit den deutschen Vermieterinnen der zwanziger Jahre beschäftigen. Ob sie heute anders geworden sind? Unsere erste möblierte Wohnung war in der Neuen Kantstraße. Außer uns wohnte dort nur der Sohn der Wohnungsbesitzer, aber er war fast nie da. Ich erinnere mich nur, dass es ein blasser, kränklicher junger Mann war, mit welchem wir keinen Kontakt hatten. Dann zogen wir in die Berliner Straße, Charlottenburg. Die Wohnungsbesitzerinnen waren zwei Schwestern – beide zwischen vierzig und fünfzig Jahre alt. Die ältere, Margarete, hatte einen Freund, Herrn Fiedler, ein mageres, schüchternes Männchen. Sie war recht herrisch und rechthaberisch und kommandierte ihren Freund so wie ihre Schwester herum. Die zweite, Berta, war bucklig und netter als ihre Schwester. Anscheinend zogen sie Männer den Frauen vor. Meinen Vater haben sie eigentlich gemocht, dafür meine Mutter und mich gar nicht. Meine Geschwister waren noch Kinder.

Zu der Zeit hatten wir noch eine Köchin, Fräulein Marta. Meine Mutter aß gerne das Fleisch von den Suppenknochen. Das Fleisch wurde von unserem Geld gekauft. Die lieben Schwestern wurden wütend, wenn Fräulein Marta das Knochenfleisch nicht für ihre Hunde lassen wollte. Ein Mal, ich weiß den Grund nicht mehr, hatte Margarete mit meiner Mutter in der Küche getobt und ein Küchenmesser in der Hand bedrohlich gehalten. Die Schwestern beklagten sich bei meinem Vater, dass meine Mutter sie in Gedanken verachte. Darauf erwiderte mein Vater, dass Gedanken zollfrei seien. Ich weiß nicht, was für eine Lektüre die Schwestern lasen, aber ich kann mir gut vorstellen, dass Berta am liebsten die Romane von Marlitt und Werner, Liebesromane, populär zu jener Zeit, gelesen hat.

Von dort aus zogen wir in die Schlossstraße, auch in Charlottenburg. Ich möchte noch bemerken, dass die Mietpreise für möblierte Wohnungen, welche man noch dazu mit den Wohnungsbesitzern teilen musste, für jene Zeit sehr hoch und für Leute, die arm waren, sehr schwer zu bezahlen waren.

Aber eine Wohnung, die leer war, durften Ausländer nicht mieten. Die Wohnung in der Schlossstraße gehörte einem Ehepaar. Bei dem Ehepaar wohnte ein alter, kranker Verwandter. In der Wohnung gab es zwei Toiletten, eine für die Wirte, eine für uns. Da der alte Wilhelm krank war, sollte er nur unsere Toilette benutzen. Sie verlangten, dass meine Eltern eine Putzfrau hielten. Wir hatten eine sehr vornehme Putzfrau: sie hieß Frau Zobel von Zobeltitz. Gekocht hat die Wirtin selbst für uns, es war Bedingung, dass sie kocht und einkauft. Mit Recht kann man fragen, warum mein Vater bei solchen Leuten gemietet hat. Der Grund war, dass es für Ausländer selbst sehr schwierig war, eine möblierte Wohnung zu bekommen. Dann kam die letzte möblierte Wohnung. Ich glaube, es war das Jahr 1928. Die Wohnung befand sich in der Schweidnitzer Straße in Halensee. Wenn ich mich richtig erinnere, hatten wir dort drei Zimmer. In einem Zimmer, wo mein Vater schlief, war eine Kochplatte. Ein langer Korridor trennte unseren Teil der Wohnung von dem der Wirtin. Im Korridor stand der Telefonapparat. Mein Vater musste die ganze Telefonrechnung, inklusive der Gespräche der Wirtinnen, bezahlen. Wenn meine Schwester, die damals circa 17 Jahre alt war, telefonierte, unterbrach Luzie, die Tochter der Wirtin, das Gespräch.

Abends ging ich in das Stammcafé, da nannte mich Luzie »eine Nachtviole«. Zwei Etagen höher wohnte eine unverheiratete Frau mit ihrer kleinen Tochter. Manchmal rief Luzie laut auf der Treppe: »Fräulein Neumann!« Selbstverständlich waren wir auch hier verpflichtet, eine Putzfrau zu halten. Das Badezimmer befand sich in dem Teil der Wohnung, welcher der Wirtin gehörte. Wir durften uns nur einmal in der Woche baden, und uns nur zu bestimmten Stunden heißes Wasser in Eimern holen.

Die Vermieterin hieß Frau Gilson, sie hatte viele Kinder und Enkelkinder. Eine ihrer Töchter war mit einem Hausmakler verheiratet. Durch Hilfe und Vermittlung dieses Herrn Hülsenitz wurde mein Vater auch Hausmakler.

Zurück zur Gegenwart, ich bin zu müde, um mich noch an etwas zu erinnern. Das Wetter ist ganz sommerlich. Vorgestern bin ich mit einer meiner Freundinnen, Birgit, von ihrer Wohnung in der Ansbacher Straße durch die Tauentzienstraße, dann den Kudamm entlang, bis zu der Haltestelle Uhlandstraße gelaufen. Für mich war es ein Ereignis, eingehakt bei Birgit, konnte ich gehen. Zu der Zeit, als ich gut laufen konnte, bin ich oft den Kudamm entlanggegangen. In meiner Jugend war es ein anderer Kudamm gewesen. Andere Sachen waren in den Ladenvitrinen und die Preise waren auch andere. Andere Musik ertönte aus den Lokalen. Und die Straßenbahn fuhr auch noch den Kudamm entlang. Du schreibst noch, ich bin ganz still, um Dich nicht zu stören. Schön, wenigstens in Deiner Nähe zu sein!

Vera

Liebste,

in jenen Tagen hingen in den Fenstern der nicht so vornehmen Gartenlokale Schilder mit der Aufschrift: »Hier können Familien Kaffee kochen«. Es war eine beliebte Sitte. Man brachte Kaffee, Tee, belegte Brötchen oder Kuchen von zu Hause mit und bestellte sich dann eine Kanne kochenden Wassers, um den Kaffee aufzubrühen. Man bekam Tassen, Teller, Löffel und Messer aus dem Lokal und musste dafür eine Leihgebühr bezahlen. Dort blieben wir so lange sitzen, wie wir Lust hatten. An manchen Tischen sah man Männer Skat spielen und Frauen stricken oder häkeln.

Sonntagvormittags fuhr ich oft gemeinsam mit meiner

Mutter, meinen Geschwistern Sergej und Helen, sowie mit meinem Vetter Andreas und meiner Cousine Schura Finkelstein in ein Gartenlokal nach Zehlendorf. Gegenüber befand sich ein freies Feld, und ich entsinne mich gut, wie schön es war, durch das Feld zu laufen, den Geruch des frisch gemähten Grases einzuatmen und eine unendliche innere Freiheit zu spüren. Ich war jung und hatte die ganze Zukunft vor mir. Ein russisches Sprichwort sagt: »Ihm geht das Meer bis zum Knie«. Dieser Mensch ist dann so glücklich, dass es ihm erscheint, das grenzenlose Meer würde ihm nur zum Knie reichen und er es also überragen. So war mir damals zumute.

In einem Gartenlokal am Ende der Paulsborner Straße spielte an Sonn- und Feiertagen eine Kapelle. Einer der Musiker, ein kahlköpfiger Stehgeiger, sang flotte Schlager. Ich sehe ihn vor meinen Augen, wie er mit der Geige an der Brust auf einem Platz tanzte und das damals populäre Lied sang: »Oh, Du lieber Augustin, wo sind Deine Haare?«

Nicht weit von unserer Wohnung entfernt, am Kurfürstendamm, wohnte die russisch-jüdische Familie Kogan. Sie lebten mit der Schwester Kogans und deren Sohn, dem Schriftsteller Owadij Sawitsch zusammen. Sawitsch war mit Ilja Ehrenburg eng befreundet. Er schrieb damals den Roman *Der schweigsame Gesprächspartner*, der in Berlin in russischer Sprache veröffentlicht wurde.

Sawitsch war ein seltsamer Mensch. Wenn er auf dem nächtlichen Heimweg am Bahnhof Zoo vorbei musste, bat er mich, ihn zu begleiten. Er hatte eine panische Angst, von Huren angesprochen zu werden.

In der Wohnung der Familie Kogan versammelten sich an jedem Freitagabend Freunde und Bekannte. Es wurden Kerzen angezündet, und der alte Kogan sprach, gebeugt über den »Barches«[28], ein jüdisches Gebet. Dann wurden verschiedene jüdische Spezialitäten gegessen, gefüllter Hecht in Meerrettichsoße zum Beispiel. Sawitsch und Kogans Sohn hatten ihre Freunde dabei, wir tanzten zur Musik, die von dem Plattenspieler kam: Two-Step, One-Step, Tango. Es war lustig.

Eines Abends traf ich dort zwei Regisseure und den Drehbuchautor Natan Sarchi aus der Sowjetunion. Sarchi hatte ein Drehbuch nach dem Roman *Städte und Jahre* des sowjetischen Schriftstellers Konstantin Fedin geschrieben. Sie waren in Berlin, um einen Teil des Filmes hier zu drehen. Ich freundete mich mit Natan Sarchi an. An jenem Freitagabend erzählte ich den Filmleuten von unseren sonntäglichen Familienausflügen. Sie waren begeistert und wollten uns am nächsten Sonntag unbedingt begleiten.

Am folgenden Sonntag trafen wir uns an einer Straßenbahnhaltestelle und fuhren statt nach Zehlendorf, wo man Kaffee hätte kochen können, nach Wannsee in ein sehr teures Lokal. Meiner Familie ging es damals materiell sehr schlecht, und diese Leute machen einen enorm reichen Eindruck auf uns. Sie luden uns ein, wir konnten bestellen, was wir wollten. Sie bezahlten alles. Mein Bruder und meine Schwester, die damals noch große Kinder waren, aßen mehr, als sie vertragen konnten, und am Ende wurde ihnen schlecht. Meine Schwester Helen, fasziniert von diesem Reichtum, sagte zu meiner sehr hübschen Cousine Schura: »Bitte doch den Sarchi, mir einen Füllfederhalter zu kaufen. Er macht dir doch den Hof, und wird dir die Bitte sicher nicht abschlagen.«

Später fuhren wir mit einem Dampfer auf den Wannsee

28 Auch Challa genannt, ein geflochtener Hefezopf.

hinaus. Da wir in dieser Zeit nicht gerade verwöhnt waren, fühlten wir uns überglücklich.

In dem Nepplokal Barberina in der Hardenbergstraße, in dem Weinzwang herrschte, konnte man Eintänzer mieten. Als Schura, Sarchi und ich dort einen Abend verbrachten und meine Cousine tanzen wollte, engagierte Sarchi einen Gigolo, da er selbst nicht tanzen konnte. Dann kaufte er jeder von uns beiden bei einer Blumenverkäuferin, welche durch das Lokal ging, einen großen Strauß roter Rosen. Aber ich konnte mich nicht recht darüber freuen. Es deprimierte mich, dass so viel Geld für unwichtige Dinge ausgegeben wurde, während bei uns zu Hause gerechnet werden musste. Kuchenbrot und Vierfruchtmarmelade sahen wir als Luxus an. Am nächsten Tag überwand ich mich und erzählte Sarchi, was ich von seiner Geldverschwendung hielt. Er lachte und meinte, ich würde mich besser als Ehefrau denn als Freundin eignen.

Zu jener längst vergangenen Zeit gab es am Henriettenplatz in Halensee ein großes Kaffeehaus. Der Besitzer hieß Schulz und war ein kleiner, dicker, weißhaariger Mann. Dort verkehrten hauptsächlich Stammgäste. Ich gehörte auch zu ihnen. Fast jeden Abend ging ich mit meiner Mutter dorthin. Ich glaube, es war eine Reaktion auf meine Freundschaft mit Andrej Belyj, dessen Geist für mich zu kompliziert und zu bedeutend war. Ich war müde, ich wollte unbeschwert leben. In diesem Kaffeehaus lernte ich die Putzmacherin Anita kennen, die ein ziemlich leichtes Mädchen war, und ihren Freund Willi, einen Mitropa-Kellner.

Eines Tages kam die Dichterin Vera Inber[29], der Schriftsteller Jurij Tynjanow und der Regisseur Tschajka nach Berlin. Sie waren nicht emigriert, sondern besaßen sowjetische Pässe und besuchten Berlin lediglich als Touristen. Tynjanow war nicht sehr groß und hinkte. Wenn ich mich richtig erinnere, war er der Schwager von Viktor Schklowskij. Er hat historische Romane geschrieben, zum Beispiel über den Schriftsteller Gribojedow in *Der Tod des Wesir Muchtar* oder in *Kjuchlja* über einen Dichter zu der Zeit Puschkins. Ich glaube, dass Tynjanow, obwohl er ein großer Schriftsteller war, im Ausland nur wenig bekannt ist.[30]

Da sie »das andere Berlin« kennenlernen wollten, baten sie mich, da ich mich ja auskennen würde, mit ihnen eine Wanderung durch Ost- und Nordberlin zu machen. Als Reiseführer begleiteten uns Anita und Willi. Es wurde ein lustiger Abend, wir besuchten verschiedene Kneipen in der Münzstraße und in der weiteren Umgebung des Alexanderplatzes. Aus jedem Lokal nahm Willi eine Erinnerung mit, hier einen Bierdeckel, dort einen Löffel oder ein Glas. Auf den Straßen fragte er die herumstehenden Huren nach ihren Preisen; je verbotener die Gegend, desto billiger waren sie zu haben.

Mein Vater war in Deutschland nicht als Arzt anerkannt und durfte seinen Beruf nicht ausüben. Also versuchte er, auf alle mögliche Art und Weise an Geld zu kommen, am Ende

---

29 Vera Inber lebte zwischen 1924 und 1926 als Korrespondentin in Paris, Brüssel und Berlin.

30 Tynjanow war 1928 in Berlin, ggf. war das nicht das erste Mal. Ein Briefwechsel zwischen ihm und Viktor Schklowskij ist veröffentlicht in: Fritz Mierau (Hrsg.): *Russen in Berlin: Literatur, Malerei, Theater, Film 1918–1933*. Weinheim und Berlin: Quadriga Verlag 1988, S. 397–403. Zu *Kjuchlja* siehe Jurij N. Tynjanow: *Wilhelm Küchelbecker. Dichter und Rebell*. Übersetzt von Maria Einstein. Zürich: Diogenes Verlag 1990.

seines Lebens als Hausmakler, wofür er sich jedoch überhaupt nicht eignete. Oft wurde er von seinen Kollegen betrogen. Er starb 1936, und die damals sehr bedeutende Summe von 3000 Reichsmark blieb auf dem Konto des Notars Busch. Als ich mit meiner Mutter das Geld abholen wollte, sagte uns der Notar, ein anderer Makler habe ebenfalls Ansprüche auf die Provision angemeldet. Dieser Mann hätte aber keine Möglichkeit, auf dem Rechtswege an das Geld zu kommen, daher sollten wir vorsichtig sein, dass er uns nicht auf der Straße überfällt und das Geld an sich reißt. Solche Sitten herrschten damals in diesem Gewerbe. Ich erinnere mich, wie ich mit meiner Mutter, in Furcht, verfolgt zu werden, Unter den Linden entlangrannte, um unsere Straßenbahn zu erreichen und das Geld in Sicherheit zu bringen.

In Liebe Deine Vera

Liebste,

in meiner Erinnerung taucht eine lange Reise auf, die ich noch in meiner Kindheit unternehmen musste. Ich war dreizehn Jahre alt, und wir schrieben das Jahr 1914. Im Juli dieses Jahres fuhren wir nach Axenstein, in die deutsche Schweiz. Axenstein war ein kleiner Kurort, hoch auf dem Berg gelegen, unweit von Luzern. Mein Vater blieb nur kurz bei uns. Er langweilte sich im Ausland, und las den ganzen Tag Zeitungen. Ich habe Zeitungen nie gemocht und lese sie auch heute nicht. Damals betrübte das meinen Vater sehr. Er meinte, ein intelligentes Mädchen müsse wissen, was in der Welt vorgeht.

Im zaristischen Russland dauerten die Sommerferien ganze

drei Monate. Es war eine Marotte mancher reicher Bürger, diese Zeit im Ausland zu verbringen, obwohl es in Russland doch genügend schöne Plätze gibt.

Im Sommer 1914 brach der Erste Weltkrieg aus, und das Verhalten der deutschsprachigen Schweizer uns gegenüber veränderte sich schlagartig. Das Hotelpersonal behandelte uns sehr unhöflich. Wir vermieden es, auf offener Straße Russisch miteinander zu sprechen, um keine Unannehmlichkeiten zu bekommen. Wir wollten so schnell wie möglich nach Russland zurückkehren, aber durch den Krieg konnte man nicht durch Deutschland fahren, man musste eine Rundreise machen. Man konnte uns kein Geld schicken, und meine Mutter beschloss, nach Territet in die französischsprachige Schweiz zu fahren, wo sich die Familie Finkelstein aufhielt, um dann zusammen die Reise nach Russland zu unternehmen.

Währenddessen war mein Vater bereits eingezogen und kam im Range eines Hauptmannes in das Kavallerie-Garderegiment des Zaren. Bevor er die Hauptstadt Petersburg verließ, brachte er die Juwelen meiner Mutter, die auf 200 000 Rubel geschätzt wurden, auf die Staatsbank und erhielt dafür eine Quittung. Er hoffte, sie auf diese Weise in Sicherheit zu bringen. Nach der Revolution hatte diese Quittung natürlich überhaupt keinen Wert mehr. Dieser Fetzen Papier ist alles, was uns von den Juwelen meiner Mutter geblieben ist.

Die Finkelsteins nannten sich »von Finkelstein«. Der Vater meines Onkels hatte sich, obwohl er Jude war, den Erbadelstand aufgrund seiner Verdienste als Arzt erworben. Im Ausland ließen sie sich mit »Baron« und »Baronin« anreden. An all ihren Sachen, an ihrer Wäsche, am Geschirr, brachten sie Adelskronen an. Es war grotesk und peinlich, anzusehen, wie sie mit ihrem »Adel« protzten.

In der französischen Schweiz hasste man die Russen nicht, denn Frankreich war in der Entente mit dem zaristischen Russland verbündet. Wir machten ausgedehnte Spaziergänge am Ufer des Genfer Sees und sahen das Schloss Chillon, in dem François de Bonivard zwischen 1530 und 1536 gefangen gehalten wurde. Im Hotel, in dem die Finkelsteins wohnten, logierten auch einige russische Aristokraten, z. B. Frau Maria Pawlowna Rodsjanko mit ihren zwei jüngeren Söhnen, Sergej und Viktor, der Graf Stenbok-Fermor und die Fürstin Engalischen mit ihrer sechzehnjährigen Tochter, einem kränklichen, blassen Mädchen. Michail, der älteste Sohn der Frau Rodsjanko, wurde später Minister im Kabinett der Provisorischen Regierung Alexander Kerenskijs.

Meine Mutter wollte die kleine Weltreise aus der Schweiz zurück nach Russland nicht allein mit ihren Kindern unternehmen und schloss sich daher den Finkelsteins an. Deren Familienoberhaupt, mein Onkel Michail, übernahm auch sofort das Kommando über die Reisegruppe. Ständig zählte er seine Schafe und regte sich furchtbar auf, wenn eines fehlte. Maria Rodsjanko war fasziniert von diesem schönen Mann und seinem Organisationstalent. Aber mein Onkel hatte für Frauen nicht viel übrig, obwohl er verheiratet und stolzer Vater von vier Kindern war.

Dann begann unsere lange Reise in die Heimat. Da wir nicht auf direktem Wege durch das mit Russland kriegführende Deutschland nach Hause fahren konnten, mussten wir einen Riesenumweg machen. Unsere erste Station war Mailand. Ich kann mich gut an die ausgezeichneten Spaghetti in den Restaurants erinnern, aber die großen Kunstwerke und die prächtigen Kirchen Mailands habe ich offenbar übersehen. Quer durch Italien fuhren wir nach Brindisi, das damals noch ein Nest war. Es war schrecklich heiß, in den engen Gassen saßen Bettler, angelehnt an die Mauern der Häuser. Fliegen klebten in ihren Gesichtern. Auf der Straße verkaufte man geröstete Kastanien, die am offenen Feuer zubereitet wurden.

Mit dem Schiff fuhren wir nach Saloniki. Braungebrannte, griechische Knaben schwammen im Hafenwasser um das Schiff herum und fingen Geldstücke mit dem Mund auf, die ihnen von den Passagieren zugeworfen wurden. Irgendwann kamen wir in der serbischen Stadt Niš an, in der alles unglaublich primitiv war. Ich erinnere mich an ein verdrecktes Hotel und eine schmutzige Toilette, in welcher wir eine »Errungenschaft der Zivilisation« fanden: vor dem Klo waren erhöhte Platten für die Füße eingebaut.

Als unsere russische Gruppe in Niš ankam, erschien in der örtlichen Presse eine Mitteilung: »In unsere Stadt kamen Frau Maria von Rodsjanko mit ihren Söhnen, die Fürstin Engalischen und so weiter ... und der ›Duce von Finkelstein‹.« Die Söhne der Frau Rodsjanko waren köstlich amüsiert, denn sie wussten ja, wer die Finkelsteins in Wirklichkeit waren, und rannten mit der Zeitung in der Gegend herum und zeigten sie allen.

Auf der Strecke zwischen Niš und Sofia wurde ein Verbrecher unter einem der Eisenbahnwaggons entdeckt. Er war mit einem Messer bewaffnet. Warum er dort lag und ob er Mordpläne hatte, habe ich nie erfahren. Sofia, die Hauptstadt Bulgariens, sah sehr russisch aus, überall Kirchen mit Zwiebeltürmen, Glockengeläut, breite Straßen. Ich fühlte die Nähe der Heimat.

Bukarest, »das kleine Paris«, war die letzte Station auf unserem langen Weg nach Russland. Die Straßen waren angefüllt mit gut angezogenen Menschen, es gab elegante Läden, und aus den Cafés und Restaurants drangen Melodien rumänischer Geigenmusik. Endlich kamen wir nach Odessa, wo wir eine Woche bei Tante Dora, der Schwester meines Vaters, verbrachten, während sich unsere Mitreisenden in alle Winde zerstreuten. Odessa war eine hübsche Stadt, damals ein internationaler Hafen, wo man die Menschen auf den Straßen viele verschiedene Sprachen sprechen hörte. Sonderbar, aber besonders intensiv blieb mir das Kino Utotschkin in Erinnerung. Dort standen hohe Stehlampen, die den Kinosaal beleuchteten. Dann ging es nach Hause, nach Petersburg.

Vor der Revolution war Petersburg vom Kriege überhaupt nicht betroffen. Man nahm ihn kaum wahr. Für die bürgerlichen Familien gab es keine Versorgungsprobleme. Meine Vettern Andreas, Dimitrij und Boris Finkelstein und ich, allesamt »große Patrioten«, verbrannten die in der Schweiz gekauften Postkarten der deutschen Kaiserfamilie. Es erschienen viele Illustrierte, die den Krieg und das Soldatentum verherrlichten. Die bekannteste hieß *Ogonjok*, das Lichtchen. In ihr wurden Bilder von heldenhaft kämpfenden Soldaten und aufopferungsvoll arbeitenden Krankenschwestern in den Verwundetenlazaretten veröffentlicht.

Für heute mache ich Schluss. In Liebe, Deine Vera

Es ist 1 Uhr Nacht. Ich danke Dir für Deinen Anruf. Du warst wieder so lieb, Du sagtest, es sei nicht so gemeint gewesen. Deine Stimme klang so zart – und ich bin glücklich. Sei mir nicht böse, ich bin überempfindlich bei allem, was Dich betrifft.

Liebste!

Ich sitze noch im Hof, es ist Sonntag und die Bänke sind frei. Die Nachbarinnen, die sonst hier sitzen, schwatzen und ihren Kaffee trinken, stören mich nicht. Ich habe Ruhe, wenn nicht die innere, so doch wenigstens die äußere.

Während des russisch-japanischen Krieges 1904/05 war mein Vater als Arzt in einem Regiment eingesetzt, das aus Männern verschiedener Nationalitäten zusammengestellt war. Unter ihnen gab es viele Mohammedaner, zu denen auch einer der engeren Kriegskameraden meines Vaters, Hadschimurat, gehörte. Er war ein sehr gläubiger Mann, aß kein Schweinefleisch, trank keinen Alkohol und rauchte nicht. Er besuchte uns nach dem Ende des Krieges häufig. Als Berufsoffizier des Kosaken-Dagestan-Regimentes trug er die Kosakenuniform. Die moslemischen Offiziere galten als besonders kaisertreu, und Hadschimurat kam die Ehre zuteil, zur Schutztruppe des Zaren zu gehören. Er war ein tapferer und furchtloser Mann, was ihm eines Tages aber fast zum Verhängnis geworden wäre. Er ging am Ufer der Fontanka entlang und beobachtete einen Mann, der sich von einer Brücke ins Wasser stürzte. Offenbar vergaß er die schwere Uniform, die er trug und die Tatsache, dass er auch ohne Uniform selber gar nicht schwimmen konnte, und stürzte sich in die Fluten, um den Mann zu retten. Zum Schluss mussten beide gerettet werden.

Nach dem Ende des Krieges, den die russische Armee blamabel verloren hatte, lud mein Vater einige Offiziere zu einem Sektfrühstück ein. Unter ihnen befand sich auch der junge und schöne Gardeoffizier Wassilij Wiktorowitsch Biskupskij, von dem ich schon im Alter von fünf Jahren fasziniert war. Er war eine imposante Erscheinung, und er war gebildet, ein Mann von Geist, was in jener Zeit bei den Gardeoffizieren alles andere als die Regel war. Gewöhnlich interessierten sie sich nur für Pferde und Frauen. Auf diese Themen beschränkte sich auch ihr Gesprächsstoff. Manche von ihnen brachten ihre Familien beim Kartenspielen um Haus und Hof. Meine Verehrung für diesen schönen Offizier fand ihren Ausdruck darin, dass ich meine Puppe »Iwan Biskupskij« nannte. Iwan klang wohl besonders russisch, und ich war ja eine große Patriotin.

In seiner Studienzeit lebte mein Vater mit seinem älteren Bruder Iljuscha in einer gemeinsamen Wohnung in Kiew. In einem Putzsalon in der Nähe arbeitete ein hübsches, junges Mädchen, das eine sehr schöne Stimme besaß. Ihr Name war Anastassija Wjalzewa. Onkel Iljuscha, ein großer Schürzenjäger, wurde ihr erster Geliebter. Viele Jahre später, meine Eltern waren bereits verheiratet, erzählte die Cousine meiner Mutter, die beim berühmten Gesangspädagogen Sonki Unterricht nahm, von einer jungen Frau mit einer großartigen Stimme, die ihr bei Sonki begegnet sei. Sie werde von einem gewissen Stabeus, einem eleganten Gardeoffizier, vom Unterricht abgeholt. Es war die Wjalzewa.

Sie sang russische Romanzen und wurde in Petersburg zu einer Berühmtheit. Eines ihrer bekanntesten Lieder hieß »Gajda, Trojka«, auf Deutsch so viel wie »Heissa, Dreigespann«. Mittlerweile war Stabeus an Rückenmarksschwund gestorben und Biskupskij »übernahm« die Wjalzewa. Biskupskij führte ein teures Leben. Wie die meisten Offiziere spielte er Karten und machte Schulden. Die Wjalzewa musste hart arbeiten, um diesen Lebenswandel finanzieren zu können. Man erzählte sich in Petersburg, der Schmuck, den sie auf ihren Konzerten trug, sei falsch. Den echten habe sie versetzen müssen. Meine Mutter besuchte sie damals öfters, und auch sie kam zuweilen zu uns zum Nachmittagstee. Da sie aus dem einfachen Volk kam und somit nicht standesgemäß war, durfte sie nicht in den Salons der Gardeoffiziere erscheinen. Biskupskij musste die Garde verlassen, um sie heiraten zu können, und wurde Offizier der regulären Armee.

Als Anastassija Wjalzewa etwa 40 Jahre alt war, erkrankte sie an Leukämie. Es wurde alles unternommen, um sie zu retten. Man holte den Spezialisten Professor Ehrlich aus Deutschland, der ihr Bluttransfusionen gab, was damals eine Neuerrungenschaft der Medizin war. Die erste Spenderin war ein Fräulein Kirchner, die junge Tochter des Besitzers der größten Papierfabrik Petersburgs. Dann gab Biskupskij selbst das Blut, aber nichts konnte sie retten. Mein Vater, der sie ja schon in seiner Jugend kannte, saß oft an ihrem Bett und versuchte, sie zu trösten. »Lourjescha«, so nannte sie meinen Vater, »trösten Sie mich nicht. Ich weiß, dass ich sterben muss.« Sie bestimmte und verordnete alles, was nach ihrem Tod geschehen sollte. Der Friseur sollte kommen und ihr eine ganz bestimmte Frisur machen. Sie suchte das Kleid aus, das sie im Grab tragen wollte. Am Tage ihrer Beisetzung waren die Straßen und Balkons voller Menschen. Es war wie ein Staatsbegräbnis, so populär war sie inzwischen geworden.

In den folgenden Monaten wohnte Biskupskij auf Einladung meines Vaters bei uns. Er laborierte gerade an einer Rippenfellentzündung und trug in der Wohnung zumeist einen roten Morgenrock mit weißen Punkten. Unsere Wohnung bestand aus zwei separaten Teilen, die durch einen Korridor miteinander verbunden waren. Wollte man von dem einen in den anderen Teil, musste man eine kleine Stufe übersteigen. Biskupskij lebte dort, und da es zwei Küchen gab, konnte für ihn gesondert gekocht werden. Er wurde von seinen Freunden besucht, und wir sahen ihn manchmal tagelang nicht.

Nach der Revolution war er der Adjutant des Chefs der russischen Exilregierung. In der Nazi-Zeit leitete er die »Vertrauensstelle für russische Emigranten« in der Berliner Bleibtreustraße. Sie stand in Kontakt mit der Gestapo und Biskupskij war wohl ihr Chef, wurde aber selbst von zwei russischen Nazis kontrolliert, die seine Mitarbeiter und außerdem Gestapo-Agenten waren. Beide waren in der Philharmonie an der Ermordung Nabokovs beteiligt gewesen.

Eines Tages sprach ich sehr offen mit Biskupskij in seiner Dienststelle über die schrecklichen Verhältnisse in Deutschland. Er mahnte mich zur Vorsicht, da Tabaritzkij, einer der beiden, alles mithören könne.

Für heute mache ich Schluss. In Liebe Vera

Liebste.

Eine unerträgliche Hitze. Eine unerträgliche Depression. Mit Uwe bin ich zum Friedhof an das Grab meiner Mutter gefahren. Ich kann heute sehr schlecht laufen; die Hüfte schmerzt und brennt. Bei uns auf der Straße fragte mich eine Frau, die mich jahrelang vom Sehen kennt, ob ich in die Hundert gehe!! Sehr schmeichelhaft! Uwe hat gelacht und sagte: »Eine passende Bemerkung, wenn man zum Friedhof fährt.«

Ich war sauer und antwortete ziemlich unfreundlich!!

Aber zurück in die Vergangenheit. Es ist heutzutage fast unvorstellbar, wie grundfalsch ich damals erzogen wurde. Bis zum elften Lebensjahr blieb ich ein Einzelkind und wurde wie eine Glasfigur behandelt. Alles war gefährlich. Ansteckung, Krankheiten, Unfälle und schlechte Einflüsse lauerten an jeder Straßenecke.

Dann wurde mein kleiner Bruder Alexander geboren, ein selten schönes Kind. Zum großen Kummer starb er, nicht einmal einjährig, an Krupp. Ich war zuvor an Keuchhusten erkrankt und habe ihn wohl angesteckt. Der tragische Tod meines Bruders verstärkte diese völlig überzogene Furcht meines Vaters, mir könne etwas zustoßen, über alle Maßen. Wenn man berücksichtigt, dass er immerhin Arzt war, hatten diese irrationalen Ängste etwas Lächerliches an sich.

Im zaristischen Russland gab es keine allgemeine Schulpflicht. Es existierte eine sogenannte »Städtische Schule«, eine Art Grundschule mit sehr niedrigem Niveau. Die Kinder der höheren Gesellschaftsschichten wurden auf Gymnasien geschickt oder von Hauslehrern daheim unterrichtet, was zu meiner Zeit allerdings schon seltener war. Die städtischen und privaten Gymnasien waren streng nach Geschlechtern getrennt, was nach der Revolution sofort geändert wurde. Gewöhnlich begann man mit neun Jahren in der Vorbereitungsklasse. Mein Vater sträubte sich aber dagegen, mich so vielen Infektionsherden auszusetzen, und ich ging die ersten Jahre immer als Externe zu den Examen. Glücklicherweise war ich begabt genug, um die Prüfungen ohne Probleme bestehen zu können, und ich hatte daher auch überhaupt keine Angst davor. Sie boten mir im Gegenteil willkommene Gelegenheiten, aus meinem häuslichen Gefängnis auszubrechen und mit gleichaltrigen Mädchen quatschen zu können.

Nun, mittlerweile zwölf Jahre alt, sollte ich die dritte Klasse des privaten Taganzewa-Gymnasiums besuchen. Mein Vater war aber, unter dem Eindruck des frühen Todes seines Sohnes Alexander, immer noch dagegen. Er liebte mich sehr, war aber ein Despot und hatte nicht die geringste Ahnung von Erziehung und der Psyche eines Kindes. Für mich herrschte daher zu Hause eine beinahe unerträgliche Atmosphäre. Zum Glück bestand meine Mutter darauf, dass ich endlich zur Schule ging, und sie konnte sich durchsetzen.

An meinem ersten Schultag gab mir die alte Gouvernante meiner Mutter ein Pfund Eisbonbons mit auf den Weg. Die sollte ich unter meinen Schulkameradinnen verteilen, damit sie gut zu mir seien. Daran kannst Du ermessen, wie viel diese Leute von Pädagogik verstanden.

Im Winter wurde ich von meiner Erzieherin in einer geschlossenen Kutsche, die Fenster hatte, zur Schule gebracht. Auf unserem Weg kamen wir am Haus des Dirigenten Alexander Chessin vorbei. Er war ein Vetter meiner Mutter und mit Arthur Nikisch und Cosima Wagner befreundet. Chessins Stieftochter Lisutka ging ins gleiche Gymnasium, also nahmen wir sie immer mit. Als mein Vater eines Tages erfuhr, Lisutka habe Schnupfen, verbot er uns, sie abzuholen, da ich mich anstecken könne. Es war absurd, da wir uns in der Schule ohnehin trafen.

Aus dem Fenster der Kutsche sah ich fast täglich an einer Ecke unweit des Gymnasiums einen Kadetten, der offenbar in die benachbarte Kadettenschule ging. Er war ein wenig älter als ich. Wir lächelten uns an, haben aber nie ein Wort miteinander gewechselt.

Viele Kinder gehen ungern in die Schule. Ich war dagegen überglücklich, wenn ich dort war. Nicht etwa, weil ich so gern lernte, sondern weil die Schule für mich der Inbegriff der Freiheit war. So quälend habe ich die ewige Bevormundung empfunden. Noch heute habe ich einerseits Angst davor, eingesperrt zu sein, andererseits fürchte ich mich vor Entfernungen. So weit, bis in mein hohes Alter, reicht der Einfluss meiner katastrophalen Erziehung.

Ich freundete mich mit Kleopatra an, der Tochter eines extrem rechts orientierten Arztes. Sie selbst war sehr links und sozial eingestellt, schrieb schon damals Gedichte, las verbotene Bücher und war in ihren eigenen Bruder verliebt. All das imponierte mir sehr. Ihr Bruder besuchte die Diplomatenschule. Sie war der Ansicht, ihr Daumen ähnele dem seinen, und küsste ihn.

Mit 14 Jahren war ich noch recht naiv. Kleopatra bildete mich in den sexuellen Dingen. Sie tat das auf eine sehr poetische Weise, indem sie die Fortpflanzung der Blumen zum Vorbild nahm. Es war für mich durchaus von Vorteil, überhaupt etwas von diesen Dingen zu erfahren, wenn man bedenkt, dass meine Mutter nach ihrem ersten Kuss verzweifelt ihre Gouvernante fragte, ob sie jetzt schwanger sei, und dass ihre Schwester Eugenia Finkelstein hysterisch zu schreien anfing, als sich ihr Mann in der Hochzeitsnacht im Zug während der Hochzeitsreise ihr nähern wollte. Sie glaubte, er sei verrückt geworden.

Auch Irina Bogdanowa machte großen Eindruck auf mich. Sie war eine miserable Schülerin, hatte aber schon Verehrer und führte ein ziemlich freies Leben. Ein Leben, wie ich es mir ersehnte. Ich beneidete auch die Mitschülerinnen, die ältere Brüder hatten, denn bei ihnen fanden Tanzabende statt, zu denen die Freunde dieser Brüder kamen. Fast alle Mädchen waren in irgendeinen Lehrer verliebt. Ich schwärmte für den Mathematiklehrer, er war Ingenieur, sehr hässlich. Er ähnelte einem Schwein, aber er war eben ein Lehrer.

Der Klassenraum war quadratisch. Jeweils zwei Mädchen teilten sich ein Pult. An einem Tisch in der Ecke am Ofen saß Lydia Wassiljewna, die Klassendame. Sie war ein kleines, buckliges, rothaariges Fräulein. Die Klassendame war keine Lehrerin, sie hatte lediglich die Aufgabe, im Klassenzimmer und während der Pausen für Ruhe und Ordnung zu sorgen. Unsere Schuluniform bestand aus einem braunen Kleid und einem braunen, baumwollenen Kittel, der bei Feierlichkeiten gegen eine kleine, schwarze Schürze ausgetauscht wurde.[31]

Die Schwester meines Vaters, Tante Dora, war eine recht imposante Erscheinung. Sie war immer elegant und dezent angezogen, aber eigentlich sehr hässlich. Ihr Mann war Arzt, ein Lungenspezialist aus Odessa. Er war der Initiator der Aktion »Die weiße Margerite«. Sie widmete sich der Bekämpfung der Tuberkulose, die damals viele Menschenleben forderte. Ich erinnere mich an einen schönen, sonnigen Tag, ich war vielleicht vierzehn Jahre alt. Die Luft roch nach Frühling. Ich marschierte mit den Mädchen meiner Schulklasse am Ufer der Newa entlang und sammelte Geld für »Die weiße Margerite«. Fröhlich klimperten wir mit unseren Blechbüchsen, ließen uns Kopeken hineinwerfen und gaben den Spendern künstliche weiße Margeriten. Am Nachmittag schnappte ich mir die Büchse und ging in die Asow-Don-Bank, in der mein Großvater seine Börsengeschäfte abwickelte. Sie befand sich am Schlossplatz, direkt unter der Arkade, in der Nähe des Winterpalais. Großvater stellte mich den Herren Direktoren vor, die mir die Büchse mit kleinen,

31 Die Erlebnisse in der Schule sind auch Inhalt des Aufsatzes »Laterna magica«, siehe S. 173.

goldenen Fünf-Rubel-Münzen füllten. Stolz brachte ich die schwere Büchse am folgenden Tag in die Schule.

Heute ist kein Frühlingstag, es ist bald Ende Juli, draußen ist es kühl und windig. Es gibt auch kein 15-jähriges, glückliches Mädchen, vor dem noch das ganze ungewisse Leben stand, das Mädchen, das so sehnsüchtig von Liebe und Abenteuern träumte. Heute sitzt an einem unordentlichen, mit Fotoalben, Telefonbüchern und anderem Kram beladenen Schreibtisch ein Mensch, der viel erlebt, erfahren und gesehen hat, aber doch irgendwie naiv geblieben ist, mit einer für sein Alter viel zu starken Kraft zu lieben.

Vor der Revolution wurden den besten Absolventen des Gymnasiums noch echte goldene und silberne Medaillen ausgehändigt. Als ich die Schule abschloss, war die Revolution in vollem Gange und ich bekam lediglich eine Urkunde, auf der stand: Mit silberner Medaille bestanden.

Die übertriebene Furcht meines Vaters, seiner Tochter könne etwas zustoßen, steckte mich offenbar an.

Ich war zehn Jahre alt, als wir in einem Park in Wiesbaden spazieren gingen, und ich rannte, in meine Träume versunken, geradewegs gegen einen Baum. Ich stieß mir derb den Kopf und sagte zu meiner hinzueilenden Mutter: »Ich sterbe.« Meine Mutter, statt zu lachen, erschrak entsetzlich. Man brachte mich ins Hotel, es hieß Quissisana, und rief einen Arzt. Da ich nun also auch offiziell schwer krank war, wollte ich die Gouvernante meiner Mutter nicht ins Zimmer lassen. Stattdessen sollte aber unbedingt Tante Manja, die Schwester des Dirigenten Chessin, zu mir gerufen werden, da ich sterben müsse und mich von ihr verabschieden wolle. Als der Arzt erschien und mich untersuchte, stellte er fest, dass das Kind gesund ist, die Mutter aber krankhafte Reaktionen zeige.

Ein anderer Fall ereignete sich in Berlin, im Hotel Continental. Es war das zweitbeste Hotel nach dem Hotel Adlon. Abends, zum Abendessen, spielte ein Orchester. Die Damen mussten elegant angezogen sein und die Herren wenigstens schwarze Anzüge tragen. Ich war schon älter, genau kann ich mich an mein Alter nicht erinnern. Meine Mutter nahm mich in das Restaurant des Hotels zum Abendessen mit. Komisch, dass ich mich noch gut erinnern kann, dass man uns eine Ente mit verschiedenen Beilagen servierte. Kaum aß ich den ersten Bissen, sprang ich auf mit den Worten: »Mir steckt etwas im Hals, ich kann nicht atmen, ich sterbe.« Das Essen wurde unterbrochen und wir gingen in unser Zimmer. Mir ist natürlich nichts passiert.

In Petersburg hatte meine Mutter zwei Karten für das Stück »Das weibliche Raubtier« für mich und mein Fräulein Woitke, eine Estin aus Reval, die ich sehr gern hatte, gekauft. In unserer Equipage fuhren wir zum Theater und sagten dem Kutscher, wann er uns wieder abholen solle. Mitten in der Vorstellung bekam ich das Gefühl, nicht mehr schlucken zu können. »Nach Hause, nach Hause«, rief ich und mein Fräulein orderte schleunigst eine Mietkutsche, die uns heimbrachte. Der eiligst hinzugezogene Kinderarzt diagnostizierte ordinären Schnupfen. Deshalb war mir so trocken im Mund gewesen. Schade um die Vorstellung!

Solche und ähnliche Geschichten wiederholten sich öfters. Ich spielte aber nie Theater, sondern glaubte tatsächlich, sterben zu müssen. Es war wohl eine Form von Hysterie.

Für heute genug geschrieben. Ich küsse Dich. Ich liebe Dich.

Vera

Liebste.

Gestern Deine Stimme im Telefon ... und zwischen uns Kilometer und Kilometer Entfernung. Der Zeitbegriff ist relativ. Die schönen Tage sind kurz, die traurigen ziehen sich in die Länge. Die Pillen schwächen das Empfinden. Ich fange an, Süchtige zu verstehen. Es wäre interessant, ihre Gründe zu wissen. Natürlich sind es immer verschiedene Gründe, denn jeder Mensch ist anders und fühlt anders. Man soll die Menschen nicht zu streng verurteilen. Ich sage mir selbst oft, dass ich gar keinen Grund habe, traurig zu sein, aber die Sehnsucht nach Dir ist stärker als die Vernunft.

Ich liege noch im Bett, es ist ganz früh am Morgen. Gestern Abend war Herr X mit seinem Sohn zum Abendessen da, ein recht gemütlicher Abend. Herr X hatte sich von der besten Seite gezeigt. Aber ich will ja gar nicht von jetzt sprechen. Zurück in die Vergangenheit.

In den Sommern meiner Kindheit verließen wir die Stadt. Manchmal, anstatt ins Ausland zu fahren, verbrachten wir die schönen Wochen des Jahres in Pawlowsk in einer gemieteten Datscha. Pawlowsk war eine Villengegend, ganz in der Nähe von Petersburg. Die Zarenfamilie hatte nicht weit davon entfernt ihre Sommerresidenz Zarskoje Selo, das Kaiserdorf. In der nachrevolutionären Zeit wurde dieser Ort in Puschkin umbenannt, weil Puschkin dort Eleve eines aristokratischen Lyzeums war. In Zarskoje Selo gab es einen großen Bauernhof, wo man schwarzes Roggenbrot bekam und frische Milch trinken konnte, die noch vom Melken schäumte.

Die Datschas besaßen einen großen Garten mit vielen Bäumen und Beerensträuchern, schwarze, weiße, rote Johannisbeeren, Stachelbeeren, Himbeeren. Es gab Beete, die ich selbst mit Erdbeeren, Gurken und Radieschen bepflanzen durfte. Apfel-, Birnen- und Pflaumenbäume grenzten an Blumenbeete, Farben über Farben. Massenhaft wurden Marmeladen und Gelees eingekocht. Die Frauen saßen stundenlang im Garten und putzten das Obst, das zu »Warenje« (Konfitüre) verarbeitet wurde.

Ich spielte eine Blumen- und Beerenverkäuferin, zog mir eine Schürze an, setzte mir ein Bauerntuch auf den Kopf und besorgte mir zwei Körbe und eine Schnellwaage. Während ich durch den Garten wanderte, pflückte ich träumend Obst und Blumen, die ich unseren zahlreichen Besuchern verkaufte. Die Preise waren in Kopeken berechnet und die Erwachsenen spielten mit.

Eines Tages gingen meine »Njanja« (Kinderfrau) und ich gemeinsam mit meiner Mutter und ihrer alten Gouvernante in den Straßen von Pawlowsk spazieren. Plötzlich hatte ich eine glänzende Idee. Ich verlangte, dass meine drei Begleiterinnen hinter mir, der Anführerin, im Gänsemarsch hergingen. Die Menschen, die uns begegneten, amüsierten sich köstlich über diesen seltsamen Umzug. Eine junge Frau, ein kleines Kind im Arm, stand am Fenster und lachte. Meine Njanja schaute zu ihr nach oben und sagte: »Lachen Sie nur, wer weiß, was einmal aus Ihrem Kind werden wird?«

In Pawlowsk hatte ich einen treuen Freund und Begleiter, Scharik. Eines Tages, ich ging im Garten herum, sprang ein großer, verzotteler Hofhund durch ein Loch im Zaun auf unser Grundstück und versetzte mich in große Panik. Schreiend lief ich ins Haus. Nachdem ich bemerkte, dass er ganz harmlos war, entwickelte sich eine große Freundschaft zwischen uns beiden. Scharik begleitete mich durch Feld und Flur.

Es sind so viele Jahre vergangen, seit ich den Duft von frischem Heu nicht mehr einatmen konnte, ich in einem riesigen Heuhaufen lag, die Augen zum Himmel gerichtet, träumend und voller Glückseligkeit in einer kindlichen Unverdorbenheit. War ich es wirklich, dieses Kind voller Träume und Fantasie? Kornblumen, Margeriten … Nichts kommt zurück, die unbarmherzige Zeit bleibt nicht stehen, auch dann nicht, wenn es schön ist.

Der Sommer ging vorbei, die Villen wurden eine nach der anderen verlassen, die Fenster verschlossen und zugenagelt. Die Tage wurden kürzer, die Blätter begannen sich zu verfärben und fielen zur Erde. Es regnete. Auf den Straßen und Wegen sah man große Pferdewagen, schwer beladen mit allerlei Hausrat und bedeckt mit einer Plane. Das war das Großgepäck der »Datschniki«, der Sommergäste, die in die Stadt zurückfuhren. Mit der Droschke fuhren wir zum Bahnhof. Scharik, mit ausgestreckter Zunge, lief hinter dem Wagen her, ganz zerzaust und stumm leidend in seiner armen Hundeseele. Das war unser Abschied. Wir sahen uns nie wieder.[32]

Da mein Großvater die Loge Nr. 5 im Petersburger Mariinskij-Operntheater abonniert hatte, konnte ich oft in die Oper gehen. In die Sängerinnen und Tenöre war ich regelrecht verliebt. Eines Tages ließ mich mein Vater in sein Zimmer rufen, wo er mich dem berühmten Tenor Leonid Sobinow vorstellte, der meinem Vater Orchideen brachte. Mein Vater schenkte mir die Orchideen, und ich war so begeistert, dass ich sie sogar fotografierte.

Ich war ein sehr verträumtes Kind. In meiner Fantasie baute ich ein Haus, in dem die schönen Sängerinnen und

32 Scharik ist auch die Hauptfigur des gleichnamigen Prosatextes, siehe S. 169.

meine Lieblinge unter den Schauspielern wohnten. Immer geschah etwas Tragisches, zumeist ging es um unerwiderte Liebe. Wenn meine Helden dann traurig waren, und das waren sie immer, durfte ich sie trösten. Alles geschah nur in meinem Kopf. Ich ging spazieren, vertieft in meine Träumereien, und nahm nichts um mich herum wahr.

Ich habe die schön angezogenen Puppen mit ihren kalten Glasaugen nie gemocht. Stattdessen schnitt ich die Bilder beliebter Schauspieler oder der Mitglieder der Zarenfamilie aus Postkarten aus und erdachte Geschichten, die ich sie spielen ließ. Natürlich sammelte ich auch Autogramme von Schauspielern, wie viele Kinder damals, und wollte Schauspielerin werden.

Ich las die Abenteuergeschichten von Mayne Reid, die in der Art der Karl May-Romane geschrieben waren, und die Romane von Lidija Tscharskaja, in meiner Kindheit eine sehr populäre Kinderschriftstellerin. Mein Lieblingsbuch aber war *Die Geschichte eines kleinen Mädchens* von Jekaterina Syssojewa, in der es eine Tante Manja gab, die sehr unglücklich war und nachts im weißen Nachthemd auf den Knien betete. Ich liebte sie.

Für heute genug. In Liebe. Vera.

Liebste,

ich habe den Brief gestern nicht zu Ende schreiben können. Du riefst an. Du hast so beleidigend, so hart gesprochen. Es war für mich zu viel. Dann hilft eine normale Dosis von Pillen auch nicht. Ich habe mich ausgeweint, Rätsel geraten und bin dann eingeschlafen. Ich habe so schön geschlafen. Ich kann mich auf keine Träume besinnen. Ich überlege mir, warum ein wertvoller gütiger Mensch zu jemandem grausam sein kann, der ihn liebt, gehbehindert ist und Schmerzen hat. Ich selbst bin kein guter Mensch, aber ich glaube nicht, dass ich einen Liegenden schlagen könnte. Entschuldige diese Worte. Es wäre gut, wenn ich auf Deine Anrufe nicht warten müsste, aber dazu fehlt mir die Kraft. Ich werde besser wieder in die weite Vergangenheit wandern.

Im alten Russland waren die Unterschiede zwischen Arm und Reich extrem groß. Während einige wie Gott in Frankreich lebten, wurde in vielen Dörfern gehungert. Die Krankenhäuser blieben den Armen vorbehalten, denn die Leute mit Geld ließen sich zu Hause behandeln. Diese Armenkrankenhäuser hatten einen sehr schlechten Ruf. Hörte man, dass ein Dienstmädchen in das Petersburger »Obuchowskaja Bolniza« kam, runzelte man die Stirn und meinte: »Na, ob sie von dort wieder lebend zurückkommt?«

Ich möchte Dir jetzt etwas von meiner Familie und meiner Herkunft erzählen. Meine Großeltern väterlicherseits stammten aus der Ukraine, der Großvater hatte nicht weit von Kiew ein Gut gepachtet. So wuchs mein Vater zusammen mit seiner Schwester Dora und seinem Bruder Ilja als jüngstes Kind auf dem Lande auf.

An meine Großeltern erinnere ich mich kaum. Gekannt habe ich sie wenig, und eigentlich erst, als sie schon sehr alt und krank waren. In meiner Erinnerung ist mein Großvater als ein kleiner, bärtiger und unruhiger Mann geblieben, meine Großmutter hingegen war eine ausgeglichene, ruhige, vornehme alte Dame.

Mein Vater und sein Bruder gingen in Kiew ins Gymnasium und studierten auch dort Medizin. Mein Onkel ließ sich dann als Gynäkologe in Moskau nieder, mein Vater ging zunächst als Dermatologe in ein Petersburger Krankenhaus, bis er sich eine eigene Klinik in der Gorochowaja Uliza einrichtete.

Meine Tante Dora war eine recht imposante Erscheinung, immer elegant und sehr dezent angezogen, aber sehr hässlich. Ihr Ehemann war der bereits erwähnte Lungenspezialist in Odessa. Ihre beiden Söhne wurden ebenfalls Ärzte.

Die Eltern meiner Mutter stammten aus Balta[33], dieses Städtchen lag in dem Teil des Russischen Reiches, in dem die Juden das Recht hatten, zu wohnen. Großstädte wie Moskau und Petersburg waren dem Großteil der Juden damals nicht zugänglich. Ausnahmen waren die Kaufleute erster Gilde, wie später mein Großvater, und Akademiker. Als Juden galten diejenigen, die mosaischen Glaubens waren, ein getaufter Jude bekam alle Rechte. Es gab auch keine Rassenfrage, wie später im Nationalsozialismus.

Ab und zu gab es in Russland Pogrome. Die Schwarzen Hundertschaften drangen in die jüdischen Wohnungen ein, plünderten sie aus und schlugen die Bewohner, manchmal bis zum Tode. Hauptsächlich passierte es in der Gegend, wo die Juden das Recht hatten zu wohnen, seltener ereignete sich so etwas auch in Petersburg. Dann versammelten sich die Verwandten meiner Mutter in der Wohnung der Großeltern. Dort fühlten sie sich sicherer. Im Hause gab es mehrere Hausknechte und einen Portier. Das Haus lag zentral, und Großvater hatte gute Beziehungen zu den höheren Beamten.

Meine Großmutter war eine wenig gebildete Frau, sie

---

33 In der Ukraine.

sprach russisch mit einem jiddischen Akzent, sie beachtete die jüdischen Feiertage und Gesetze. Das Komische war, dass beide Großeltern kein Schweinefleisch, aber Schinken aßen. Meine Großmutter war zuerst mit dem ältesten und reichen Bruder meines Großvaters verheiratet, lebte mit ihm in Berlin, hatte von ihm Kinder. Sie verließ ihn, um seinen damals noch armen Bruder Paul zu heiraten.

Meine Großmutter hatte wie mein Großvater mehrere Geschwister. Von einer ihrer Schwestern kann ich eine amüsante Geschichte erzählen. Sie hieß Tante Bluma. Als Kind wurde sie gestohlen und orthodox getauft. Das war für ihre Familie und sie selbst ein ungeheures Unglück. Wieder den jüdischen Glauben annehmen durfte man im früheren Russland nicht. So musste sie mit diesem »Makel« leben. Sie war sehr fromm, trug eine Perücke, aß nur Fleisch von geschächteten Tieren und sprach ein entsetzliches Russisch. Sie begleitete häufig ihre reiche Schwester, meine Großmutter, bei ihren Reisen ins Ausland. Der Großvater gehörte auch zu einer kinderreichen Familie. Sein Vermögen machte er an der Börse, er besaß einige Millionen Rubel.

Meine Großeltern hatten zwei Töchter, meine Mutter und ihre ältere Schwester Eugenia, die Shenia genannt wurde und später den Herrn von Finkelstein heiratete. Sie war der Liebling ihres Vaters, der sie enorm verwöhnte und damit wohl zur Ausprägung ihres miserablen Charakters beigetragen hat. Meine Mutter hatte sehr unter ihren Launen zu leiden.

Meine Mutter war ein stilles und begabtes Kind. Zusammen mit ihrer Schwester Eugenia wurde sie zu Hause unterrichtet. Der Unterricht beschränkte sich auf das Erlernen von Sprachen und Klavierspielen, ansonsten war die Ausbildung mehr als bescheiden. Später konnte meine Mutter ihre fehlende Bildung durch ihre häufigen Theaterbesuche und die Lektüre guter Literatur aufbessern.

Mein Vater war sehr unordentlich. Das habe ich wohl von ihm geerbt. Wenn er nach dem zweiten Frühstück müde aus der Klinik kam, legte er sich in der kurzen Pause auf das mit einer teuren Überdecke bezogene Bett, ohne sich seine schmutzigen Stiefel auszuziehen. Dabei purzelten ihm einige der Kopeken aus der Hosentasche, die er vormittags von den Patienten für ihre Behandlung bekommen hatte. Mein Vater behandelte nicht nur reiche Leute. Seine Kundschaft war bunt gemischt: Studenten, Hausknechte, Droschkenkutscher und Fürsten. Bezahlt wurde nach dem jeweiligen Einkommen. Studenten wurden umsonst behandelt.

Wenn ich an Dich schreibe, kommen verschiedene Bilder in mein Gedächtnis. Ich erzähle nicht in einer Reihenfolge, sondern vollkommen frei.

In den Kaiserlichen Theatern von St. Petersburg gab es hinter jeder Loge einen kleinen Vorraum, in dem man die Pausen verbringen konnte, wenn man die Loge nicht verlassen wollte. Man bestellte Tee und Kuchen bei den uniformierten Kapelldienern. Es war auch üblich, dass die Herren ihren Damen Pralinen aus den exquisiten Konditoreien wie Ballé oder Konradi in die Loge mitbrachten.

Meine Mutter ließ sich ihre Kleider in dem französischen Modesalon Aron nähen. Jedes Modell hatte einzigartig zu sein, keine andere Kundin durfte das gleiche Kleid tragen. Nach einer Theaterpremiere stand in der Zeitung: »Im Alexandrinka Theater erschienen folgende Damen: … und Maria Pawlowna Lourié in einem Modellkleid des Modehauses Aron.« Eines Tages begleitete ich meine Mutter in das Modeatelier. Zuvor schärfte sie mir ein, ich solle immer

»Madame« oder »Monsieur« sagen, wenn ich das Ehepaar Aron anrede. Natürlich entsinne ich mich nicht mehr dessen, was ich dort sagte, aber »Madame« und »Monsieur« sagte ich, so oft es nur ging.

Die Geschäfte hatten noch keine festen Ladenschlusszeiten. Kamen meine Eltern von einem Theaterbesuch gegen Mitternacht nach Hause, riefen sie das gastronomische Geschäft Romanow am Newskij Prospekt an und bestellten, was ihr Herz begehrte: Kaviar, Hummer, Lachs, Austern. Alles wurde ihnen unverzüglich in das Haus gebracht.

Da meine Mutter so oft, mit oder ohne meinen Vater, in das Theater fuhr, und sich erst am frühen Morgen schlafen legte, nahm sie ihr Frühstück meistens im Bett ein. Es bestand aus Tee und weißem Brot, das die Form großer Schrippen hatte. Das große Frühstück wurde um 13 Uhr gegessen, etwa ein Pfannengericht und ein zu Hause bereiteter Reispudding oder Spinat mit »Armen Rittern«, in Milch eingeweichtes und dann gebratenes Weißbrot. Nachmittags wurden gegen 16 Uhr Tee, Kuchen und verschiedene Konfitüren serviert. Um 19 Uhr gab es Mittagessen, eine Vorsuppe, dann ein Braten oder Geflügel und eine Nachspeise. Es wurde Wein getrunken. Wenn wir Gäste hatten, reichte man noch vor der Suppe kleinere Vorspeisen, wie schwarzen Kaviar, Lachs, Schinken und Matjeshering.

Die Ehe meiner Eltern war nicht glücklich. Kurz nach ihrer Hochzeit pflegten sie noch Umgang mit den Kollegen meines Vaters und deren Familien. Aber mein Vater war schrecklich eifersüchtig, und meine Mutter fühlte sich dadurch sehr eingeengt. Daher verzichtete sie schon bald auf diese Gesellschaft.

Die Möbel in unserem Speisezimmer waren aus Eiche, die

Sitze der Stühle aus dunklem Leder. An der Lampe über dem Esstisch in der Mitte des Zimmers hing die Klingel für die Dienstmädchen. Das schwere Büffet stand direkt hinter der alten Gouvernante meiner Mutter, die mit uns am Tisch saß und den Samowar bediente. Wenn sie auch nur einen Teelöffel vom Büffet brauchte, klingelte sie dem Dienstmädchen, das, über den langen, breiten Korridor aus der Küche kommend, die ganze Wohnung durchqueren musste, um ihr den Löffel zu reichen. Das trug natürlich nicht gerade dazu bei, beim Dienstpersonal Sympathien zu wecken, und sie war in der Tat sehr verhasst. Auch ich konnte sie überhaupt nicht leiden.

Es gab zwei mit einer Tür verbundene Kinderzimmer. Nach der Revolution waren es die wärmsten Räume in der Wohnung, da sie mit einem kleinen, transportablen Ofen erwärmt werden konnten. Dort herrschte die Kinderfrau, die frühere Amme meiner Mutter, Alexandra Jewgrafowna. In den Kinderzimmern schliefen meine kleinen Geschwister, die Kinderfrau und eine weiße Katze mit Flecken am Rücken, welche mein Vater auf der Treppe gefunden hatte und mit nach Hause brachte, damit sie Mäuse fing. In den Kinderzimmern lag Linoleum, ein alter Wickeltisch stand in der Ecke, und die Fenster führten in einen kahlen Hof. Als ich noch ein Kind war, stand der Wickeltisch in meinem Zimmer und ich spielte auf ihm. Ich schnitt ein Dorf aus Postkarten aus, und wenn ein Schwabenkäfer über den Tisch lief, was sogar in guten Wohnungen vorkam, war das für mich ein Hund, der durch die Dorfgassen läuft.

Wenn wir im Sommer die Stadt verließen, wurden die Möbel mit Bezügen geschützt, damit kein Staub ihnen schaden konnte. Überall an den Decken schwebten kleine Engel über den Menschen. Der Flügel. Meine Mutter hatte eine Cousine, Tante Fanny, sie spielte ganz gut Klavier. Wenn sie uns besuchte, bat sie mein Vater, sie möge ihm Chopin vorspielen. So sind bei mir die Sonaten von Chopin mit meiner Kindheit verbunden.

Im Herrenzimmer meines Vaters, das sich im zweiten Teil unserer Doppelwohnung befand, stand ein riesiger Schreibtisch. Vater war ein starker Raucher, und immer waren die Aschenbecher voll. Außerdem hatte meine Mutter dort ihren zweiten Salon, ein Boudoir, das in weißer Seide gehalten und mit einem hellen, sehr teuren Teppich ausgelegt war. Als uns eines Tages ein entfernter Verwandter meines Vaters aus Odessa besuchte, brachte er meiner Mutter eine zig Kilo wiegende Pralinenpackung als Gastgeschenk mit. Sie unterhielten sich und naschten. Als er sich verabschieden wollte, brachte meine Mutter ihn zur Tür und ließ die Pralinenschachtel offen auf dem Hocker liegen, was höchst unerfreuliche Folgen hatte.

Kurze Zeit zuvor bekam ich von meinen Eltern ein kleines weiß-gelbes Hundeknäuel geschenkt, von dem die Verkäufer behaupteten, es sei ein Spitz-Baby. Ich nannte es »Nituschka« und konnte beobachten, wie sich das Knäuel zu einem veritablen »Laika« entwickelte, einem sibirischen Schlittenhund, den ich nichtsdestoweniger innig liebte. Nituschka fraß sämtliche Pralinen auf, was ihm natürlich nicht bekam. Er erbrach alles auf den teuren Teppich, und das Geschrei war groß. Der Teppich musste in die Reinigung gebracht werden, und der Hund wurde verkloppt.

Ich habe Tiere immer sehr geliebt, aber ich zog die Bastarde den Rassetieren vor und wollte ihnen das gleiche, schöne Leben bieten. Als mein Nituschka noch klein war, bekam er die Staupe und war sehr krank. Ich wollte ihm etwas Gutes tun, er tat mir leid. Also ging ich in einen teuren gastronomischen Laden und kaufte ein Hähnchen für ihn. Als die Erwachsenen sahen, dass ich meinem Hund eine so teure Mahlzeit spendieren wollte, lamentierten sie über das Elend der Menschen der Welt und fanden mein Verhalten absolut unpassend. Zum Schluss blieben meinem Hund nur noch die Knochen. Die Erwachsenen hatten alles aufgegessen. Ich bin der Meinung, dass es falsch war. Mir ist auch egal, wenn die Leute sich empören, dass ich meinen Katzen das beste Fleisch kaufe. Sie hätten sich gar nicht aufgeregt, hätte ich mir stattdessen wertvolle Juwelen gekauft.

So liebenswert und sensibel Nituschka war, er biss auch. Im Sommer, als wir auf der Datscha in Pawlowsk wohnten, sprang er durch die Pforte des Gartenzauns und zerriss einer »vornehmen Dame« das Kleid. Ihr Mann kam erregt zu uns und wollte sich mit meinem Vater duellieren. Die fünfzig Rubel, die mein Vater ihm gab, beruhigten ihn aber augenblicklich. Wurde ein Dienstmädchen gebissen, bekam sie fünf Rubel. Wenn man weiß, dass sie im Monat nur 15 Rubel verdienten, kann man nachvollziehen, dass sie sich ganz gern von Nituschka beißen ließen.

Liebste, ich danke Dir für Deinen Anruf. Du warst wieder so lieb, Du sagtest, es sei nicht so gemeint gewesen. Deine Stimme klang zart – und ich bin glücklich.

Vera

Liebste,

heute möchte ich noch einige Erinnerungen über meine Kinderjahre in Petersburg schreiben. Das Haus meines Großvaters befand sich fast gegenüber der deutschen Botschaft, so dass man sie aus den Fenstern unserer Wohnung sehen konnte. Nicht weit vom Haus entfernt stand die Issak-Kathedrale. Jetzt ist sie ein Kunstmuseum. Es war immer feierlich, wenn die Domglocken läuteten.

Im alten Russland war der größte kirchliche Feiertag Ostern. Vor Ostern kam die Fastenzeit. Dabei aßen die Menschen, welche gefastet haben, weder schlechter noch weniger. Anstatt Fleisch aß man Fisch, statt Butter nahm man Sonnenblumenöl, welches viel intensiver und besser schmeckte als das Sonnenblumenöl hier in den Reformhäusern. Dann gab es Fastenzucker, ich kann mich nicht erinnern, woraus er hergestellt wurde. In der Karwoche kaufte man Weidensträuße und stellte sie ins Wasser, wenn sie dann wurzelten, pflanzte man sie in Töpfe. Auf einer Nebenstraße vom Newskij Prospekt gab es eine Woche lang einen riesigen Jahrmarkt. Dort konnte man alles kaufen: Spielzeug, Geschirr, Luftballons, Süßigkeiten, lebende Kaninchen, Vögel und Hunde, und dann gab es etwas Drolliges, was ich nirgends später gesehen habe – »amerikanische Bewohner«. In Glasröhrchen befanden sich kleine Männchen aus Glas. Eines von diesen Röhrchen war mit Wasser gefüllt, unten war ein Gummiknopf, welchen man drücken musste, dann stieg das Männchen von unten nach oben. Die anderen Röhrchen waren mit irgendeinem chemischen Stoff gefüllt, in diesem Fall genügte es, das Röhrchen in der Hand zu erwärmen, und der Röhrchenbewohner stieg nach oben. Dieses Spielzeug war sehr beliebt. Noch eine Sitte herrschte damals in Russland und auch in der Karwoche. Man aß »Blini« – Eierkuchen aus gemischtem Mehl, Weizen- und Buchweizenmehl. Sie waren klein und dünn und wurden mit Smetana (echte saure Sahne), zerlassener Butter und verschiedenen pikanten Sachen gegessen. Bei reichen Leuten war es Lachs und Kaviar, bei weniger bemittelten Matjeshering, dazu trank man reine Rinderbrühe. Man aß um die Wette, wer mehr schaffen würde. Auch im Berlin der 20er Jahre konnte man in russischen Lokalen Blini bestellen.

Am Donnerstag der Passionswoche gingen die Menschen nach Hause mit brennenden Kerzen in der Hand. Am Ostersonnabend ging man spätabends in die Kirche. Die streng Gläubigen aßen davor nichts und blieben in der Kirche bis zu den Morgenstunden. Sehr feierlich war der Kreuzgang um Mitternacht um die Kirche, mit Kirchenfahnen und Gesang. Dann sagte der Priester: »Christus ist auferstanden«, und die Gemeinde antwortete im Chor: »Er ist wahrhaftig auferstanden.« Diese Prozession kann man heute in Berlin, in der russischen Kirche am Hohenzollerndamm, noch erleben. Aber natürlich hat sie nicht die Verklärung und Feierlichkeit jener Tage in Russland.

Wenn man nach Hause kam, fing die Fresserei an, die Tische waren voll beladen mit verschiedenen Speisen: Spanferkel, gebackener Schinken im Teig, Gänsebraten, gefärbte Eier und so weiter. Getrunken wurde zur Genüge Champagner und Wodka, abhängig von der materiellen Lage des Hausherrn.

Weihnachten war mehr ein Feiertag für die Kinder. Ich erinnere mich, dass bei uns ein großer, bis zur Zimmerdecke reichender Tannenbaum gekauft wurde. Um ihn bis nach oben zu schmücken, brauchte man die Leiter. Die Reihenfolge von Besuchen war von Jahr zu Jahr dieselbe. Am Heiligen Abend versammelte man sich bei der Familie Finkelstein, der Schwester meiner Mutter.

Am ersten Feiertag war die Feier bei uns. Sehr gerne ging ich kurz vor dem Neujahr zu einem Vetter meiner Mutter, er war noch Student, verheiratet mit einer Nichtjüdin, Xenia, auch sie Studentin. Dorthin kamen viele Studenten und Studentinnen, viel älter als mein Vetter und ich. Dieser Kolja Chessin war nicht reich, es gab dort kein warmes Essen, nur Butterbrote mit Wurst und Käse und viel Tee. Deswegen hat es mir dort wahrscheinlich so gut gefallen – wenigstens etwas anderes!

Liebste,

ich sitze im Hof, mit meinen Beinen kann ich keine Spaziergänge allein unternehmen. Hier ist wenigstens Luft, und hinter meinem Rücken plätschert eine kleine Fontäne. Eine Illusion, dass ich nicht in Berlin sitze, sondern irgendwo außerhalb der Stadt, im Garten eines Hotels. Vor meinen Augen sind Blumen und Sträucher – unser Hof ist jetzt wirklich schön.

Ich war glücklich, dass Du mich anriefst. Sei nicht böse, dass ich Dich mit meinem Gejammer belästige. Jetzt muss ich wieder die Gegenwart verlassen, um in die Vergangenheit zu reisen. Hast Du das Buch von Wladimir Lindenberg *Begegnungen* gelesen? Ich habe ein Mal in meinem Leben solch eine Begegnung erlebt. In Petersburg gab es zwei lutherische Kirchen, die Petrikirche und die Annenkirche. Zu beiden

Kirchen gehörten auch Schulen, die Annenschule und die Petrischule. Der Gottesdienst und der Unterricht waren in deutscher Sprache. Ich wurde konfirmiert in der Petrikirche. Pastor Theodor von Willigerode, welcher mich konfirmiert hat, war circa 40 Jahre alt. Ich habe ihn oft in seiner Wohnung besucht. Es war eine »Begegnung«. Von ihm ging eine Helligkeit aus. Dabei konnte ich mit ihm vollkommen frei sprechen. Ich war damals 16–17 Jahre alt, las die sogenannten verbotenen Bücher, wie zum Beispiel von Alexander Kuprin *Jama, die Lastergrube*, *Sanin* von Michail Arzybaschew, *Olga Org. Russlands Tochter* von Jurij Sljoskin und so weiter. Sogar über solche Bücher durfte ich mit ihm sprechen. Es waren natürlich nicht die einzigen Themen. Schwach erinnere ich mich an sein Äußeres. Er war groß, mit einem blonden Schnurrbart. Seine Frau war eine typische bescheidene evangelische Pastorenfrau. Der einzige Sohn hieß Gerhard und war zu der Zeit dreizehn Jahre alt. Oft saß ich in seinem Arbeitszimmer. Die Lampe mit einem grünen Lampenschirm strahlte Gemütlichkeit und Frieden aus. Zu der Zeit wurden die Lebensmittel sehr knapp. Die Frau vom Pastor zauberte aus Roggenmehl, Wasser, Süßstoff und irgendwelcher Essenz eine Schaumspeise. Wahrscheinlich würde man sie jetzt nicht essen, damals aber war es eine Delikatesse. Diese kurze Zeit, wo ich den Pfarrer von Willigerode gekannt habe, war wie von innen beleuchtet. Ich könnte nicht erklären, was es eigentlich war. Aber in meinem Innern fühlte ich eine Klarheit, Reinheit und Freude. Er starb ganz unerwartet nach einem Begräbnis, an Herzschlag. Ich kann mich gut erinnern, wie ich in tiefer Traurigkeit neben dem Aufgebahrten gestanden habe. Er wurde auf dem Smolenskij-Friedhof in Petersburg begraben. Sein Grab habe ich oft besucht. Zu der Zeit habe ich ein russisches Gedicht geschrieben: »alles ist ruhig rundherum, nur Gräber und Kreuze«... Wieder ging eine Etappe meines Lebens zu Ende. Ich lebe in Etappen und jede Etappe ist mit etwas Besonderem gekennzeichnet.

Für heute reicht es.
In Liebe, Deine Vera.

Liebste,

ich will Dir noch etwas von den Finkelsteins erzählen.

In jenen Jahren wurden die Ehen noch über Heiratsvermittler geschlossen. Ein Herr von Finkelstein aus Odessa wurde meinem Großvater als Gatte von Tante Shenia empfohlen. Michail von Finkelstein sah sehr gut aus, er hatte etwas von einem spanischen Grandseigneur und besaß außerdem noch eine Universitätsbildung. Er war also eine gute Partie. Tante Eugenia war eine reiche Braut mit einer großen Mitgift. Nach der Hochzeit richteten sich die jungen Leute in einer komfortablen Wohnung in der Nähe eines großen Parks in Petersburg ein. Auf Kosten meines Großvaters lebten sie auf großem Fuß. Herr von Finkelstein nannte man »Le mari de sa femme«, der Ehemann seiner Frau, weil er sich auf ihre Kosten ein flottes Leben machte. Sie hatten drei Söhne, Dimitrij, Boris und Andreas, und die Tochter Schura, die acht Jahre jünger war als ich.

Der Großvater besorgte seinem jungen Schwiegersohn eine passende Stelle in einer großen Firma. Herr von Finkelstein bestellte sich Anzüge aus Frankreich, Schuhe aus England, die Söhne hatten einen eigenen Erzieher. An den Sonnabenden fanden bei den Finkelsteins »Jourfixe« statt, an denen viele Herren und als einzige weibliche Personen die Hebamme meiner Tante Shenia und ihre Tochter teilnahmen. Meine Tante hatte damals viele verschiedene Liebhaber und vom Herrn von Finkelstein war bekannt, dass er sich am liebsten mit jungen Männern amüsierte. Die Sitten waren damals noch sehr streng, und mein despotischer Vater untersagte es meiner Mutter, diese Abende zu besuchen.

1917 begann der Verfall der Familie. Alles fing damit an, dass Boris, der zweitälteste Sohn, wahnsinnig wurde. Er war ein fescher Junge, trug die Uniform der Kommerzschule mit dem Schneid eines Offiziers und machte den Mädchen den Hof. Aber schon als Kind konnte er nicht richtig lernen, wurde schnell blass und wollte dem Unterricht nicht folgen. Man hielt ihn für faul, aber man war im Irrtum. In seinem 19. Lebensjahr brach dann die Krankheit offen aus. Man diagnostizierte: »Jugendlicher Wahnsinn«.

Mein Onkel wollte Boris nicht in eine Anstalt stecken, so blieb er zu Hause und wurde eine ständige Gefahr für seine Umgebung. Eines Tages wollte er seinen Arzt erwürgen.

Dimitrij, der Älteste, verlobte sich mit einem estnischen Mädchen. Boris wurde rasend eifersüchtig, stellte dem Mädchen nach und wollte seinen Bruder umbringen.

Als Dimitrij das Mädchen heiratete, fand nach den Feierlichkeiten in der orthodoxen Kirche ein Hochzeitsfest in der Finkelstein'schen Wohnung statt. Unter den geladenen Gästen befand sich auch der Rittmeister Bordsjanko, der damals der Geliebte meiner Tante war. Ihm gehörte das Haus, in dem das »Sanatorium für Kriegsverletzte« untergebracht war. Dort war mein Vater Chefarzt. Es stand unter dem Patronat der Großfürstin Maria Pawlowna.

Obwohl jedermann wusste, dass Bordsjanko der Geliebte meiner Tante war, machte er mir auf diesem Hochzeitsfest ganz offen den Hof. Ich lud ihn in meinem Übermut, wohl wissend, dass er ein guter Bekannter meines Vaters war, zu einer kleinen Party bei mir zu Hause ein. Meine Tante Eugenia veranlasste dies dazu, ihrem frischvermählten Sohn Dimitrij zu sagen, sie würde ihm und seinen Geschwistern jeglichen Besuch bei uns untersagen, wenn Bordsjanko tatsächlich zu mir käme. Ich war stolz, dass mich eine richtige Dame ernsthaft als Konkurrentin ansah, obwohl ich doch noch ein Kind war. Ich amüsierte mich königlich über die dumme Eifersucht meiner Tante.

Kurz nach der Revolution heiratete Eugenia Finkelstein, pro forma von ihrem Mann geschieden, einen lettischen Staatsangehörigen, um die Sowjetunion verlassen zu können. Die Ehe kostete viel Geld, aber sie konnte schließlich mit ihrer Tochter Schura und ihrem jüngsten Sohn Andreas ausreisen. Dimitrij, der ja mit einer Estin verheiratet war, konnte schon früher emigrieren.

Herr von Finkelstein kam mit Boris, seinem geisteskranken Sohn, später nach und traf in Berlin auf seine Familie. Sie wohnten dann mit meinem Großvater in Berlin in der Pariser Straße und lebten von dem Geld, das mein Großvater auf seiner abenteuerlichen Flucht mit dem Schlitten durch Finnland gerettet hatte.

Als Eugenia Finkelstein erfuhr, dass auch meine Mutter nach Berlin wollte, fiel sie in Ohnmacht. Sie hatte Angst, dass auch meine Mutter von dem Geld des Großvaters profitieren könnte.

Herr von Finkelstein und Schura verdienten eine Zeit lang ein wenig Geld als Komparsen beim Stummfilm. Bald war das Geld des Großvaters verbraucht und sein Vermögen verloren. Er hatte einen Stiefsohn, den Sohn aus Großmutters erster Ehe mit dem ältesten Bruder des Großvaters. Diesen Stiefsohn hat Großvater immer unterstützt. Onkel Sjoma war ein Sonderling, lebte immer in Deutschland, erst mit seinem Vater, dann bei einem Klempner als Mieter – hatte ein Verhältnis mit der viel älteren Frau seines Wirtes, und als der Wirt starb, heiratete er sie. Der Großvater hat ihm seinen Teil der Erbschaft nach dem Tod der Großmutter nicht gegeben. Sjoma stahl die Liste mit dem Verzeichnis der Juwelen, machte einen Prozess, den er gewann, da nach dem deutschen Gesetz der Sohn der Haupterbe war.

Herr von Finkelstein erkrankte an einer Form von Epilepsie, er fiel plötzlich um und blieb besinnungslos liegen. Er musste seine Arbeit beim Film aufgeben und begann sein Äußeres vollkommen zu vernachlässigen. Ungewaschen und unrasiert ging er in einem schmutzigen Morgenrock in seiner Wohnung auf und ab. Seine Tochter, Schura, lernte beim Film Fred Döderlein kennen, einen damals bekannten und sehr hübschen Schauspieler. Er verführte Schura, nahm ihr die Unschuld und steckte sie mit einem Tripper an, der ihr viele Jahre ihres Lebens verdarb.

Andreas, der Jüngste, erteilte damals privaten Englischunterricht an Erwachsene. Eines Tages wurde er im Tiergarten mit einem Strichjungen erwischt. Man brachte ihn in das Columbiahaus, eine Einrichtung der Nazis. Erst nach mehreren Monaten kam er vor Gericht und wurde zu einer längeren Haftstrafe verurteilt. Nachdem er seine Strafe abgesessen hatte, musste er Deutschland verlassen. Als Staatenloser kam er in eine verzweifelte Lage. Andreas gelang es aber – trotz großer Schwierigkeiten –, ein befristetes Gastvisum für Finnland zu bekommen. Das änderte seine elende Situation kaum, da er völlig mittellos war.

In Helsinki lernte er auf einer Parkbank die 70-jährige Russin Lidotschka kennen, die der Heilsarmee angehörte. Sie nahm ihn bei sich zu Hause auf, und er wurde ihr Geliebter. Aber nach Ablauf der Aufenthaltserlaubnis musste er Finnland wieder verlassen. Seine Mutter Eugenia hat dann unter großen Schwierigkeiten für sich selbst und Andreas Visa für das noch unbesetzte Paris beschafft.

Schura hatte mittlerweile in Berlin einen festen Freund gefunden. Er hieß Willi Pohle und war Angestellter bei der Victoria-Allianz-Versicherung. Sie lernten sich im Delphi, einem großen Tanzlokal, kennen. Dort wurden die Damen, über auf den Tischen stehende Telefone, zum Tanzen engagiert. Es war noch zu Beginn der Nazi-Herrschaft. Das Tragen der Judensterne war noch nicht vorgeschrieben. Hätte Willi Schura geheiratet, was damals noch möglich war, wäre sie vielleicht am Leben geblieben.

Nach der Abreise ihrer Mutter wohnte Schura noch einige Zeit bei uns, bis sie ihrer Mutter und Andreas nach Paris folgen konne. Willi gab ihr das Versprechen, nachzukommen. Er heiratete dann aber kurze Zeit später Schuras beste Freundin, Inge Strakosch.

Als die Nazis in Paris einmarschierten, wurden zunächst Schura und Andreas, dann ein halbes Jahr später auch Eugenia nach Südfrankreich in ein KZ verschleppt, in dem sie umkamen. Der wahnsinnige Boris wurde in ein polnisches Irrenhaus in Lublin eingeliefert. Trotz seines orthodoxen Glaubens gab man ihm den Namen Boris Israel und ermordete auch ihn.

Michail von Finkelstein lebte schließlich in einem Alters-

heim in Rudow, wo ihn meine Mutter kurz vor seinem Tode
ein letztes Mal besuchte.

Der Älteste, Dimitrij, bekam Tuberkulose und wurde
Alkoholiker. Nach dem Krieg war er nicht mehr ausfindig zu
machen.

So endete die Geschichte der Familie von Finkelstein.

Nun bin ich müde,
in Liebe, Vera.

Liebste,

heute will ich Dir über eine tragisch beendete Romanze
schreiben.

In dem russisch-jüdischen Club Achdut habe ich Posnjakow zum ersten Mal gesehen. Zu der Zeit hatte fast die ganze
russische Bohème Berlin bereits verlassen. Abends war dort
ein Club für wohlhabende Juden, in dem es gutes Essen gab.
In der Mittagszeit gab es billiges Essen für arme russische
Juden. In diesem Achdut hatte ein jüdisches Ehepaar die
Küche gepachtet. Einige bekamen das Essen sogar umsonst,
da diese Mittagessen von der jüdischen Gemeinde unterstützt wurden. Im Achdut hatte sich eine kleine Gruppe junger russischer Dichter einen Saal gemietet, um dort einen literarischen Abend zu veranstalten. An diesem Leseabend trug
ich meine Gedichte vor.

Ich stand auf einer Art Podium und hatte ein schwarzes
Spitzenkleid an. In der ersten Reihe saß ein bebrillter Mann,
circa fünfzig Jahre alt. Während ich Gedichte rezitierte, ver-
folgten mich ununterbrochen seine Augen. Doch nach dem

Schluss der Darbietung war er verschwunden, und die Angelegenheit war vorerst vergessen.

In den 30er und 40er Jahren wurden in einigen Kaffeehäusern einmal wöchentlich Sprachabende veranstaltet. In einem der Räume der Cafés standen lange Tische, an denen man sich in fremden Sprachen unterhielt. Einige dieser Abende fanden im Café Uhlandeck und im Café Bristol statt. Im Bristol wurde der französische Tisch von einem gewissen Alexander Lescht geleitet. Er war Russe jüdischer Herkunft und sprach perfekt Französisch. Eines Abends hielt Lescht im Café Bristol einen Vortrag in französischer Sprache: »Notre Dame de Termidore«.

Ich saß an einer Säule und sah mir das Publikum an. Plötzlich trafen meine Augen diesen hypnotisierenden Blick wieder, der mich beim Leseabend verfolgt hatte. Nach dem Vortrag trat der Mann mit dem bohrenden Blick an mich heran und stellte sich als Prof. Posnjakow vor. Er sei ein guter Freund von Herrn Lescht. Er sagte mir, dass er mich an Stelle von Herrn Lescht nach Hause begleiten wolle, da dieser noch viele Bekannte hier habe und recht beschäftigt sei. Das war der Anfang unserer Romanze. Und dann kam die Fortsetzung.

Es war der 31. Dezember nach dem alten russischen Kalender. In der Pension Prager Platz, die einem Russen gehörte, feierte man Silvester. Lescht holte mich zu der Feier ab. Ein Tisch war bestellt worden, dort saß Prof. Posnjakow und erwartete uns. Man trank Champagner, man plauderte, man tanzte. Posnjakow tanzte einen Walzer mit mir, bis eine sehr korpulente blonde deutsche Frau erschien. Sie wurde mir als Frau Prof. Posnjakow vorgestellt.

Nach einigen Wochen erschien Lescht bei mir und sagte, er

wolle zum Prof. Posnjakow gehen. Er fragte, ob ich nicht mitkommen wolle, da ich doch dem Prof. Posnjakow recht gut gefalle. Ich wurde in der Landhausstraße von der Frau Prof. Posnjakow – in Wirklichkeit hieß sie Frau Werner, da sie nicht verheiratet waren – gastfreundlich empfangen und zum Abendessen eingeladen. Als Lescht weggehen wollte, sagte sie mir, ich solle doch noch etwas bleiben, ihr Mann würde mich nach Hause begleiten. Posnjakow brachte mich dann auch mit der Straßenbahn 91 nach Hause. Damals fuhr sie auch durch die Westfälische Straße. Vor dem Hause haben wir uns dann das erste Mal geküsst. Das war der Anfang!

Bald danach rief mich Posnjakow an und verabredete sich mit mir. Treffpunkt war das Reisebüro vom KaDeWe. Ich glaube, es war im Februar, noch ziemlich am Anfang der Nazi-Herrschaft. Der Krieg war noch nicht ausgebrochen. Ich trug einen weißen Pullover mit einem schwarzen Kragen, den mir meine Schwester geschenkt hatte. Als Posnjakow kam, holte er einen kleinen Veilchenstrauß aus dem Mantel. Wir aßen im Speiseraum des KaDeWe, nahmen dann ein Taxi und fuhren in die Potsdamer Straße. Er wollte sofort in ein Hotel gehen. Ich fand es übertrieben schnell. Also gingen wir in ein kleines Café mit diskreten Nischen. Was dann geschah, ist nicht schwer zu erraten. Daraufhin wurde ich für ihn Geliebte und Sekretärin. Wir hatten Zeit füreinander, da Frau Professor oft nicht zu Hause war. Für Posnjakow war unser Verhältnis denkbar unkompliziert. Ich war eine bequeme Geliebte, immer verfügbar, wenn Frau Werner nicht da war. Manchmal trafen wir uns auch im Grunewald. Ich war Posnjakow unglaublich hörig, obwohl er immer viele Frauen hatte.

Posnjakow war russischer Rechtsanwalt. Er kam mit seiner Frau, einer russischen Jüdin, nach Deutschland. Ich habe sie nicht gekannt. Sie war älter als Posnjakow, verließ ihn dann und kehrte in die Sowjetunion zurück. Er war ein von Natur aus fröhlicher Mensch, der pfiff, wenn er morgens aufstand. Er hatte keinen starken Charakter und ließ sich gerne von Frauen verführen. Posnjakow war sehr gebildet, sehr belesen, hat sogar Gedichte geschrieben. Zu seinen Klienten zählte der Maler Mjassojedow, der amerikanisches Geld fälschte, und seine Mitarbeiter. Posnjakow und Mjassojedow gaben dies als patriotische Handlung aus. Dieses Geld sollte angeblich für die Befreiung Russlands von den Sowjets nutzen. Als ich Posnjakow kennenlernte, besorgte er Juden Visa für die Ausreise ins Ausland. Leider muss ich sagen, dass er zwar Anzahlungen bekam, aber nicht viel dafür tun konnte. Lescht brachte ihm die Kundschaft, da er aus der Zeit seiner Tätigkeit als Kassenwart der »Jüdischen Gemeinde« viele reiche Juden kannte. Er war eine sehr suspekte Person und hatte schon vor dem Krieg als Agent in Frankreich gearbeitet. Lescht war getaufter Jude, der dann später, nach einer längeren Haft bei der Gestapo, arisiert wurde.

Posnjakow machte damals Bekanntschaft mit zwei Männern, Vater und Sohn, Russen jüdischer Herkunft. Sie kamen aus Odessa und hießen Oberschmuckler. Der Sohn war Konsul in Dänemark und bekam dort den Namen Obler. Diese Männer wohnten in Luxemburg und Belgien. Sie behaupteten, sie könnten luxemburgische Pässe auf legalem Wege besorgen. Wahrscheinlich waren die Pässe in Wirklichkeit gefälscht. Das hatte tragische Folgen.

In Berlin wohnte eine reiche russische Familie. Der Vater, ein Herr Shiwotowskij, war jüdischer Herkunft, die Mutter, Frau Podwarkowa, eine reine Russin. Sie hatten drei Töchter und einen Sohn, Mischa Shiwotowskij. Er war mit der Schwägerin des Dirigenten vom Donkosakenchor Scharow verlobt. Der Vater hatte ein Verhältnis mit einer Deutschen und wollte sie als Alleinerbin einsetzen. Daraufhin wurde ihm aufgrund einer Gerichtsklage der Familie ein Vormund zugeteilt. Shiwotowskij wusste aber, dass sein Sohn einen luxemburgischen Pass besaß, der wahrscheinlich gefälscht war. Er zeigte seinen Sohn bei der Kripo an. Dem Sohn passierte gar nichts, er musste nur mitteilen, von wem er den Pass bekommen hatte. Er nannte Lescht, der dann aussagte, er habe den Pass von Posnjakow bekommen. So wurde Posnjakow in die Untersuchungshaft ins Kriminalgericht Moabit gebracht.

Die Sprecherlaubnis für Posnjakow bekam selbstverständlich Frau Werner. Da ich aber seine Sekretärin war, durfte auch ich ihn ab und zu besuchen und mit ihm korrespondieren. Ich vermittelte ihm einen sehr guten Strafverteidiger, Herrn Roth. Außerdem bat ich den Vater von Liane Berkowitz, welcher oft Belgien und Luxemburg besuchte, sich mit Oberschmuckler zu treffen. Er sollte in Erfahrung bringen, ob die Pässe von ihnen stammten und als echte an Posnjakow weitergegeben wurden. Berkowitz kam der Bitte nach und sagte auch später vor Gericht aus. Dabei war er als einziger Zeuge vereidigt. Das war sehr anständig von ihm, da die Aussicht, vor einem deutschen Gericht zu stehen, für einen Juden, wenn er auch lettischer Staatsangehöriger war, zu der Zeit nicht sehr verlockend war.

Meine Cousine Schura, die später von den Nazis umgebracht wurde, brachte den russischen Bischof Vater Tichon als Leumundszeugen zur Verhandlung mit. Berkowitz beeidete, er habe die Oberschmucklers aufgesucht und sich vergewissert, dass sie ihm anboten, einen echten luxemburgischen Pass zu besorgen. Nach dieser Aussage wurde Posnjakow freigelassen.

Während seiner Untersuchungshaft lernte Frau Werner den »Gauredner« Jahr kennen. Er war verheiratet, ein verbissener Nationalsozialist und als solcher ein echter Judenhasser. Von meiner jüdischen Herkunft hatte er aber keine Ahnung.

Am Tag nach der Freilassung traf ich mich mit Posnjakow. Wir gingen in ein Hotel. Posnjakow sagte mir aber, dass er wenig Zeit habe, da er nach Hause gehen müsse. Mich packte die Wut, ich wurde eifersüchtig. Ich hatte mich so sehr um seine Freilassung bemüht, während sich Frau Werner schöne Tage machte und ihn betrog. Jetzt aber, wo er frei war, eilte er zu ihr. Meine Rache war gemein, und ich trage teilweise die Schuld daran, dass Posnjakow später im KZ Dachau umgebracht wurde.

Ich erzählte Posnjakow, dass Frau Werner ihn mit einem Nazi-Propagandisten betrogen hatte. Die Folge davon war ein entsetzlicher Krach. Als ich später bei Posnjakow in der Wohnung war, wollte Frau Werner mich verprügeln. Posnjakow ging jedoch dazwischen. Frau Werner nahm dann eine Stelle als Telefonistin bei Siemens an. Wenn sie nicht zu Hause war, kam ich in die Wohnung und spielte weiterhin die Rolle einer Sekretärin. Frau Werner wusste davon, aber Posnjakow brauchte nun mal jemanden, der die deutsche und die russische Sprache beherrschte. Außerdem kostete ich nichts. Nebenbei gab ich noch Sprachunterricht, habe aber des Öfteren die Stunden versäumt.

Frau Werner traf sich weiterhin mit Jahr. Eines Abends fand eine Parteiversammlung statt, die mit einer Feier verbunden war. Jahr ließ sich von Frau Werner begleiten. Posnjakow erfuhr davon und erzählte es Frau Jahr, die er kurz zuvor kennengelernt hatte. Sie erschien wütend auf der Feier und ohrfeigte Frau Werner im Beisein der versammelten Parteigenossen.

Daraufhin warf Posnjakow Frau Werner aus der Wohnung, die eine Etage höher zu dem nationalsozialistischen Ehepaar Hoffmann zog. Ich besuchte Posnjakow weiterhin.

Eines Abends erschien Frau Werner mit dem Parteigenossen Hoffmann in der Wohnung von Posnjakow. Er trug eine Peitsche in der Hand. Sie gingen direkt ins Schlafzimmer und durchsuchten es. Zu der Zeit wusste ich noch nicht, was sie dort suchten, erfuhr es aber später bei der Gestapo. Nach der Wohnungsdurchsuchung zeigte Frau Werner Posnjakow bei der Gestapo an. Daraufhin wurde er erneut festgenommen. Damit hatte sie sich an ihm gerächt.

Am 2. November 1938 war besonders sonniges, klares Wetter, so, als ob es nicht Winter, sondern Frühling werden würde, es machte die Seele fröhlich. Ich hatte Lust zu singen und zu lachen, als ich zum Treffen mit Posnjakow ging. Ich stieg in die Straßenbahn und fuhr zum Prager Platz.

Als ich in Posnjakows Wohnung kam, erfuhr ich von dem Dienstmädchen, Posnjakow sei von zwei Männern abgeholt worden. Ich wusste, was das zu bedeuten hatte, und ich wusste auch, dass er einen luxemburgischen Pass besaß, der in einem bestimmten Buch versteckt lag. Da ich oft sehr naiv und unüberlegt reagierte, nahm ich das Buch unter den Arm und ging damit nach Hause. Kurze Zeit später klingelte das Telefon, und das Dienstmädchen von Posnjakow sagte mir, dass der Herr Professor sie angerufen habe. Ich solle vorbeikommen und das Buch mitbringen, er würde sofort zu

Hause sein. Ich fuhr treu und brav mit dem Buch unter dem Arm zurück in die Landhausstraße zu seiner Wohnung. Schon in der Diele wurde ich von zwei Gestapomännern in Empfang genommen. Das Dienstmädchen erwies sich als eine Agentin der Geheimen Staatspolizei und Komplizin von Frau Werner.

Liebste, für heute mache ich Schluss mit dem Schreiben. Ich bin traurig, ich sehe Dich zu wenig. Die schönen Abende, an denen Du zu mir kamst, fehlen mir sehr. Ich weiß, dass Du keine Zeit hast, aber ich liebe Dich und Liebe kennt keine Vernunft.

Deine Vera

Liebste,

mir ist so traurig zumute. Wenn ich Dich und Dein geliebtes Gesicht sehe, wenn ich Deine wie Samt weiche Stimme höre, vergesse ich mein Alter und meine Beschwerden. Aber jetzt bin ich allein! Ich schreibe an Dich, um mit Dir zu sprechen. Heute an der Ecke Kudamm/Westfälische Straße kam ein riesengroßer Lkw vorbei. Er erinnerte mich an den großen Wagen, in dem man die Häftlinge der Geheimen Staatspolizei vom Gefängnis Alexanderplatz in die Prinz-Albrecht-Straße und zurück brachte. Gestern wurde es sehr spät, bis ich im Bett war. Ich hatte Schmerzen, die ganze Hüfte war verkrampft und ich war auch so enttäuscht, dass Du nicht angerufen hast!

Aber jetzt liege ich schon im Bett und möchte Dir von den 7½ Wochen, in denen ich mich in sogenannter Schutzhaft befand und vom Ende meiner Romanze mit Posnjakow erzählen.

Nachdem man mich verhaftet hatte, wurde ich in einem Pkw in die Prinz-Albrecht-Straße in das enorme Gebäude der Gestapo gebracht. In einem gut eingerichteten Arbeitszimmer saß dort der Kriminalrat Opitz. Das Verhör begann. Die Sekretärin saß mit einem Block in der Hand dem Kriminalrat gegenüber. Ich musste stehen. Opitz fragte mich: »Ist Posnjakow Ihr Geliebter?« Ich antwortete: »Nein.« Opitz diktierte dann der Sekretärin: »Posnjakow ist nicht mein Geliebter, aber einen anderen habe ich auch nicht!« In dieser Art wurde die Vernehmung fortgesetzt. Einmal schlug er mich mit dem Buch von Posnjakow auf die Stirn.

Abends wurde ich in einem Privatwagen zum Alexanderplatz gefahren, da es im Gefängnis der Geheimen Staatspolizei keine Zellen für Frauen gab. Dort wurden mir Geld, eine Uhr, eine Halskette und ein Ring abgenommen. Dann führte man mich in einen sehr großen, stark beleuchteten Saal mit Etagenbetten. Mehrere Frauen schauten neugierig auf mich, die Neuangekommene. Ich schlief oben. Das Gesicht war von den Strohkissen oft zerkratzt. Die Frauen, die sich in Schutzhaft befanden, waren Hebammen, die bei Abtreibungen geholfen oder die Frauen zu einem Arzt gebracht hatten. Außerdem gab es jüdische Huren, die man mit arischen Männern erwischt hatte. Eine Jüdin saß wegen Zollvergehen. Nach der Kristallnacht kamen einige Frauen wegen des Vorwurfs der Plünderung dazu. Sie hatten lediglich Waren von der Straße aufgesammelt, die zuvor von den ss- und sa-Männern dort hingeworfen wurden, nachdem sie die Vitrinen der jüdischen Geschäfte zerschlagen hatten. Diese Frauen bekamen Papiere mit der Haftbegründung: »In Schutzhaft genommen, da durch Plündern dem Ruf des deutschen Volkes Schaden zugefügt wurde.«

Das Licht in den Zellen brannte die ganze Nacht hindurch, und die diensttuende Wachtmeisterin konnte durch den Spion der Zellentür kontrollieren, was sich in der Zelle tat. Eines Nachts bemerkte eine der Mithäftlinge, dass sich ihre Nachbarin mit einem Gürtel erwürgen wollte. Sie klopfte an die Tür und schrie laut um Hilfe. Die Wachtmeisterin stürmte herein, und die Frau wurde herausgetragen. Ob sie lebte oder nicht, weiß ich nicht, gesehen habe ich sie niemals mehr.

Das Essen wurde in großen Kübeln gebracht und in Emailletöpfen, einer Art Hundenäpfe, serviert. Alles in allem war es ziemlich langweilig, obwohl die Hebammen und Huren ganz nett zu mir waren.

Ich hatte das »Glück«, dass jeden Morgen ein Gestapomann kam, um mich in dem riesigen Gefängniswagen zur Prinz-Albrecht-Straße zu bringen. Den Wagen habe ich größer in Erinnerung als die grüne Minna der Polizei. Die Häftlinge saßen auf zwei langen Bänken. Einmal befand sich Posnjakow unter ihnen. Wir wollten miteinander reden, worauf ich in eine Art Käfig gesperrt wurde, der in dem Wagen eingerichtet war. In ihm hatte man kaum Platz und bekam wenig Luft.

Man brachte mich täglich zur Geheimen Staatspolizei, weil ich sämtliche russischen Dokumente und Briefe von Posnjakow ins Deutsche übersetzen sollte. Erst durch diese Arbeit habe ich erfahren, was Frau Werner bei Posnjakow gesucht und wohl auch gefunden hatte. Zu der Zeit, als ich Posnjakow noch nicht kannte, wurde er von einem sowjetischen Tschekisten beauftragt, irgendwelche geheimen deutschen, politischen Dokumente zu besorgen. Posnjakow hatten den Agenten aber betrogen, da er ihm ganz offizielle Berichte, die in den Zeitungen erschienen waren, kopierte und mit falschen Stempeln versah. Posnjakow erzählte mir später, dass er mit der Drohung erpresst wurde, seine in Russland lebende Mutter käme ins Gefängnis, falls er nicht mit der Tscheka zusammenarbeitete. Diese Stempel behielt Posnjakow dummerweise in seinem Schlafzimmer verwahrt, um seine Unschuld gegen Deutschland beweisen zu können.

Wenn man mich aus der Prinz-Albrecht-Straße zurückbrachte, wurde ich sofort von der Wachtmeisterin von Kopf bis Fuß untersucht, ob ich vielleicht versteckte Scheren oder Messer bei mir habe. Einmal fand sie eine Illustrierte, woraufhin sie sich empörte: »Wenn das der Kriminalrat wüsste!« und mir die Illustrierte wegnahm. Dabei hatte sie mir der Kommissar Lange selbst gegeben. Ich habe ihn aber nicht verraten. Wenn ich am Alexanderplatz in der Zelle war, machten wir folgendes Spiel: eine war die Hure und die andere der »Kunde«. – Ich habe viel über diesen Beruf erfahren.

Im Büro der Geheimen Staatspolizei herrschte völlige Willkür. Dann wurde auch Lescht festgenommen. Er war ein starker Trinker. Sehr schnell fand er Kontakt zum Kommissar, der ihn dazu brachte, als eine Art Spitzel für die Gestapo zu arbeiten. Dafür durfte ihm seine Verlobte, eine deutsche Jüdin, in großen Mengen Alkohol mitbringen. Lescht wurde dann nach einer längeren Schutzhaft freigelassen, weil er mit der Gestapo zusammenarbeiten wollte. Sein Ende war allerdings auch tragisch. Nachdem die Gestapo-Leute, mit denen er gearbeitet hatte, in Ungnade gefallen waren, wurde Lescht sofort als Jude ins Gefängnis geworfen, wo er an Tuberkulose gestorben sein soll. Man hat ihn dann in einem Massengrab für Juden verscharrt. Seine Verlobte kam in irgendeinem Konzentrationslager ums Leben.

Mir ging es den Umständen entsprechend sogar recht gut bei der Gestapo. Einmal, als ich mich erkältet hatte, es war ein ziemlich kalter November, gab mir Kommissar Lange Cognac aus dem Vorrat von Lescht zu trinken. Am Sonnabend gab es im Gefängnis am Alexanderplatz zum »Mittag« eine Erbsensuppe mit Schweineschwarten – Luxusessen! Meine Portion wurde mir gelassen, so dass ich sie abends, wenn man mich zurückgebracht hatte, essen konnte. Als ich die Briefe und Papiere von Posnjakow übersetzt hatte, bat ich Kommissar Lange, mich irgendwie zu beschäftigen. Ich konnte dann auf einer Schreibmaschine in einem der Büroräume der Gestapo eine Kartothek der »Verbrecher« zusammenstellen. Es war eine ziemlich lange Arbeit. Mit mir im Raum befand sich Herr Bauer, etwa 50 Jahre alt, bebrillt und sehr ruhig. Er war sehr nett. Er sagte zu mir: »Seien Sie beim Telefonieren mit Ihrer Schwester vorsichtig, die Gespräche werden abgehört.« Wenn einer der Gestapo-Leute in das Zimmer kam, in dem ich Schreibmaschine schrieb, sagte Herr Bauer schmunzelnd: »Unsere neue Mitarbeiterin.« Ein anderes Mal musste er in einen anderen Raum gehen. Er nahm mich mit, um mich nicht einsperren zu müssen. Einmal sagte er: »Mein Vater war bei den Gendarmen, und da hat man Verbrecher festgenommen, aber hier?« Wie kann man nur erklären, dass ein Mann mit solchen Ansichten bei dem NSKK [Nationalsozialistisches Kraftfahrerkorps] und dann bei der Gestapo arbeitete? Eine Erklärung – keinesfalls aber eine Entschuldigung – ist wohl die Arbeitslosigkeit. Um bei der Wahrheit zu bleiben, muss ich wirklich sagen, dass mich mein Schutzengel gut beschützte, denn im Vergleich mit den schrecklichen Erlebnissen anderer Leute bei der Gestapo war meine Lage noch sehr zufriedenstellend. Während meiner Arbeit bei der Gestapo bekam ich auch dort mein Mittagessen, es war besser als am Alexanderplatz. Dabei saß ich im langen Korridor am Tisch und die vorbeigehenden ss-Burschen, nannten mich »Lorchen«. Auch diese Arbeit ging aber zu Ende und Weihnachten nahte. Aus dem schwarzen Ungeheuer – dem Gefängniswagen – sah man bei der Hin- und Rückfahrt belebte Straßen, Passanten, beladen mit Paketen und Tannenbäumen. Die Stadt bereitete sich auf das Fest vor. Das Schreiben der Kartothek war beendet. Das Letzte, was ich auf der Schreibmaschine der Geheimen Staatspolizei schrieb, war ein Antrag von Herrn Kriminalrat Opitz um Entlassung.

Jetzt blieb ich den ganzen Tag am Alexanderplatz, hinter verschlossenen Türen. Das Schlimmste war die Tür ohne Klinke. Seither hat sich meine Furcht vor dem Eingesperrtsein verschlimmert.

Ich zerbrach mir den Kopf, wie ich mich retten konnte. Ich ging zum Gefängnisarzt, dachte mir tausend Beschwerden und Krankheiten aus. Es half nichts. Ich wurde richtig deprimiert und verzweifelt. Und dann erschien unerwartet am 24. Dezember des Jahres 1938 frühmorgens der ss-Fahrer in unserer Zelle und sagte: »Lorchen, Sachen packen.« Ich habe dann alle Sachen zusammengeschmissen – denn ordentlich war ich nie –, und das schwarze Ungeheuer brachte mich in die Prinz-Albrecht-Straße. Dort sagte mir Herr Bauer, er habe meine Schwester schon angerufen und sie gebeten, mich abzuholen. »Ich brauche niemanden, ich gehe allein«, rief ich mit Begeisterung. Ich muss noch hinzufügen, dass die jungen ss-Männer mein Gepäck schön in Ordnung brachten, gut verschnürten und mir alles Gute wünschten. Herr Bauer sagte mir dann zum Abschied: »Jetzt werden sie bestimmt allen Leuten schreckliche Sachen über uns erzählen.« »Nein«, war meine Antwort, »Sie, Herr Bauer, waren immer sehr gut zu mir, und das vergesse ich nicht.«

Es überraschte mich sehr, dass ich aus der Haft entlassen wurde, denn ich war ja Halbjüdin (und dass ich nur Halbjüdin war, konnte ich nicht beweisen), Russin und staatenlos. Normalerweise kam man dann ins Lager. Die Gründe für meine Freilassung kann ich nicht genau erfassen, aber vielleicht war es, dass ich bereit war, zu übersetzen und auf der Schreibmaschine zu schreiben, obwohl das eigentlich keine Gründe für die Gestapo gewesen wären.

Meine Schwester und ich bekamen durch die Bemühungen der Ehefrau von Berthold Hesse, des Vetters von Hermann Hesse, mit der ich bekannt war, die Erlaubnis, als Dienstmädchen nach London zu fahren. Ich blieb aber in Berlin. Der Grund dafür war Posnjakow. Meine Schwester ging dann im Frühling 1939 nach London. Ich war die einzige, die Posnjakow etwas Geld brachte und seine Wäsche wusch. Manche schimpften mich aus, dass ich mich für Posnjakow opfere. Bald brachte man Posnjakow in das KZ Oranienburg. Dort sagte er, dass ich seine Verlobte sei, da ich sonst kein Recht gehabt hätte, ihm etwas Geld zu schicken und mit ihm zu korrespondieren. Außer mir hatten alle früheren Bekannten Angst davor, mit ihm in Zusammenhang gebracht zu werden.

Vom KZ Oranienburg wurde Posnjakow dann ins KZ Dachau gebracht. Von dort bekam ich einige sehr traurige Briefe. Im letzten vor seinem Tod schrieb er: »Betet für mich, Du und Deine liebe Mutter.« Dann kam ein Telegramm aus Dachau, in dem stand, dass mein Verlobter, Herr Alexis Posnjakow, trotz ärztlicher Bemühungen an Kreislaufversagen im Lazarett gestorben sei. Sie boten mir an, den Toten sehen zu können, und fragten, wohin sie die Urne schicken sollten. Sie wurde zum Berliner russischen Friedhof gebracht. Die musterhafte deutsche Ordnung hatte sich bewährt. Da Posnjakow kein Jude war, bekam ich auch alle seine persönlichen Sachen von der Leitung des KZ Dachau zugeschickt. Sogar die Taschenuhr haben sie nicht gestohlen![34]

An der Beisetzung auf dem Orthodoxen Friedhof in Tegel nahmen nur vier Personen teil: meine Mutter, ein alter russischer Schauspieler und der alte verarmte russische Professor Strojew, der in der Tolstoj-Stiftung in Tegel wohnte, und natürlich ich selbst. Alle anderen Bekannten von Posnjakow hatten Angst und blieben dem Begräbnis fern. Wieder eine Etappe meines Lebens ging zu Ende!

Ich bin müde und mache jetzt Schluss.

Vera

A. P.

Im Leben konntest du nicht zu mir kommen
So komme doch in einem schönen Traum
Erzähle mir von deinen schweren Tagen
Erzähle mir von deinem Leid und Grauen

Ich Sünderin, ich wollte dich behalten
Unendlich groß war meiner Liebe Maß
Doch hier auf Erden hier Gesetze walten
Wo Liebe nichts ist im Vergleich mit Hass

---

34 Ein Ausschnitt des Telegramms aus Dachau befindet sich im Bildteil.

Vor meinen Augen steht der heiße Sommer
Die Sonne brannte über unser Boot
Die Tage werden niemals wiederkehren
Ich will's nicht glauben, aber du bist tot.

Ich sehe dich noch immer glücklich strahlen
Ich kann's nicht glauben, aber du bist tot
Ich kenne nichts von deinen Todesqualen
Ich kenne nichts von deiner letzten Not.

Berlin, 16. März 1941

Nur die Reichen kamen aus Deutschland raus. Man musste dafür bezahlen. Keiner wollte arme Russen aufnehmen. Durch eine uns bekannte Dame bekamen meine Schwester und ich ein Affidavit, Papiere, dass wir als Dienstmädchen ausreisen können. Damals war aber Alexis Posnjakow verhaftet worden, und ich liebte ihn, weshalb ich selbst festgenommen wurde, und ohne mich wäre meine Mutter umgekommen. Meine Schwester fuhr nach England. Ich war als Mischling halb anerkannt, halb nicht, aber sie konnten mir nicht das Gegenteil beweisen. Ich habe dauernd mit dem Sippenforschungsamt korrespondiert. Meine Mutter hätte Deutschland nur verlassen können, wenn irgendwelche Juden oder Nichtjuden im Ausland zugesichert hätten, sie zu ernähren, damit sie dem Land nicht zur Last fällt. Da es aber niemanden gab, war es unmöglich, zu emigrieren. Deshalb blieben wir in Berlin. Mein Schutzengel stand mir bei und mir ist wirklich nichts passiert. Als meine Mutter bereits im KZ war, gab es eine neue Aktion: die Mischlinge sollten auf der

Straße arbeiten. Es war Winter, es herrschte Frost, und es mussten schreckliche Arbeiten gemacht werden. Ich habe mich an den Hetman Skoropatzkij gewandt, der ein Freund meines Vaters war. Zu meinem Glück hat er mich in ein Arbeitsamt für Dienstboten geschickt. Eine Angestellte dort sagte mir noch, seine Exzellenz hätte ganz andere Beziehungen. Hätte ich diese aber genutzt, wäre nichts von mir geblieben, als die Russen kamen. Zum Glück hat er nichts für mich arrangiert. Ich bin zu russischen Ärzten gegangen. Jeder Arzt hat mir eine Krankheit bestätigt, weshalb ich dies und das nicht tun dürfte. Dann kam der Tag, an dem ich doch zur Arbeit hätte gehen müssen. Ich wurde wach, fühlte mich komisch, hatte Temperatur und Flecke am Körper. Ich ging zu Dr. Aksjonow, dem russischen Arzt im Russischen Roten Kreuz. Er sagte: »Sie haben beginnende Windpocken.« Ich ging nach Hause, rief einen guten Bekannten an, der sagte: »Das ist alles Quatsch, Sie gehen jetzt zum erstbesten deutschen Arzt.« Nicht weit von uns war die Praxis eines gewissen Dr. Serson. Ich suchte ihn auf, er sagte: »Das ist eine beginnende Furunkulose.« Er war sehr anständig, er schrieb »bettlägerig« und bescheinigte, dass ich überhaupt nicht rausgehen kann. Vorläufig war die Sache geregelt. Eine Zeit lang konnte ich mit dieser Furunkulose existieren. Eines Tages bekam ich wieder ein Schreiben und musste zum Amtsarzt am Alexanderplatz. An diesem Morgen hatte ich Fieber. Ich ging hin, hatte Fieber und erhöhten Blutdruck, das sah er, dann betrachtete er meinen Rücken und sagte: »Da hat sich ein Karbunkel gebildet.« Es war nicht daran zu denken, dass ich zur Arbeit geschickt wurde. Ich ging dann wieder zu meinem Arzt, hatte wochenlang eine Temperatur von über 38 Grad und trug einen Ichthyolverband. Damit musste ich

nicht zur Arbeit, nur das Papier mit der Aufforderung ist
geblieben.[35]

Liebste,

nachdem ich gestern bereits ein trauriges Kapitel aus der
Zeit des Nationalsozialismus erzählt habe, will ich Dir heute
von einer anderen Tragödie erzählen, die bereits in Russland
beginnt. Von Herrn Berkowitz, der bei der Gerichtsverhand-
lung für Posnjakow ausgesagt hatte, habe ich bereits berichtet. Nun sollst Du die ganze Geschichte erfahren.

Berkowitz war von Beruf Hausmakler, ein russischer
Jude mit einem lettischen Pass. Er kam mit einer gewissen
Wassiljewa, die früher Sängerin in Moskau war, nach Berlin.
Sie war mit einem Dirigenten verheiratet, der nach Amerika
emigrierte, indem er ohne Absprache mit seiner Frau von
einer Tournee durch die USA nicht nach Russland zurückkehrte.

Frau Wassiljewa war eine sehr hübsche Frau, und Berkowitz verliebte sich in sie. Ohne seine Liebe zu erwidern, ging
Frau Wassiljewa ein Verhältnis mit ihm ein, weil er ihr ein
sorgenfreies Leben bieten konnte. Herr Berkowitz war durch
die NEP – die Neue Ökonomische Politik[36] – in Russland
reich geworden.

---

35 Aus einem bisher unveröffentlichten Interview mit Vera Lourié von
1985, geführt von Doris Liebermann.
36 Neue Ökonomische Politik, 1921 von Lenin auf dem X. Parteitag der
Kommunistischen Partei Russlands verkündet, ließ innerhalb der Planwirt-
schaft auch wieder marktwirtschaftliche Methoden zu. 1927 endete die NEP.

Als das Leben im nachrevolutionären Russland immer unerträglicher wurde, beschlossen beide, zu emigrieren. Ihre neue Heimat sollte Berlin werden. Um sein Vermögen nach Berlin zu retten, kaufte Herr Berkowitz Brillanten und schmuggelte sie mit Hilfe seiner Geliebten nach Berlin. Wassiljewa hatte sie in ihrem Kleid eingenäht. In Deutschland bekam sie ein Kind von ihrem Geliebten: Liane.

Da Frau Wassiljewa und Herr Berkowitz nicht verheiratet waren, adoptierte Herr Berkowitz seine Tochter. So wurde Liane offiziell Stieftochter von Herrn Berkowitz.

Liane wuchs in einem turbulenten Elternhaus auf, in dem sich Vater und Mutter oft stritten. Es ging meist laut zu, er warf Töpfe hinter ihr her, sie nannte Liane einen jüdischen Auswurf. Liane war oft wütend auf ihre Mutter.

Herr Berkowitz verlegte seine Geschäfte mehr und mehr nach London und kam nur selten nach Berlin. Eines Tages holte er Liane aus der Schule und brachte sie in ein Internat in der Schweiz. Sie blieb nicht lange dort. Ihre Mutter holte sie rasch zurück, weil dort das Essen angeblich schlecht war.

Während der Nazi-Zeit heiratete Herr Berkowitz Frau Wassiljewa, um seine Häuser in Berlin vor den Nazis zu retten, er übertrug ihr seinen Besitz. Offiziell war Liane ein Kind des ersten Mannes von Frau Berkowitz, des Dirigenten Wassiljew.

Liane war sehr exaltiert. So erzählte sie, sie habe Posnjakow auf der Straße gesehen, obwohl der längst im Gefängnis saß. Schon früh bezog Liane Stellung gegen die Nazis und unterstützte heimlich Juden, indem sie ihnen Essen brachte. Um ihr Abitur zu machen, besuchte Liane eine Abendschule. Ihre Klassenkameraden waren vorwiegend Arbeiterkinder, mit denen sich Liane anfreundete. Einige waren Kommunisten, die im Untergrund gegen das Naziregime arbeiteten. Ihnen schloss sich Liane an.

Damals konnte ich noch nicht ahnen, dass diese Leute Mitglieder der »Roten Kapelle« waren und dass sie nachts Flugblätter verteilten, auf denen stand, dass Hitler gestürzt werden muss. Die ganze Gruppe nahm bei mir Russischunterricht.

Eines Tages sah ich in Lianes Lehrbuch ein Foto des sowjetischen Marschalls Tuchatschewskij. Liane war damals 17 Jahre alt. Meine Mutter sorgte sich um sie und sagte zu ihr: »Liane, du musst dich vorsehen, wir sind hier nicht in der Schweiz!« Liane antwortete ihr: »Wir wollen auch leben. Wir sind schon vorsichtig.«

Zu dieser Zeit wollte meine Mutter das kleine Zimmer in unserer Wohnung für fünfzehn Mark im Monat vermieten. Liane bat uns, einen ihrer Freunde aufzunehmen, Helmut Marquart. Helmut war in Liane verliebt und tat alles für sie, obwohl sie seine Liebe nicht erwiderte. Seine Mutter war Jüdin und schon lange tot. Sein arischer Vater wollte, dass er aus der gemeinsamen Wohnung auszieht, der Grund dafür war mir damals unbekannt. Ich fragte Liane, ob ich Helmut das Zimmer vermieten kann, ohne befürchten zu müssen, mit der Gestapo Schwierigkeiten zu bekommen. Liane antwortete mir, Helmut habe nichts mit Politik zu tun. Meine Furcht muss man verstehen. In diesen schlimmen Zeiten waren wir besonders gefährdet, da meine Mutter Jüdin war und wir alle staatenlose Russen. Aber Liane und ihre Gruppe waren der Meinung, dass man sich und andere notfalls für die Idee opfern müsste.

Dann zog Helmut bei uns ein. Er war ein Radiotechniker, der vor allem nachts an seinen Apparaten rummurkste. Er kochte auch nachts, und es kam vor, dass er das Essen vergaß und es anbrennen ließ. Helmut lebte einige Monate auf diese Weise bei uns.

Eines Morgens holte er mich aus dem Bett und sagte mit bleichem Gesicht: »Die Gestapo ist hier!« Sein Zimmer wurde von zwei Männern durchsucht, dann versiegelten sie es und führten Helmut ab. Nach einer Stunde kam einer der Männer zurück und verhörte mich. Es wurde ein Protokoll angefertigt. Ich wurde gefragt, warum wir Russland verlassen hätten und ob uns Deutschland gefalle. Meine Antwort war klar, in Russland sei es schrecklich und in Deutschland herrlich. Meine Mutter kam während der ganzen Zeit nicht aus ihrem Zimmer und wurde daher auch gar nicht verhört.

Man fragte mich, ob ich wisse, dass Marquarts Mutter eine Jüdin war. Ich antwortete, dass aber sein Vater Arier sei. Das Zimmer von Helmut blieb daraufhin versiegelt, sein Vater bezahlte jedoch weiterhin die Miete.

Lange Zeit hörte ich nichts mehr von Helmut. Doch dann erhielt Herr Marquart die Erlaubnis, seinen Sohn zu besuchen. Helmut war noch in der Untersuchungshaft. Nachdem Herr Marquart seinen Sohn gesprochen hatte, kam er bei uns vorbei. Helmuts Zimmer war inzwischen von der Gestapo wieder freigegeben worden. Es war nicht mehr versiegelt.

Marquart ging in das Zimmer zu dem transportablen Ofen und holte einen Sender heraus, den Helmut gebaut hatte. Ein Sender der »Roten Kapelle«. Die Gestapo hatte ihn bei der Durchsuchung nicht finden können. In einem circa sechs Quadratmeter großen Zimmer! Hätten sie ihn gefunden, wären meine Mutter und ich wohl unten im Hof aufgehängt worden. Der alte Marquart vernichtete den Sender.

Helmut kam ins KZ, obwohl kein Beweismaterial gegen ihn vorlag. Seine nachgewiesene Bekanntschaft mit Aktivisten der

»Roten Kapelle« reichte dazu aus. Später wurde er aus dem KZ entlassen, weil ihm bei einem Bombenangriff eine seiner Lungen geplatzt war. Helmuts Vater wollte, dass ich seinen Sohn wieder bei mir aufnehme oder zumindest anmelde. Ich lehnte das aber ab. Ich war äußerst empört, dass die Gruppe um Liane Berkowitz gerade uns, die wir selbst äußerst gefährdet waren, als Tarnung für ihre politischen Aktivitäten ausgesucht hatte.[37]

Kurz danach wurde Liane verhaftet. Die Gestapo hatte ihre Spur gefunden. Festgenommen wurde sie schließlich, da ihr Name im Briefkasten eines Bekannten auftauchte, der erwiesenermaßen für die »Rote Kapelle« arbeitete. Die beiden wurden gegenübergestellt.

Liane war mit einem Soldaten befreundet, der Friedrich Rehmer hieß und auch zu der Gruppe gehörte, die sich in der

---

37 Helmut Marquart überlebte das KZ und lebte nach dem Krieg in der DDR. In der Gedenkstätte Deutscher Widerstand in Berlin befindet sich ein in der DDR angefertigtes Befragungsprotokoll vom 24.7.1968, in dem Marquart die Verhaftung aus seiner Sicht schildert: »Am 19.9.1942 gegen 06.00 Uhr klopfte es sehr lautstark an die Haustür, woraus ich kurze Zeit später schlussfolgerte, dass es sich hierbei um Angehörige der Polizei oder Gestapo handeln könnte. Aufgrund dessen versteckte ich zwei Empfängerröhren sowie ein Umschaltrelais, die für die Reparatur von der Gruppe gehörenden Funkgeräten gedacht waren[,]in der Asche des Aschekastens vom Ofen und öffnete danach die Tür. Daraufhin drangen 3 Gestapoleute in mein Zimmer ein und fragten mich sofort: »Wo befindet sich der Sender?« Ich zeigte auf einen Radioempfänger, den ich gerade repariert hatte, den sie daraufhin kontrollierten und naturgemäß nichts finden konnten. Obwohl ich ihnen erklärte, dass in jedem Radioapparat ein kleiner Sender eingebaut ist, erhielt ich – da die Gestapo in diesem ein Funkgerät vermutete – einen Schlag ins Gesicht. Ich durfte meiner Vermieterin LOURIÉ noch mitteilen, dass ich verhaftet worden bin, und sie bitten, meinen Vater davon zu unterrichten. Danach wurde ich von diesen Gestapoleuten in einem bereitstehenden Auto zur Prinz-Albrecht-Straße gebracht, wo ich mich in der Folgezeit bis zum 26.9.1942 aufhielt.« Quelle: Gedenkstätte Deutscher Widerstand, Akte RK 41/95. Siehe die dort zusammengetragenen biografischen Angaben zu Liane Berkowitz und Helmut Marquart, S. 243 ff.

1. Vera mit ihrer Mutter in St. Petersburg, 1908.

2. Josef Lourié, Veras Vater, nach der Emigration in Berlin.

3. Maria Lourié, Veras Mutter, Ort und Jahr unbekannt.

4. Vera mit ihrem Hund Nituschka, St. Petersburg um 1910.

5. Vera mit ihrem Fräulein in St. Petersburg, 1913.

6. Veras Geschwister Sergej und Jelena in Berlin, um 1922.

7. Vera mit ihrer Mutter in Berlin, 1921.

8. »Die tönende Muschel«, Petrograd, vor 1921. Vera ist die
zweite v. r., sie legt den Arm um Konstantin Waginow.
Sitzend: Nikolaj Gumiljow, Irina Odojewzewa.

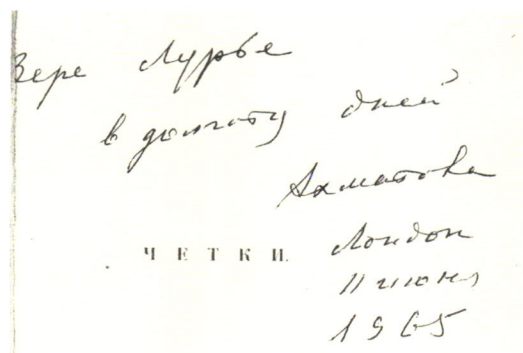

9. Widmung von Anna Achmatowa in dem Gedichtbuch mit dem Titel
Rosenkranz: »Vera Lourié, bis ans Ende der Tage, London, 2. Juli 1965.«

10. Ball russischer Künstler, Berlin, frühe 20er Jahre.
Vera Lourié ist die 4. v. l. in der ersten Reihe.

11. Ball russischer Künstler, Berlin 1923.
Vorn, Mitte: Ilja Ehrenburg. Dahinter v. l. n . r.: Unbekannt, El Lissitzky,
die Frau des Verlegers Abram Wischnjak, Vera Lourié.

12. Vera Lourié gewidmetes Gedicht von Konstantin Waginow, Petrograd 1921.

13. Ilja Ehrenburg und seine Frau Ljubow in Berlin,
Anfang der zwanziger Jahre.

14. Andrej Belyj mit russischen Bekannten in Swinemünde,
Anfang der zwanziger Jahre.

15. Liane Berkowitz, Mitglied der Roten Kapelle, Berlin, September 1942.

16. Alexis Posnjakow, Berlin, Ende der dreißiger Jahre.

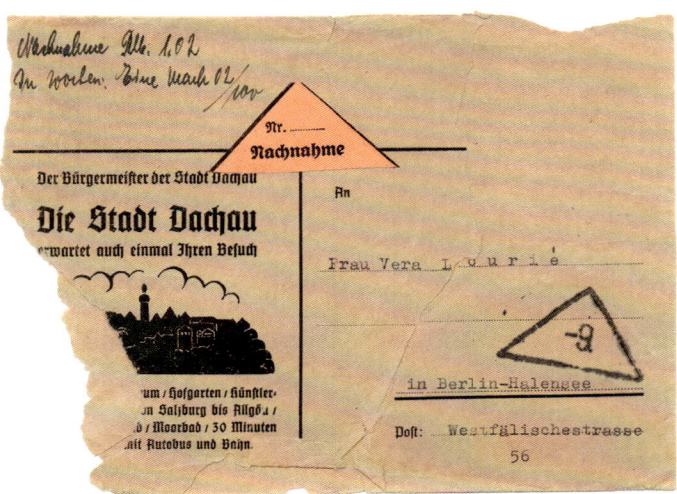

17.1 Umschlag des letzten Briefes von Alexis Posnjakow
aus dem KZ Dachau, 1.1.1941.

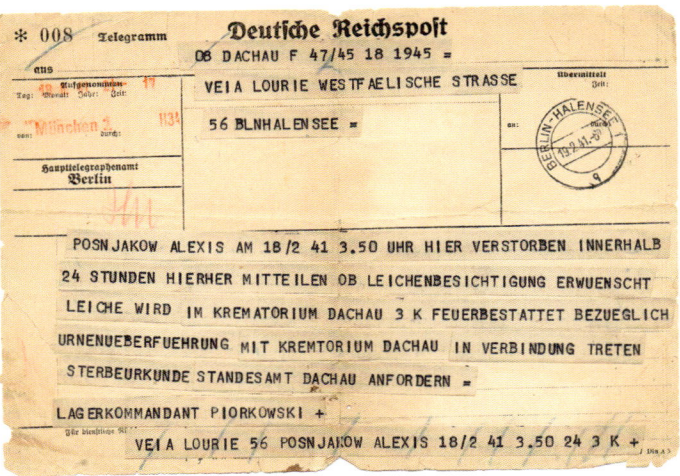

17.2 Telegramm des Lagerkommandanten des KZ Dachau,
mit dem Vera Lourié am 19.2.1941 über den Tod ihres Verlobten
informiert wurde.

18. Vera Lourié im Literarischen Colloquium Berlin, 1986.

19. Vera Lourié, Berlin 1992.

Abendschule gebildet hatte. Er war verwundet und wurde in einem Lazarett behandelt. Liane war schwanger von ihm. An Rehmer konnte die Gestapo so schnell nicht heran, weil er Soldat war. Alle anderen aus der Gruppe waren bereits festgenommen worden. Nur er war vorerst noch in Freiheit. Er bat mich, bei mir offiziell Russischunterricht nehmen zu dürfen, damit er Liane im Gefängnis besuchen könne. Ich lehnte es ab, weil es zu gefährlich war.

Während Lianes Haftzeit ging Frau Berkowitz oft zur Gestapo und brachte den Beamten Geschenke. Man versprach ihr immer wieder, Liane würde rauskommen. Dann bekam Liane eine schwarze Armbinde. Ihre Mutter fragte sie, was das bedeute, und Liane antwortete, dass sie zum Tode verurteilt sei. Alle ihre Freunde waren schon hingerichtet worden. Liane wurde nur deshalb noch nicht umgebracht, da sie erst noch ihr Kind bekommen sollte. Und immer noch versprach man ihrer Mutter, dass sie frei käme. Als Liane das Kind bekam, durfte sie es noch drei Monate stillen. Dann kam der Tag, an dem Liane hingerichtet wurde. Vor ihrem Tod schrieb sie ihrer Mutter einen Abschiedsbrief.

Auch der Vater des Kindes, Friedrich Rehmer, war bereits hingerichtet worden. Liane schrieb noch aus dem Gefängnis einen Brief, sie sei Gott ganz nahe und froh, noch Mutter geworden zu sein.[38] Wenn ich nicht wüsste, dass dieser Brief

38 Liane Berkowitz' Briefe aus dem Gefängnis sind erschienen in: *Eva-Maria Buch und die »Rote Kapelle«. Erinnerungen an den Widerstand gegen den Nationalsozialismus.* Hrsg. v. Kurt Schilde. Berlin: Overall 1993.
Liane Berkowitz erwähnt Vera Lourié mehrfach in diesen Briefen. So heißt es z. B. im Brief vom 19. Januar 1943 an ihre Mutter: »Vera und Frau Eugenie, Ira und Sergej lege ich mein Kind ans Herz. Grüße meine Freunde und bitte sie, an mich zu denken.« Die Briefe befinden sich in der israelischen Gedenkstätte Yad Vashem.

tatsächlich von einem Mädchen, das auf seine Hinrichtung wartete, geschrieben wurde, hätte ich es für ein Melodram gehalten. So endete ein junges Leben, und so oder so ähnlich endeten viele, viele junge Leben zu jener Zeit.

Rehmers Mutter, eine Straßenbahnführerin, wollte das Kind zu sich nehmen, aber Frau Berkowitz gab es in ein Heim, wo es starb.[39]

Nun mache ich aber Schluss, ich bin müde.

In Liebe, Vera

Liebste,

es ist kein Brief mehr, es ist, als ob man ein Blatt aus dem Tagebuch nimmt. Ich muss meinen eigenen Zustand loswerden. In mir ist eine Leere, eine gähnende Leere, ich stelle sie mir vor wie ein altes Weib, die Gesichtsfarbe aschgrau, die Haare aschgrau, der Blick stumpf. Ich habe keine Sehnsucht. Ich habe sogar keine Wünsche. Ich muss kämpfen mit mir, um keinen Weinkrampf zu bekommen. Wenn ich nicht an Dir diese Zärtlichkeit fühle, wenn ich mich nicht an Dich wenden kann, ist mir so schwer, weiter zu schreiben. Du bist das Einzige, was mir Energie gab zum Dichten, zum Schreiben, und Du bist mir plötzlich so fremd geworden. Es ist eine Leere! Doch habe ich es mir vorgenommen, Dir über mein Leben zu erzählen. Mein Gott! Ich möchte wieder meine Sehnsucht, meine Wachträume, meine Kraft zu lieben

---

39 Irina/Irene Berkowitz wurde am 12. April 1943 im Frauenstrafgefängnis Barnimstraße 10 geboren. Sie starb am 16. Oktober 1943 in einem Heim in Eberswalde bei Berlin.

zurückbekommen. Die Sehnsucht ist traurig, aber sie ist traurig lieb, sie ist nicht kalt, nicht leer. Du warst verreist. Ich dachte, ich halte es vor Sehnsucht nicht aus. Ich habe die Tage des Wartens gezählt. Ich konnte kaum an das Glück glauben, als ich Dich wiedersah. Und jetzt diese Leere. Ich höre eine Stimme, ich höre Dich sprechen, ich sehe Dich, und ich fühle, dass ich Dir fremd geworden bin, ich störe Dich. Du bist an dem anderen Ufer, ein breiter Fluss trennt uns.

Ich mache einen Sprung in das Jahr 1944. Der Krieg war noch in vollem Gang. Die Judenverfolgung wurde immer stärker. Am Anfang des Krieges hatte noch der Blockwart – in unserem Hause eine sehr nette, kränkliche Frau, Mariechen Schmalzel – die Lebensmittelkarten auch in die Wohnungen gebracht, wo Juden wohnten. Ein großes »J« stand oben auf der Karte der Juden.

Man konnte aber die Abschnitte von der Karte abschneiden und in bekannten Läden auch um die Zeit Lebensmittel kaufen, wo es Juden nicht durften. In vielen Läden stand geschrieben: »Juden unerwünscht«, aber es gab auch Läden, wo geschrieben stand: »Juden verboten«. Wenn Mariechen mit den Karten an unserer Wohnungstür klingelte und wenn meine Mutter die Tür öffnete, sagte sie zuerst: »Heil Hitler!«, dann entschuldigte sie sich und sagte »Guten Tag!«. Dann wurde es den Blockwarten verboten, in jüdische Haushalte Karten zu bringen. Juden mussten die Lebensmittelkarten in der zuständigen Kartenstelle selbst abholen. Unsere Kartenstelle befand sich in der Joachim-Friedrich-Straße. Doch Mariechen brachte uns weiterhin die Karten in die Wohnung. Eines Tages erschien bei uns ein Mann aus der Kartenstelle und sagte mir, dass Mariechen großen Ärger bekommen würde, wenn sie uns weiterhin die Karten

bringe. Daraufhin bin ich selbst jeden Monat in die Kartenstelle gegangen. Man änderte auch die Karten für jüdische
Bürger. Jetzt stand auf jedem kleinen Abschnitt ein »J«.
Marken für Weißbrot und Kuchen gab es für Juden nicht.
Eines Tages kam eine Verordnung, dass alle jüdischen Haushalte sich in der Schule in der Pfalzburger Straße registrie-
ren lassen mussten. Es waren sehr viele Leute dort, so hatte
man stundenlang zu warten. Aber an dem selben Tag sollte
ich unsere Hündin, einen Schnauzer Bastard dem Wehrmacht-Kommando am Hohenzollerndamm vorführen. Das
Wehrmacht-Kommando hatte zu entscheiden, ob der Hund
für den Krieg geeignet sei. Ich wandte mich an einen Ge-
stapo-Beamten, denn sie haben die Registrierung ausge-
führt. Ich zeigte ihm die Aufforderung von der Wehrmacht.
So wurden meine Mutter und ich wenigstens außer der
Reihe abgefertigt.

Wir fuhren zum Lochowdamm, wo die armen Hunde
registriert wurden. Als der Soldat meinen Hund sah, schrieb
er auf die Karte: »Der Hunde-Mischling ist für die Wehrmacht ungeeignet!«

Ich war sehr zufrieden, drückte dem Hund mit dem Namen Mucha (auf Russisch »Fliege«) die Pfote und sagte ihm:
»Wir sind beide Mischlinge!«

Diese Registrierung der jüdischen Haushalte hatte einen
teuflischen Sinn. Eines Sonnabends im Januar 1944 ging ich,
um Kohlen zu holen. Im Hof kamen mir zwei Männer entgegen und fragten, wo hier Louriés wohnten. Ich antwortete,
dass ich es sei. Daraufhin baten sie mich, keinen Aufstand zu
machen, sie kämen, um meine Mutter abzuholen. Bis zu der
Zeit kamen Juden, welche mit nichtjüdischen Kindern aus
Mischehen zusammenlebten, nicht ins KZ. Dann ging alles

recht schnell. Ich lief zum Milchladen, um im Voraus einige Lebensmittel für meine Mutter zu besorgen. Meine Mutter wurde erst zum Polizeirevier gebracht, und von dort aus in die Große Hamburger Straße. Dort war der Sammelpunkt, von wo dann die Transporte der Festgenommenen in die KZ gingen. Man kann sich meinen damaligen Zustand leicht vorstellen. Ich rannte zu einer Bekannten und bat sie, mit mir nach Finkenkrug zu fahren. Dort verbrachte der deutsch-russische Zahnarzt Hugo Mentschel, Parteigenosse mit goldenem Parteiabzeichen, seine Wochenenden. Er behandelte die Zähne fast bei allen russischen Emigranten in Berlin, aber eher machte er die Zähne noch mehr kaputt. Er machte keine Wurzelhautbehandlung und legte sofort provisorische Plomben in die Zähne ein! Mit der Bezahlung wartete er sehr geduldig.

In seinem Wartezimmer hingen Fotos russischer Schauspieler, welche zu der Zeit in Berlin wohnten. Die Fotos hatten Widmungen. Warten musste man bei ihm stundenlang. Er kannte uns jahrelang und blieb in der Nazi-Zeit anständig zu uns. Ich bat ihn, etwas zu unternehmen, um meine Mutter zu befreien. Er fuhr mit mir sofort nach Berlin in die Große Hamburger Straße. Der Lagerkommandant war nicht zugegen, aber sein Vertreter stimmte wenigstens zu, dass meine Mutter nicht am nächsten Montag abtransportiert wurde, sondern bis zum nächsten Transport in der Sammelstelle bleiben durfte. Am nächsten Tag ging ich hin. Auf der Straße vor dem Gebäude stand eine unendliche Schlange von Verwandten, welche sich zu verabschieden kamen. Unter ihnen eine Menge von jungen Männern in Militäruniform, denn Mischlinge wurden auch eingezogen und in den Krieg geschickt.

Der Zahnarzt Mentschel konnte nichts erreichen. Auf jemandes Rat ging ich zum schwedischen Konsul.

Das schwedische Konsulat vertrat während des Krieges die Interessen der sowjetischen Bürger in Deutschland. Der schwedische Konsul zeigte sich besorgt, obwohl er für russische Emigranten nicht zuständig war und mich wie auch meine Eltern nicht kannte. Er rief den Lagerkommandanten des Sammellagers in Berlin an und bat ihn, meine Mutter zu befreien. Er solle dies als eine persönliche Gefälligkeit ansehen, da er meinen Vater »gut gekannt« habe. Daraufhin antwortete ihm der Beamte, dass er gerne die Bitte des Konsuls erfüllen würde, aber dies sei nicht sein Zuständigkeitsbereich, hinter ihm stehe der Sicherheitsdienst. Frau Lourié sei eine Angelegenheit des Sicherheitsdienstes. Sie bleibe weiterhin eingesperrt.

Jetzt mache ich eine kleine Unterbrechung, ich bin zu müde, um zu schreiben.

Liebste,

ich habe diese Erinnerungen *Briefe an Dich* genannt. Du brauchst sie nicht. Warum hat man nicht die Kraft, sich von einem Gefühl frei zu machen, das der andere nicht braucht! Warum hat man nicht die Kraft, einen Strich zu ziehen und zu sagen, auch diese Lebensetappe sei vergangen? Ich kann mir diese Frage selbst beantworten: weil dann nur eine gähnende Leere bleibt, Alter, Schmerz und wieder diese Leere, ohne Hoffnung, ohne Zukunft!! Was ist schon ein Mensch, ein Stäubchen auf der enormen Weltkugel! Was sind schon meine seelischen und physischen Leiden im Vergleich zu den Weltkatastrophen, zu dem Elend, zu den Krankheiten und zum Leiden der anderen Menschen? Aber, das bin »ich«. Ich kann nicht für alle fühlen, ich bin egoistisch.

Gestern nach der Spritze war ich zufrieden, allein zu bleiben, ich konnte laufen und ich konnte heulen, soviel ich es wollte, keiner hatte mich gestört! Ich war frei! Dann bin ich eingeschlafen, ich schlief so fest, dass ich sogar den Wecker nicht gehört habe. Jetzt versuche ich, mich zusammenzunehmen und in die auch sehr traurige Vergangenheit zurückzuwandern.

Meine Mutter sollte mit dem nächsten Transport in einer Woche nach Theresienstadt transportiert werden. Das gab mir die Möglichkeit, meiner Mutter ihre Sachen zu bringen. Typisch für die menschliche Psyche, die Nachbarn fanden, ich sei recht dumm, dass ich meiner Mutter ihren Sealmantel mitgegeben hatte, ihrer Meinung nach würde er ihr doch genommen werden! Ob ein Mantel im Leben überhaupt eine Rolle spielen würde!! Meine Mutter kam aber mit Gottes Hilfe zurück und hatte auch den Mantel behalten. Vor dem Lager brauchte meine Mutter keinen Judenstern zu tragen, aber schon im Sammellager nähte man ihn ihr an das Kleid. Ich liebte meine Mutter sehr. Ich wollte mit ihr ins KZ gehen, aber der Beamte sagte mir, erst müsse ich meinen Hund töten, ich könnte ihn nicht einfach in der Wohnung allein lassen. Zum Glück konnte ich meinen Hund, den ich liebte, nicht töten. Wäre ich mit meiner Mutter ins KZ gegangen, dann wäre keine von uns nach Berlin zurückgekommen, denn mit Lebensmittelpäckchen konnte ich das Leben meiner Mutter erhalten.

Liebste,

gestern bin ich nicht weiter gekommen. Hatte Schmerzen, legte mich ins Bett. Mischka lag neben mir, und ich bin eingeschlafen, mit der Hand auf ihrem warmen Rücken. Jetzt schreibe ich weiter über das längst Vergangene. Über die schreckliche Zeit, in der meine Mutter in dem KZ Theresienstadt eingesperrt war.

Ich konnte ihr nur dadurch ein wenig helfen, indem ich ihr Lebensmittelpakete schickte. Aber selbst das war gar nicht so einfach, da man erst einen Brief mit der Kennnummer eines KZ-Häftlings erhalten haben musste, ehe man an diese Nummer ein Lebensmittelpaket schicken durfte. Aber auf den Brief musste man vielleicht monatelang warten. Inzwischen konnte der KZ-Häftling schon längst verhungert sein. Also ging ich schon am nächsten Tag, nachdem meine Mutter abtransportiert worden war, in die Große Hamburger Straße und erkundigte mich bei dem zuständigen jüdischen Ordner, an welche Adresse ich meiner Mutter einige Lebensmittel schicken könne. Der Ordner hatte kein Recht, mir Auskunft zu geben. Er sagte jedoch zu mir: »Sie haben doch auf dem Kleid Ihrer Mutter eine Nummer gesehen, die Nummer ...«, er nannte die Nummer, und ich konnte meiner Mutter sofort Lebensmittel schicken.

Wenn der Häftling das Päckchen bekam, durfte er auf einer vorgedruckten Bestätigungskarte mit der Hand unterzeichnen. Nur so wusste ich, dass meine Mutter noch lebte und die Lebensmittel bekommen hatte.

Ich schicke zweimal in der Woche Zwei-Pfund-Päckchen. Teils waren es Lebensmittel von meiner Lebensmittelkarte, teils tauschte ich meine Zigarettenration mit einer Frau, die einen lungenkranken Mann hatte, und für ihn extra Nährmittelmarken bekam. Sie war eine starke Raucherin und tauschte gern Grieß und Reis gegen Zigaretten. Ich schrieb keine Briefe an meine Mutter, weil ich nicht sicher war, dass sie auch bei ihr ankommen würden.

Ich bin wieder in der Gegenwart. Deine Nähe, die Stunden, wo ich Dich sehen konnte, haben geholfen. Die Unruhe war vergangen, das Gleichgewicht wiederhergestellt. Die Schmerzen, die Anstrengung beim Gehen, habe ich die Geduld zu ertragen. Sonderbar, ich habe von einem Menschen, den ich vor Jahren gern hatte, geträumt. Ich habe gar nicht an ihn gedacht! Eigentlich, was sind Träume!

Es gibt Träume, die den Menschen den ganzen Tag später belasten und nicht freilassen. Es gibt Träume, welche einen Menschen Dir nah und lieb machen. Du fängst an, dauernd an ihn zu denken. Dann gibt es hellseherische Träume. Auch solche Träume, die an etwas erinnern, an was Du Dich aber nicht erinnern kannst und was Du nicht in diesem Leben erlebt hast. Warum schreibe ich von Träumen? Sie gehören nicht zu den Erinnerungen!

Jetzt ist der richtige Berliner Herbst gekommen. Dunkel, regnerisch, trostlos. Gelbe, schmutzige Blätter liegen auf den Trottoiren! Ich verlasse die Gegenwart.

In den letzten Monaten des Krieges war ein solches Durcheinander, dass es keine Möglichkeit mehr gab, Päckchen nach Theresienstadt zu schicken. Die Zug- und Postverbindungen waren zerstört. So wusste ich nicht, ob meine Mutter noch lebte.

Nach dem Kriegsende funktionierte nichts mehr. Die Wasserleitungen waren unterbrochen, es gab kein elektrisches Licht. Wir hatten kleine Nachtkerzen, welche in Schüsseln mit Wasser gestellt und dann angezündet wurden. Das Telefon ging nicht mehr. Nur das Radio. Das Radio ging als Erstes an. Kurz nach der Kapitulation kam im Radio eine Durchsage, dass sich die nahen Verwandten der Häftlinge aus Theresienstadt in dem Jüdischen Krankenhaus in der Iranischen Straße melden sollten. Die Überlebenden aus Theresienstadt könnten dort »angefordert« werden.

Dieser Tag ist mir gut in Erinnerung geblieben.

Ich bat eine Frau aus unserem Haus, mich zur Iranischen Straße im Wedding zu begleiten. Es ist ein langer Weg von Halensee bis zur Iranischen Straße, besonders wenn man den Weg zu Fuß gehen muss. Ab und zu haben wir sowjetische Autos angehalten und wurden ein Stück des Weges mitgenommen.

In dem Jüdischen Krankenhaus war in einem dunklen, großen Zimmer eine Informationsstelle eingerichtet worden. An einem Tisch saß eine ältere Frau, vor ihr stand ein großer Karton. Darin waren, penibel alphabetisch geordnet, die Karteikarten der Überlebenden von Theresienstadt.

Die Leute gingen der Reihe nach an den Tisch. Jetzt kam meine Reihe. Die Frau nahm aus dem Karton die Karten mit dem Buchstaben L. Sie las eine Karte nach der anderen laut vor. Die Finger der Frau blätterten immer weiter die Karten um.

Dann las sie laut und deutlich: »Frau Marie Lourié.«

In Liebe,
Vera

Liebste,

es vergingen mehrere Tage seit meiner letzten Eintragung. Ich konnte nicht schreiben, keine Gedanken, keine Impulse!

In der Gegenwart – einen Vortrag über das russische, literarische Berlin der 20er Jahre gehalten. Der Vortrag hätte in einem Seminar in Glienicke stattfinden müssen. Aber da es mir beschwerlich wäre, hinzufahren, kamen die Leute in meine Wohnung. Es waren circa 18 Personen. Einige saßen auf meiner Schlafcouch, einige auf den Sessellehnen, denn die Stühle haben nicht gereicht. Mein Vortrag hat Beifall gefunden. Zum Schluss las ich einige meiner Gedichte. Zwei große Blumensträuße haben sie mir auch gebracht. Ich gebe ehrlich zu, dass es mich amüsiert, nach 30 Jahren plötzlich eine »Berühmtheit« zu werden! Wenn ich jetzt aber dichten, schreiben, erzählen kann, so ist es Dein Werk, das Werk meiner Liebe zu Dir! Schon wieder habe ich mich in dem dichten Wald meiner Gefühle und Gedanken verwirrt und, anstatt meine Erinnerungen zu schreiben, schreibe ich ein Tagebuch.

[...] Ich lache über »meine Berühmtheit«, ich gebrauche natürlich dieses Wort scherzhaft, aber irgendwo in meinem Innern bin ich zufrieden. Es ist natürlich Eitelkeit, sich zu freuen, etwas mehr als jeder Durchschnittsmensch zu sein. Die Einladung zu dem Empfang von Jewgenij Jewtuschenko im Hotel Steigenberger, und dass ich ihm und anderen sowjetischen Gästen vorgestellt wurde, machte mir einen riesigen Spaß. Ich war so ausgelassen, dass ich bat, mich mit dem sowjetischen Konsul bekannt zu machen. Und dann kam eine Pressefotografin an mich heran, stellte eine Reihe Fragen und fotografierte mich, ich glaube, dieses Interview ist leider nir-

gends erschienen. Und dann der Abend im Literarischen Colloquium am Wannsee, wo ich über Belyj vor circa 200 Zuschauern aus meinen Erinnerungen gelesen habe und das Schönste dabei war, dass Du neben mir gesessen hast. Ich war so ruhig, so sicher, ich weiß auch, dass ich gut gelesen habe. Und bei meiner ersten Sendung im Radio kamst Du zu mir, wir haben sie zusammen gehört. Das sind die schönsten Erinnerungen, und Erinnerungen bleiben.[40]

Meine Liebste,

meine Briefe bestehen immer mehr aus zwei Teilen, einem Tagebuch meines inneren Zustandes und einer Erzählung über die Vergangenheit. Ich habe viel in dem Teil meines Tagebuches gejammert, deswegen möchte ich jetzt, in einem Zustand des Glückes, Dir schreiben. Es ist 14 Uhr. Vor einer Stunde warst Du hier und hast eine knappe Stunde bei mir verbracht. Ich war in Deiner Nähe. Ich war diese kurze Zeit so restlos glücklich. Wenn Du bei mir bist, wenn Deine Stimme so zart und weich klingt, wenn ich den inneren Kontakt zu Dir fühle, vergesse ich alles andere, ich vergesse, irgendwie, sogar mich selbst. Ich möchte weinen, aber nicht aus Traurigkeit, sondern aus Liebe zu Dir. Ich bin abergläubisch, ich habe immer eine entsetzliche Angst, wenn ich mich glücklich fühle, dass danach etwas Trauriges geschehen könnte. Ich habe manchmal eine Angst, mich glücklich zu

---

40 Handschriftliche Bemerkung zu einer Einladung des Berliner Kultursenators Volker Hassemer am 10. September 1986 in das Hotel Steigenberger, Berlin, zu Ehren von Jewgenij Jewtuschenko.

fühlen. Gestern bekam ich von einer Holländerin einen Brief. Wir kennen uns nur durch Briefe. Ihr gefallen meine Gedichte. In diesem Brief schreibt sie mir, dass sie meinen Mut bewundere, in meinem Alter die Energie zu haben, solch eine große Arbeit zu machen – Erinnerungen zu schreiben. Aber nur dank meiner Liebe zu Dir habe ich die Energie, den Mut und den Wunsch, es zu machen.

Liebste,

es gibt ein französisches Sprichwort: »Meine Traurigkeit harmoniert gut mit dem Wetter!« Es ist ein richtiger Herbst in der Stadt, in der Stadt aus Stahl und Beton. Sogar die von den Bäumen gefallenen Blätter sind nicht strahlend gelb und rot, sondern schmutzig welk, und der Himmel hängt finster über den Straßen. Die Luft ist feucht und schwer. Mir ist traurig. Ich habe heute eine sehr liebevolle Anerkennung meiner Gedichte und meiner im Rundfunk gesprochenen Erinnerungen bekommen. – Ich habe von einer Ärztin eine Karte und ein Büchlein mit Gedichten bekommen. Alle sind lieb und hilfsbereit zu mir, und ich bin traurig. Es ist eine Sünde! Ich bin süchtig nach Dir, nach Deiner Stimme, nach Deinem Gesicht, nach Deiner Nähe! Du bist da, im Nebenraum, und doch bist Du fern, in Deiner Welt! Es gibt alte Menschen, welche in ihrer Vergangenheit leben können. Ich kann es nicht. Ich möchte in der Gegenwart sein. Ich kann in die Vergangenheit wandern, aber dann will ich wieder zurück in das »Heute«, in das »Heute« zu Dir.

Als wir noch in der Charlottenburger Schlossstraße wohnten, besuchte ich gelegentlich meinen Nachbarn Alexej Michajlowitsch Remisow. Remisow war sehr klein, sehr kurzsichtig und eigentlich sehr hässlich. Der »kleine Igel« Remisow besaß ein außergewöhnlich liebenswertes Wesen. Er schrieb märchenhafte Erzählungen.

Die Wohnung, in der er mit seiner großen Frau Dowgela Remisow, sie war eine Gelehrte, wohnte, war durchzogen von Strippen, an denen kleine ausgestopfte Tierchen hingen, hauptsächlich Affen. Er nannte sich »Assyka«, der Affenzar. Kraft seines Amtes als Affenzar verteilte er Orden, die er Freunden in der russischen Bohème verlieh. In altslawischen Schriftzügen schrieb, nein, malte er Rang und Namen des neuen Ritters vom Affenorden auf die Affenurkunden. Ich hieß »Ritter mit dem Froschfüßchen«. Leider ist mir die Affenurkunde abhandengekommen.

Remisow ging, wie viele andere russische Künstler, später nach Paris.[41]

In jener Zeit ging ich oft im Schlosspark spazieren, der damals weit weniger gepflegt war, als er es heute ist. Er war sehr verwildert, was ihn besonders romantisch machte. Ich lief über die großen Wiesen, an dem kleinen Schlösschen vorbei und den Weg an der Spree entlang, auf der Kähne fuhren. Ich war jung, und alles war Zukunft, ungewisse Zukunft, von der ich auf dem Weg durch die Alleen träumen konnte.

Eines Nachmittags, es dämmerte bereits, beobachtete ich im Park Leute, die mit Dreharbeiten zu einem Film beschäftigt waren. Ich fragte einen jungen Mann mit einer Schiebermütze, den ich für einen Techniker hielt, nach der Uhrzeit. Wir kamen ins Gespräch und er entpuppte sich als der noch fast gänzlich

41 Im Jahre 1923

unbekannte Schauspieler Fritz Rasp, der eine Rolle in dem Film *Arabella. Der Roman eines Pferdes*[42] spielte. Ich schlug ihm vor, einen Artikel über ihn für die Leningrader »Kinowoche« zu schreiben. Dort hatte ich durch die Vermittlung des Regisseurs Jewrejnow einige Filmkritiken aus Berlin veröffentlicht. Ich wurde für diese Berichte in Dollar bezahlt, was in den Jahren der Inflation natürlich von großem Vorteil war.

Rasp besuchte mich und meine Eltern zu Hause und erzählte mir von seinem Leben und seiner Arbeit als Schauspieler. Er brachte mir auch ein Foto mit, damit ich es dem Artikel beilegte. Einige Zeit später erschien mein Artikel mitsamt dem Foto von Rasp in der sowjetischen Kinozeitung. Ich bekam sie zugeschickt und gab auch Rasp ein Exemplar.

Als Rasp einige Jahre später in der Verfilmung des Romans »Die Liebe der Jeanne Ney« von Ilja Ehrenburg einen Schurken spielte, traf ich ihn wieder. Wir aßen im Hotel Kempinski zu Abend, wohin mich die Ehrenburgs eingeladen hatten, die auch mit Rasp befreundet waren.[43]

42 Der Film wurde 1924 gedreht.
43 Ilja Ehrenburg erinnerte sich so an Fritz Rasp: »Von den Schauspielern gefiel mir Fritz Rasp. Als er die Hure in den Arm biss und statt eines Pflasters einen Dollar auf die Wunde legte, vergaß ich, dass ich einen Schauspieler vor mir hatte. […] Wir wurden schnell Freunde. Er spielte Schurken, aber er hatte ein weiches, fast sentimentales Gemüt. Ich nannte ihn Jeanne. […] Wir trafen uns auch später in Berlin, in Paris. Als Hitler zur Macht kam, hatte es Rasp nicht leicht. Nach langer Unterbrechung sah ich ihn 1945 in Berlin wieder. Er erzählte, er habe während des Krieges in einem östlichen Vorort gewohnt. ss-Leute hatten sich dort verschanzt und aus den Fenstern auf die Sowjetsoldaten geschossen. Ich sagte schon, dass Rasp wie ein klassischer Schurke aussah. Als unsere Truppen das Viertel einnahmen, retteten ihn meine Bücher mit persönlichen Widmungen und die Bilder, auf denen wir gemeinsam fotografiert waren. Ein sowjetischer Major drückte ihm die Hand und brachte seinen Kindern Süßigkeiten.« In: Ilja Ehrenburg: *Menschen Jahre Leben. Memoiren*, Band II bis III. Übersetzt von Fritz Mierau. Berlin: Verlag Volk und Welt 1982, S. 132 f.

Während des Krieges gab ich seinen Kindern russischen Sprachunterricht. Da Frau Rasp die Tochter eines reichen Möbelfabrikanten war, ging es ihnen auch in der Zeit der Lebensmittelknappheit mitten im Krieg gut. Ab und an bekam sie eine größere Menge Heringe, die damals ein großer Luxus waren, und schenkte mir einige davon. Fritz Rasp empfahl mich und meinen Sprachunterricht Freunden und Bekannten, unter anderem kam auch der Sohn einer Nachbarsfamilie der Rasps, um bei mir Russisch zu lernen. Hänschen war sieben oder acht Jahre alt, trug die Uniform eines »Pimpfs«, eines Hitlerjungen, und erzählte mir, er würde den Führer mehr lieben als die eigenen Eltern, was damals leider keine Ausnahmeerscheinung war. Es gab Fälle, in denen Kinder ihre Eltern bei der Partei denunzierten.

Kurz nach dem Ende des Krieges sah ich Fritz Rasp ein letztes Mal. Es war kein fröhliches Wiedersehen. Berlin lag in Trümmern, und es herrschte Mangel an allem. Im Winter 1945 fand man in unserem Haus einen alten Mann, der in seiner Wohnung erfroren war. Mit Herrn Scherbina, einem älteren Russen, mit dem ich damals zusammenlebte, machte ich Tauschgeschäfte mit den russischen Soldaten. Wir konnten natürlich keine Delikatessen kochen, aber wir wurden satt, und mit uns viele Freunde. Fritz Rasp besuchte mich und gab mir eine goldene Uhr, mit der Bitte, ihm dafür Lebensmittel zu besorgen. Während des Gesprächs klagte er über seinen sechzehnjährigen Sohn, der seinerseits Geschäfte mit den Amerikanern machte und das Lernen darüber vernachlässigte. Oft sah ich Fritz Rasp in Filmen, aber im Leben begegneten wir uns nie mehr.

Halensee ist gewachsen. Es war noch ein Dorf, als wir wegen der Cholera in Petersburg einen Herbst in der Charlottenburger Sybelstraße verbrachten. Damals wurde vor meinen Augen das KaDeWe gebaut, das zwar noch nicht so groß und exklusiv wie später war, aber trotzdem großen Eindruck auf mich machte, besonders die Rohrpost, durch die das Geld von einer Kasse in die andere befördert wurde.

Als wir 1921 nach Berlin emigrierten, war Halensee schon größer geworden und hatte in dem Lunapark, der ein wenig dem Münchner Oktoberfest ähnelte, seine größte Attraktion. Er gehörte einem russischen Juden Hepfner und lag direkt am Halensee.

Ende der zwanziger Jahre waren wir in eine möblierte Wohnung in der Schweidnitzer Straße gezogen, die wir mit der Besitzerin und ihrer nicht mehr ganz jungen und sehr boshaften Tochter teilen mussten. Wie alle anderen Anwohner, welche in der Nähe des Lunaparks wohnten, bekamen wir als Entschädigung für die Belästigung durch Lärm und Feuerwerk Freikarten für den Besuch des Parkes. In der Nähe des Sees spielte unter freiem Himmel eine Kapelle, es gab Schießbuden, man konnte mit Pfeilen werfen und an Losbuden Lose kaufen, die sich zumeist als Nieten erwiesen.

Eines Abends machte ich gemeinsam mit meiner Mutter und dem Ingenieur Thormann, der ihr den Hof machte, einen Bummel durch den Lunapark. Ich war sehr eifersüchtig, denn der Mann gefiel mir selbst sehr gut. Wir kamen an der Berg- und Talbahn vorbei, und Thormann lud mich zu einer Tour ein. Es war meine erste Fahrt und sollte auch meine letzte bleiben. Wir stiegen in den kleinen Wagen, in wenigen Minuten war der Zug voll, die Pfeife ertönte, und los ging es. Anfangs war alles noch auszuhalten, aber an der Stelle, wo der Kopf nach unten hing und das Herz in den Magen rutschte, wurde es mir ungemütlich. Ich versteckte meinen Kopf unter der Weste meines Begleiters, und tauchte erst wieder auf, als die schreckliche Fahrt zu Ende war und ich erlöst und glücklich meine Füße wieder auf festen Boden stellen konnte.

Meine Liebe, ich bin süchtig nach Dir, nach Deiner Stimme, nach Deinem Gesicht, nach Deiner Nähe. Aber Du hast keine Zeit für mich. Ich kann Dich nur mit meinen Briefen erreichen.

Vera

Liebste,

Gestern besuchte mich ein Verlagsberater, der deutsch-russische Übersetzungen macht. Wir sprachen auch über meine Gedichte. Er meinte, sie würden nicht in einer avantgardistischen Zeitschrift gedruckt werden können, weil sie nicht zum »Heute« gehören. Ihre Stärke liege im starken Gefühl und in der Melodie. Aber vergessen wir die Gegenwart und wandern wir wieder in die Vergangenheit.

In den letzten Tagen des Krieges war es sehr gefährlich, auf die Straße zu gehen, denn die »Rote Armee« flog tagsüber Luftangriffe, sie kamen sehr niedrig angeflogen, und warfen Bomben auf Wohngebiete. Die Amerikaner und die Engländer kamen in der Nacht. Natürlich war alles verdunkelt. Man bekam nur stundenweise Licht, die Regierung sparte Energie. Wenn dann abends einmal Licht gemacht wurde, wusste man, dass gleich darauf ein Voralarm erfolgte. Das geschah meist gegen 22.00 Uhr. Trotz der Angriffe bei Tag und Nacht waren noch die wichtigsten Geschäfte geöffnet; der Bäcker, der Metzger und andere Lebensmittelgeschäfte. Es bildeten sich lange Schlangen davor, es wurde nur auf Karten verkauft. Aber auch der Weg zu den Geschäften war gefährlich, da von allen Seiten geschossen wurde. Überall brannte es, standen Häuserruinen, einzelne Häuserwände. An diesen Wänden schlich ich mich entlang, da sie bei einem Angriff den besten Schutz boten. Wenn ich jedoch eine Straße überqueren musste, hatte ich Angst, da jeder Meter auf offener Straße den Tod bedeuten konnte. Genauso gefährlich war es, sich in der Wohnung vor einem Fenster aufzuhalten. Als wir noch Fensterscheiben besaßen, konnten einen die Glassplitter verletzen. Später, als die Fensterscheiben schon geplatzt waren, konnten Bombensplitter, Kugeln oder Steine hereinkommen. Deshalb haben wir den Esstisch in eine Ecke des Zimmers gestellt, die weit weg war von den Fenstern. Später, als die Straßenkämpfe begannen, schliefen wir nur noch im Keller. Unser Luftschutzkeller war sehr schlecht gestützt. Anstatt die Kolonnen von Holzstreben versetzt anzubringen, standen sie bei uns in Reihen.

Ich nahm immer Mucha, meinen Hund, mit hinunter in den Keller. Er wurde geduldet, da sich offensichtlich viele Mieter aus dem Haus meine Fürsprache bei den anrückenden Russen versprachen. In den letzten Kriegstagen wohnten wir ständig da unten, wir schliefen auf Reisekörben, denn Betten gab es natürlich nicht.

Mein Hund Mucha war furchtbar ängstlich. Er machte jedes Mal ein Drama, wenn er mit mir auf die Straße sollte. Ich musste noch ab und zu in meine Wohnung, schon um etwas zu kochen. Die Lebensmittelgeschäfte waren immer noch geöffnet. Manche Inhaber gaben schon Lebensmittel auf die folgenden Dekaden heraus, weil jeder wusste, dass es dem Ende zuging.

Nachts kamen viele deutsche Soldaten in unseren Keller. Sie waren in einem furchtbaren Zustand, völlig erschöpft, verdreckt, mutlos. Einige Frauen gingen mit ihnen nach oben, auf die Straße, und bekamen für ihr Entgegenkommen Lebensmittel. Vielleicht brauchten sie auch einander, um für ein paar Minuten zu vergessen.

Herr Scherbina und ich mussten uns auch etwas einfallen lassen, um an Brot zu kommen. Er organisierte Damenstrümpfe, die ich beim Bäcker Marx in der Westfälischen Straße gegen Brot tauschte. Die Strümpfe waren für seine Geliebte, die im Laden arbeitete. Seine Frau war eine reiche Jüdin, die sich natürlich nicht in der Öffentlichkeit zeigen konnte.

Dann stürmten die Russen die Halenseebrücke. Als sie in unseren Keller kamen, am 1. oder 2. Mai 1945, wurde ich sofort von allen nach vorne geschoben.[44]

Die ersten sowjetischen Soldaten, die in unseren Keller kamen, waren gesunde, schöne Jungen. Sie fragten nach Waffen, ob sich Nazis hier versteckt hätten, ob es bewaffnete Deutsche auf dem Dach gäbe. Ich verneinte.

Die Bewohner unseres Hauses schubsten mich im wahrsten Sinne des Wortes jedem Trupp sowjetischer Soldaten, die in unseren Keller kamen, entgegen. Tatsächlich konnte ich ihnen dank meinem Russisch helfen, die Soldaten nahmen niemanden von uns mit und rührten unser Haus nicht an. Zu den deutschen Kindern waren sie freundlich und gaben ihnen Karamellbonbons. Dann sagten die Soldaten, was ist mit unseren Frauen und Schwestern geworden? Ich übersetzte diese Fragen den Deutschen im Keller. Eine Frau sagte zu

---

44 Siehe auch den Aufsatz »Die letzten Kriegstage in Berlin«, S. 210.

mir: »Um Gottes Willen, sagen Sie, dass die Ostarbeiter hier gut behandelt wurden!« Ich antwortete ihr: »Lügen werde ich nicht!«

Bald darauf ging ich in meine Wohnung nach oben. Ich nahm die schwangere Hauswartsfrau und ihren dreijährigen Sohn mit hinauf. Im Keller fanden Massenvergewaltigungen statt.

In meine Wohnung kam ein russisches Nazi-Ehepaar, Herr und Frau Schapowalenko. Die Frau hatte sich eine Armbinde mit einem Judenstern angelegt. Offenbar glaubte sie, dadurch einer Vergewaltigung zu entgehen. Aber den Soldaten war es egal, ob sie eine Jüdin oder eine Nichtjüdin vergewaltigten. Diese Leute waren mir sehr unsympathisch. Sie hatten in der Hitler-Zeit ein Zimmer bei mir mieten wollen. Die Frau sagte während eines Gespräches: »Gott ist mit Hitler!« Ich hatte Mühe, mich davor zu drücken, ihnen das Zimmer vermieten zu müssen. Und nun, als alles zusammenbrach, stand diese Frau mit einem Davidstern auf dem Ärmel vor mir. Ich nahm sie auf, weil man sie ja nicht auf die Straße schicken konnte.

Draußen war das Chaos. Nichts funktionierte mehr. Es gab keinen Strom, kein Gas, keine Wasserleitungen. Wasser musste ich mir an einer Pumpe am Bahnhof Halensee holen. Den ersten Abend ging ich mit Frau Schapowalenko Wasser holen, als ein russischer Soldat auf uns zukam und sie an dem Ärmel festhielt. »Lass die Frau doch los, Genosse«, sagte ich zu ihm. Da fasste er nach mir. »Mich lass auch gehen, Kamerad«, sagte ich zu ihm, »denn zu Hause wartet ein Offizier auf mich.« Da ließ er auch mich los. Meine Begleiterin war inzwischen weggelaufen. Ich war sehr böse auf sie, da ich nun alleine zwei schwere Wassereimer schleppen musste.

Die Geschäfte waren geschlossen. Es gab Plünderungen. Um die hungrige Bevölkerung zu versorgen, gingen russische Soldaten in die Läden und verteilten die gehorteten Lebensmittel. Von dem Schlächter Bade bekam ich zwei riesige Schweinekeulen. Er war ein überzeugter Nazi, der an Hitlers Geburtstag das Schaufenster seines Ladens schmückte. Nun gab er aus Angst vor den russischen Soldaten seine Vorräte her.

Danach ging ich zu einem anderen Schlächter in unserer Straße, den Metzger Mülling, und nahm einen großen Eimer mit Innereien. Er bat mich nur, ihm den Eimer zurückzubringen. Das tat ich auch gerne.

Aus dem großen Lebensmittelgeschäft Rothenbach in unserem Haus verteilten russische Soldaten Mehl, Zucker und andere Lebensmittel. In der Seesener Straße holten die Russen aus einem Keller Kartoffeln und gaben sie den Berlinern. Da eine sehr lange Schlange davorstand, sagte Herr Scherbina, wir seien Russen. So konnten wir an der Schlange vorbei und einen Eimer Kartoffeln nach Hause bringen, ohne erst lange warten zu müssen. Die Nachbarn waren sehr neidisch.

Am Hohenzollerndamm stand ein großes rundes Gebäude, ein Großlager für Margarine. Es wurde »Margarinebunker« genannt. Einmal kamen uns russische Soldaten mit einem Lastwagen entgegen und fragten, wo noch etwas zu holen sei. Da haben wir ihnen den Margarinebunker gezeigt und gingen mit hinein. Als der Direktor des Margarinebunkers die russischen Soldaten sah, tanzte er regelrecht vor Angst. Die Russen nahmen den Radioapparat des Direktors mit – und natürlich sehr viel Margarine. Uns gaben sie einen großen Kasten davon, der war unheimlich wertvoll. Ich gab ein Päckchen der Wohnungsnachbarin, einer alten Frau.

Sonst gab es zu essen, was wir gerade gehamstert hatten. Es ging uns gut, wenn wir eine große Pfanne voll Kartoffeln mit Speck braten konnten. Aber ab und zu hatten wir besonderes Glück. Eines Tages kamen russische Soldaten in unsere Wohnung, um sich eine riesige Rinderleber zu braten. Natürlich konnten sie die Leber nicht ganz aufessen. So kamen wir zu einem köstlichen Mahl.

Gar nicht köstlich war die Geschichte, als Herr Scherbina in die Hände der GPU[45] geriet.

Die Familie Scherbina gehörte auch zu jenen russischen Emigrantenfamilien, über die man lange Romane schreiben könnte. Herr Scherbina war in Russland Kaufmann gewesen, er selbst gebrauchte das Wort »Industrieller«. In der Revolutionszeit geriet er mit seiner Familie, seiner Frau, zwei Töchtern und einem Sohn, nach Schanghai. Frau Scherbina war Ukrainerin, die Tochter eines Mathematikprofessors. Aus dem Fernen Osten zog die Familie nach Europa um. Eine Zeit lang wohnten sie in Berlin. Dann zog Frau Scherbina nach Italien, nach Rom. Die Töchter wurden in einem Internat in der Schweiz erzogen. Der Sohn, der jüngste der Geschwister, beendete in Berlin die Universität, die geologische Fakultät, und arbeitete dann bei der »Degussa«. Zu einem großen Familienkrach kam es, als er eine deutsche Schauspielerin, Hertha von Walther, die fünfzehn Jahre älter war als er, heiratete. Die älteste Tochter, Nona, heiratete während des Naziregimes einen faschistischen Italiener. Diese Ehe dauerte

---

45 Die 1922 geschaffene GPU (Gossudarstwennoje Polititscheskoje Uprawlenije, Staatliche Politische Verwaltung) war schon 1934 im Volkskommissariat für Innere Angelegenheiten NKWD aufgegangen. Vera Lourié benutzt hier den im Nachkriegsdeutschland umgangssprachlichen Begriff für den gefürchteten sowjetischen Geheimdienst.

nur kurz. Die zweite Tochter, Vera, heiratete einen Bulgaren, den sie sehr bald verließ.

Kurz nach Kriegsende wurde in der Albrecht-Achilles-Straße eine Bürgermeisterei eingerichtet. Herr Scherbina und ich gingen dort hin, um nach Arbeit zu fragen. Auf dem Amt arbeitete ein Mann, der Herrn Scherbina bei den Russen anzeigte, weil er mit ihm noch vor dem Krieg Geschäfte gemacht hatte. Die waren für den Angestellten wohl unvorteilhaft ausgegangen.

Am gleichen Abend erschien in unserer Wohnung ein russischer Soldat und sagte, sein Vorgesetzter wolle sich mit Herrn Scherbina unterhalten. Also musste er mitgehen. Am Nikolassee unterhielt die russische Geheimpolizei, die GPU, einen Stützpunkt. Dorthin wurde Herr Scherbina gebracht. Ich erfuhr dies von einem Deutschen, der von der GPU freigelassen worden war. Ich wollte natürlich wissen, was mit Herrn Scherbina passiert, also bat ich eine Nachbarin, mit mir zum Nikolassee zu laufen. Das war eine Riesenwanderung. Wir waren schon fast dort, als uns Herr Scherbina entgegenkam, in seiner Hand einen großen Koffer. Das war sehr merkwürdig, da er doch keinen Koffer mitgenommen hatte, als man ihn abholte. Was war passiert?

Als Herr Scherbina bei der GPU ankam, wurde er sofort vernommen. Danach sollte er entlassen werden, die Russen nannten ihn sofort »Papachen«, quatschten mit ihm und wollten ihn schnell loswerden.

»Jetzt kann ich nicht mehr nach Hause gehen«, hat da Herr Scherbina gesagt, »schließlich ist es Nacht.« »Dann musst du eben hier bleiben und schlafen«, sagten die Russen zu ihm, und er übernachtete dort. Als er morgens gehen sollte, sagte er: »Was soll ich jetzt zu Hause, wo ich nichts mehr zu essen habe?« Das haben die Russen eingesehen, und ihm einen Koffer voll Lebensmittel gepackt.

Mit diesem Koffer kam er uns entgegen, und wir schleppten ihn gemeinsam zurück nach Hause.

Genug für heute. Ich denke an Dich.

Vera

Liebste,

manchmal ist es so schwer zu schreiben. Ich liebe Dich. Die Unsicherheit beim Gehen, die Abhängigkeit von anderen Menschen, auch seelisch werde ich mit mir selbst nicht fertig. Ich habe keinen Willen. Als Du früher für mich etwas Zeit hattest, als ich auf Dein Kommen warten konnte, hatte ich Energie. Die kurzen Stunden, welche Du bei mir warst, waren immer das Schönste in meinem Leben. Ich hatte Angst, auf die Uhr zu sehen. Ich wollte, dass die Zeit stehen bliebe. Wenn Du weg warst, blieb immer noch die Hoffnung, dass Du in 6–7 Tagen wieder kommst! Jetzt sind Monate vergangen, und ich weiß nicht, wann ich Dich wieder bei mir sehen werde. Ich möchte Gedichte schreiben. Ich möchte mich von dieser bohrenden Sehnsucht befreien! Kürzlich schrieb ich, dass die Sehnsucht traurig, aber auch schön ist. Vielleicht gibt es verschiedene Formen von Sehnsucht, von der Sucht, jemanden zu sehen. Im Augenblick ist die Sehnsucht nicht lieb zu mir, sie ist grausam, sie erdrückt mich, sie engt meine Gedanken ein! Sind es denn noch Briefe, sind es denn noch Erinnerungen? Es wird immer mehr ein Tagebuch.

Vera

Liebste,

es schneit, es ist glatt, und Weihnachten naht. Ferien sind die traurigste Jahreszeit für mich. Du fährst weg. Mir Dir zusammen zu sein, wenn Du Zeit hast, nicht eilst, nicht auf die Uhr schaust, oh, wie glücklich wäre ich dann. Aber das sind unerfüllbare Wunschträume. Ich habe so wenig Lust zu schreiben, aber ich muss es tun!

Der erste Advent ist vorbei. Das Wetter ist warm, wie im Frühling. Du hast keine Zeit. Ich denke oft, fast immer, an Dich. Du bist immer im Stress, immer wirfst Du Dich in Arbeit, in Verpflichtungen. Ich habe das Gefühl, dass Du durch einen enormen Willen Deine Seele und hauptsächlich Deinen Körper vergewaltigst! Hoffentlich wird es Dir nicht schaden! Du willst alles selbst verkraften, Du verschließt Dich von der Außenwelt mit Deinen inneren Gefühlen und Gedanken mit einer Mauer. Ich bin sehr hartnäckig in allem, was Dich betrifft, so denke ich doch, dass ich diese Mauer etwas durchbrochen und dieses Wunderschöne, dieses Reine, Milde, Zarte Deiner Seele gefühlt habe. Ich liebe Dich! Ich habe viel Dummes, viel Schlechtes in meinem Leben getan, ich habe viel erlebt, ich bin alt geworden, aber ich habe noch nie so geliebt. Ohne Dich, ohne meine Liebe zu Dir, hätte ich jetzt nicht gelebt, hätte ich jetzt nicht geschrieben, ich hätte erbärmlich vegetiert!

Mit Liebe, Vera

Liebste,

fast eine Woche habe ich nichts geschrieben. Mir ist schwer zu schreiben. In mir ist wieder dieser Zustand der Leere und der Freudlosigkeit. Vor einigen Tagen rief mich aus Paris Frau Bachrach an. Sie sagte mir, ihr Mann sei gestorben. Sie sprach sehr ruhig, aber ich weiß, sie muss sehr leiden, denn es war eine sehr gute Ehe und die beiden hatten sich sehr geliebt. – Wenn ich Menschen treffe, welche sich so zusammennehmen können, schäme ich mich. Ich mache Dramen wegen Nichtigkeiten. Ich heule mir die Augen aus, wenn ich Dich etwas länger nicht sehen kann oder wenn Du zu mir nicht so bist, wie ich es möchte! Weihnachten kommt immer näher. Was bringt es mit sich? Diese Tage kommt Professor Beyer aus Amerika nach Berlin. Mein »Entdecker«! Ich müsste mich darüber freuen, aber im Augenblick empfinde ich keine Freude! Ich weiß auch nicht, worüber ich jetzt schreiben sollte! Ich versuche, mich an das Kriegsende zu erinnern.

Liebste,

fast einen Monat lang habe ich nicht mehr geschrieben. Weihnachten ist vorüber, und das neue Jahr hat begonnen. Es schneite, und dann war wieder Matsch und Glätte.

Am »Heiligen Abend« habe ich sechs Minuten in einer großen Weihnachtssendung des SFB gesprochen. Die Sendung (im SFB) dauerte von 6 Uhr abends bis 12 Uhr in der Nacht. Die Vorträge wurden durch Musik untermalt. Unter anderen haben zwei Bischöfe, Willy Brandt und ein Marinekapitän gesprochen.

Mein Thema war der »Heilige Abend 1945«. Um ehrlich zu sein, an vieles konnte ich mich nicht mehr erinnern. Beim telefonischen Wetterdienst konnte ich wenigstens erfahren, dass an diesem Abend im Jahre 1945 kein Schnee lag. Ich wusste noch, dass wir persönlich genug zu essen hatten, da wir mit russischen Soldaten Geschäfte gemacht haben. Wir hatten einen kleinen Baum, und im Zimmer war es gemütlich warm. Alles dank den Tauschgeschäften mit den Russen!! Dann habe ich von Weihnachten im früheren Russland gesprochen. Ich habe mich auch erinnert, dass der Winter 1945 sehr kalt war und, weil Heizmaterial fehlte, Menschen vor Hunger und Kälte starben.

Natürlich habe ich auch gesagt, dass es das erste Weihnachtsfest war nach dem Nazi-Terror und dass ich glücklich war, denn meine Mutter kam nach dem Kriegsende zurück nach Berlin aus dem KZ Theresienstadt. Die Glocken unserer Hochmeisterkirche verkündeten mit ihrem Läuten nicht nur die Geburt Christi, sondern auch, dass endlich die Freiheit gekommen war und dass man mit voller Brust, ohne Angst, verfolgt zu werden, atmen konnte.

In der Nachkriegszeit habe ich mit Herrn Scherbina schwarze Geschäfte gemacht. Geld spielte damals keine Rolle, es hatte keinen Wert. Was zählte, waren Lebensmittel, und die waren vor allem bei den Soldaten der Besatzungsarmeen, also hier in Berlin bei den Russen. Geld war so uninteressant, dass russische Soldaten aus der Berliner Bank am Henriettenplatz kofferweise Geldscheine auf die Straßen warfen. Niemand hob sie auf, da sie wertlos waren, auch ich bückte mich nicht für ein paar tausend Mark. Ich gab in der Nachkriegszeit auch keinen Russischunterricht mehr, es lohnte sich einfach nicht. Das Einzige, was zählte, waren Schiebereien.

Ich habe mit Herrn Scherbina Mäntel, Schmuck, Essbestecke und andere Wertgegenstände gesammelt und bei russischen Soldaten gegen Lebensmittel eingetauscht. Die Lebensmittel gingen dann an diejenigen, die uns die Wertgegenstände gegeben hatten. Einen Teil davon behielten wir als Provision. Wir haben für die Schiebereien natürlich auch Geld bekommen. Ich erinnere mich, dass wir abends hier saßen und unsere Hunderttausende zählten. Damals war ich eine Millionärin. Mein Hund hat einmal einen Tausendmarkschein zerrissen. Es machte nichts.

Nach der Währungsreform war alles sehr teuer, da das Geld knapp gehalten wurde, es war nur sehr wenig davon in Umlauf. Also lohnten sich auch weiterhin die Schiebereien.

In der Paulsborner Straße stand eine Villa. Die beiden Söhne des Hauswartes betrieben den Schwarzhandel im großen Stil. Sie fuhren in die östlichen Bezirke von Berlin, zum Bahnhof Friedrichstraße, und holten dort von Schmugglern Kaffee und amerikanische Zigaretten. Ich bekam einen Teil davon, vielleicht zehn Pfund Kaffee und zehn Stangen Zigaretten, die von mir dann in kleinen Mengen weitergeschoben wurden, zu sehr hohen Preisen.

Dreimal war mir die Kriminalpolizei auf der Spur.

Beim ersten Mal kam ein dicker Beamter. Ich habe ihn sofort in das Zimmer meiner Mutter geführt, in dem die Lebensmittel, von meinen Geschwistern aus dem Ausland geschickt, lagerten, unter anderem auch Care-Pakete, die speziell Juden bekamen. Mein Bruder lebte schon damals in Paraguay, meine Schwester in London. All diese Lebensmittel waren legal. Dann entdeckte der Beamte in einem Koffer Nährmittel, Grieß und Reis, alles Sachen aus Schiebergeschäften. »Jetzt gibt es Ärger«, dachte ich. Er holte jedoch

Stoffbeutelchen hervor und meinte, er habe eine kranke Frau zu Hause, ob wir ihm nicht etwas von den Lebensmitteln geben könnten. »Natürlich«, sagte ich, »gerne, selbstverständlich.« Dann sagte ich zu Herrn Scherbina: »Bitte, gehen Sie doch in die Küche und schneiden Sie für die arme, kranke Frau des Beamten ein schönes Stück Fleisch!«

Er bekam eine dicke Keule. Als der Beamte alles eingepackt hatte, fragte er, ob die Wohnung einen anderen Ausgang habe. Er musste leider den gleichen Weg nehmen, den er gekommen war.

Aber wie war der Beamte auf uns gestoßen? Wir bekamen es bald heraus: In unserem ganzen Haus gab es nur in einigen Wohnungen Wasser. Also kamen etliche Bewohner zu uns und holten sich Wasser. Da wir keinen Kühlschrank hatten, brachte uns eine Frau auf einem Handwagen Eis, das wir in einer Wanne im Flur zum Frischhalten der Butter benutzten. Eines Tages merkte ich, dass unsere Butter gestohlen war. Aus Wut über den Diebstahl ließ ich niemanden mehr in unsere Wohnung, um Wasser zu holen. Daraufhin wurde angezeigt, dass in unserer Wohnung Lebensmittel geschoben werden.

Der Kriminalbeamte kam nun jeden Monat, um seine »Steuer« abzuholen. Das ging so lange, wie die Geschäfte mit den Russen dauerten.

Einige Zeit später machte ich zum zweiten Mal Bekanntschaft mit der Polizei.

Es war an einem Tag, als wir den persönlichen Adjutanten von Bernard Montgomery zu Besuch hatten. Er hieß Naglowski, ein gebürtiger Pole. Meine Schwester, die in London für die bbc arbeitete, hatte ihn gebeten, meiner Mutter Lebensmittel mitzubringen.

Es wurde gerade renoviert, und alle saßen im Zimmer mei-

ner Mutter, das als einziger Wohnraum benutzbar war. Plötzlich klingelte es, und zwei junge Kriminalbeamte standen vor
der Tür. Sie hätten Hinweise, dass bei uns schwarze Geschäfte
gemacht würden. »Bitte kommen Sie herein«, sagte ich zu
ihnen und brachte sie in das Zimmer meiner Mutter. Dort erwartete sie ein englischer Offizier. Und schon standen sie
stramm. Ich fragte sie: »Wollen Sie vielleicht eine englische
Zigarette rauchen?« Die Beamten waren plötzlich sehr nett
und gingen bald, nachdem sie noch etwas Kaffee und einige
Zigaretten von mir bekommen hatten. Am nächsten Tag kam
einer der Beamten noch einmal vorbei, nur um mir zu sagen,
dass er das Anzeigenprotokoll zerrissen habe.

Er hatte einen alten Regenmantel aus dem Krieg über dem
Arm und fragte, ob er ihn gegen Butter tauschen könne, es sei
für seinen Kollegen von gestern. »Natürlich«, sagte ich und
gab ihm Butter. Den Mantel konnte er behalten.

Doch wie waren sie auf uns gekommen?

Eine Nachbarin aus dem Nebenhaus, die auch Schwarzhandel trieb, hatte man erwischt. Sie denunzierte uns, um bei
der Polizei einen guten Eindruck zu machen. Ich glaube, es
ist ihr nicht gelungen.

Uns ging es sehr schnell wieder ganz gut. Wir hatten eine
zwanzigjährige Haustochter, die im Haushalt half, und bei
uns entwickelte sich ein reges Tauschgeschäft.

Nach der Währungsreform, als ich schon ohne Scherbina
mit Kaffee und amerikanischen Zigaretten handelte, besuchte
uns zum dritten Mal die Kripo, diesmal mit einem Haus-
durchsuchungsbefehl.

Sie fanden fünf Stangen Zigaretten und acht Pfund Kaffee,
die sofort konfisziert wurden. Margot, unsere Haustochter,
stand die ganze Zeit am Fenster und gab Zeichen nach drau-

ßen, dass niemand hereinkommen sollte. Denn es war ein großer Unterschied, ob man schwarze Waren zum Eigenbedarf hortete oder zur Schieberei.

Nach der Durchsuchung musste ich mit zum Zollamt. Während ich auf meine Vernehmung wartete, dachte ich mir eine gute Geschichte aus:

In der Waitzstraße gab es damals eine Markthalle, vor der viele polnische Juden standen und Geschäfte machten, mit Geld, mit Kaffee, mit allem. Ich erzählte nun bei der Vernehmung, dass ich mit meiner Mutter und meinem Hund Mucha in die Markthalle ging, und dabei mit dem Hund Russisch sprach. Ein Mann hörte mein Russisch und sprach uns ebenfalls auf Russisch an, ob wir nicht Kaffee haben wollten. Meine Mutter stimmte dem zu, da ich einen zu niedrigen Blutdruck habe. Der Schieber wollte uns aber den Kaffee nur verkaufen, wenn wir auch noch Stangen von Ami-Zigaretten nehmen würden. Meine Mutter dachte an meine Gesundheit, und stimmte deshalb dem Handel zu. Daraufhin brachte der Mann die Ware in unsere Wohnung. Dann fragte mich der Beamte, wie der Mann ausgesehen hätte. Ich bin eine Dichterin, solch ein kleines Portrait fiel mir nicht schwer.

Die Beamten nahmen mir diese Geschichte ab. Zur Strafe musste ich 50 DM zahlen. Ich durfte sie in 5-DM-Raten abbezahlen, da wir offiziell lediglich von der Rente meiner Mutter lebten. Nachdem die Strafe abbezahlt war, sollte ich noch die Steuern für den Kaffee und die Zigaretten nachbezahlen. Das habe ich verweigert, dafür brauchte man nicht im Gefängnis sitzen. So sagte ich, dass meine Mutter nicht gewillt ist, weiter zu bezahlen.

Um die Verluste auszugleichen, die mir durch die Polizei entstanden waren, musste ich mir etwas ausdenken. Es blieb mir nichts anderes übrig, als noch mehr zu schieben. Allerdings änderte ich meine Verkaufsstrategie, und verschob nur noch große Mengen, ohne sie in der Wohnung zwischenzulagern. Geschoben habe ich noch eine kurze Zeit, dann war es damit zu Ende.

Es ging uns wirklich gut. Ich war dick und rund, eine richtige Reklame für die Besatzer.

Für heute genug. In Liebe, Vera

Ich hatte, wie gesagt, keine Angst vor den russischen Soldaten, und mir ist Gottseidank auch wirklich nichts passiert. Aber es ist sehr viel hier passiert. In Berlin lebten zum Beispiel zwei Schauspielerinnen, die Schwestern Ardatow. Die Soldaten kamen zu ihnen in die Wohnung. Die Schwestern dachten, es würde ihnen helfen und haben sie auf Russisch empfangen. Daraufhin zog ein Soldat das Gewehr und hat sie auf der Stelle erschossen. Andere haben sich versteckt, es war eine furchtbare Panik... Viele russische Emigranten waren für Hitler und gehörten einer Organisation an, die ROND[46] *hieß. Russische Nationalsozialisten. Mit diesen russischen Emigranten, die* ROND *angehörten und die für die Nazis waren, hatte ich überhaupt nichts zu tun. Wenn denen etwas passierte, so kann man sagen, dass sie selbst schuld daran waren – sie waren ja wirklich für den Nationalsozialismus.*

Mir ist wirklich nichts passiert. Ich hatte sehr viel Glück.[47]

46 Rossijskoje Oswobitelnoje Nazionalnoje Dwishenije, Russische Nationale Befreiungsbewegung, gegründet 1933 in Berlin.
47 Dies fügte Vera Lourié in einem von Doris Liebermann um 1985 geführten Interview hinzu.

Liebste,

gute zwei Wochen hatte ich nichts mehr geschrieben. Heute ist ein schöner Wintertag. Es ist nicht kalt und die Sonne scheint. Von dem Raum aus, wo ich sitze, kann ich Dich nicht sehen. Aber ich weiß, dass Du in der Nähe bist. Ich liebe Dich! Jedes liebe Wort von Dir, jedes Lächeln, ist mir wichtiger als die Lobe, welche mir gesagt werden, als der ganze »Tam Tam«, den man jetzt um mich macht. Gestern hatte ich einen Besuch von zwei recht netten Frauen, Mutter und Tochter. Der Abend war sehr gemütlich, aber doch wartete ich die ganze Zeit auf Deinen Anruf und fühlte mich dann erst wirklich glücklich, als ich Deine Stimme im Hörer hörte. Am Sonnabend ein riesiger Empfang bei Walter. Ich habe keinen Schluck Wein getrunken, ohne Dich macht mir der teuerste Champagner keine Freude!

Liebste,

mein Gott! Wie war ich gestern glücklich. Du kamst unerwartet. Ich war zwei Stunden in Deiner Nähe. Ich versuchte Deine Stimme, Dein Lächeln, Deine Worte, alles in mich aufzunehmen. Ich wollte die Beschwerden, das Alter, die Traurigkeit der letzten Wochen nicht mehr wahrhaben, nur glücklich durch Dein Dasein sein – und ich war es auch, so unendlich glücklich, so unbeschwert. Kein Gestern, kein Morgen, nur ein Heute! Ich habe auch wieder Lust zu schreiben und über die längst vergangene Zeit, welche sich niemals wiederholen wird, zu berichten.

Liebste,

den letzten Brief schrieb ich Dir im April. Seitdem habe ich nichts mehr geschrieben. Heute scheint die Sonne. Im Augenblick erinnere ich mich an nichts lange Vergangenes, nur an gestern, einen der schönsten Tage in der letzten Zeit. Morgens in das Gemeindehaus der Hochmeisterkirche zu einem Empfang eingeladen worden. Es war der Geburtstag von Pfarrer Reuer, er ist 50 Jahre alt geworden. Iobal, mein Untermieter, war auch eingeladen, was ich sehr nett gefunden habe. Ich möchte noch sagen, dass Herr und Frau Reuer mit mir sehr befreundet sind, und ich mag sie auch sehr. Wir fuhren mit dem Taxi hin, der Fahrer war ein Asiat, was ich zum ersten Mal erlebt habe. Ich nehme an, er war ein Student. Die Feier war schön, und die Sonne lachte durch die Fenster des Raumes und verschönte noch die Feier! In mir strahlte auch alles innerlich, denn ich erwartete Dich am Abend und war im Voraus glücklich! Anwesend waren viele Pastoren, Juristen, alles »würdige Menschen«, in Anzügen, in Krawatten! Ich habe einige Gedichte vorgetragen und hatte Beifall. Einige sind zu mir gekommen, um ein Lob auszusprechen. Ich habe mich gefreut. Auf dem Rückweg eine schöne Fahrt mit Reuers Söhnen durch Lichterfelde gemacht.

Ich habe die Eintragungen gestern gar nicht beendet. Heute bin ich in einer recht deprimierten Verfassung. Aber ich möchte doch über den ersten Mai schreiben. Ich habe den Abend mit Dir verbracht! Es war schön, es war unendlich schön. Ich war in Deiner Nähe. Ich sah Dich, ich hörte Dich lachen. Für mich war es der Himmel auf Erden! Ich träume jetzt oft von Dir!

Vera

Liebste,

Du siehst, wie lange ich nichts mehr geschrieben habe. Der letzte Brief vom Anfang Mai gehört nur zum Tagebuch. Mein Wunsch, von »heute« zu schreiben, wird immer größer. Aber das ist nicht das Ziel dieser Briefe gewesen. Außerdem ist es dasselbe wie mit meinen Gedichten, ich schreibe nicht über die täglichen Ereignisse, ich schreibe nur über meine Gefühle. Vielleicht ist es ein Versuch, die Traurigkeit und die Sehnsucht zu erleichtern. Im privaten Leben sehe ich Dich fast gar nicht, und die Ferien nahen ... Aber, was kann es Dich schon interessieren! Gestern war bei mir ein Übersetzer für Deutsch-Russisch, er ist auch Berater bei den Verlagen. Das Gespräch mit ihm war recht interessant.

Aber vergessen wir jetzt die Gegenwart und hauptsächlich mich selbst. Wir wandern in die zwanziger, dreißiger Jahre, und ich erzähle etwas über die kleinen Läden. Supermärkte gab es keine. Als wir noch in der Schweidnitzer Straße wohnten, war daneben ein kleiner Lebensmittelladen. Er gehörte einem Fräulein Erdmann, einer unverheirateten, älteren, ziemlich dicken Jungfer. Sie hatte sehr viele Kunden, denn zu der Zeit konnte man in den kleinen Läden »auf Buch« kaufen, das heißt, man bezahlte kein Bargeld, wenn man es nicht hatte, und die Schuld wurde in ein Buch eingetragen. Wenn der Käufer sein Gehalt oder seine Sozialunterstützung dann bekam, zahlte er seine Schulden ab. Es geschah auch, dass der Kunde die Schulden nicht bezahlte, sie wuchsen, und zum Schluss bekam er Mahnungen und Drohungen. Gegenüber dem Hause befand sich der Schuster, ein kleines buckliges Männchen. Diese Werkstatt befand sich im Keller. Den ganzen Tag saß der Schuster in diesem feuchten Raum, gebückt über den alten Schuhen, klopfte und klebte sie wieder fest,

Maschinen gab es noch keine. An den Türen befanden sich Briefkästen, in welche der Briefträger oder die Briefträgerin die Post hineinwarf. Etwas später wurden diese Briefkästen durch Schlitze in den Eingangstüren ersetzt. Die Post kam dreimal täglich, sonnabends einmal täglich. Sonntags gab es keine Postzustellung. Als wir in der Schlossstraße in Charlottenburg wohnten, gab es dort keine Zentralheizung. Da wir die Kohlen nicht selbst in den zweiten Stock tragen konnten, wurden sie vom Laden aus nach oben getragen und in der Küche eingelagert. Für einen Zentner Briketts plus Treppengeld zahlte man zu der Zeit 1 R. M. und 75 Pf. Heute, wenn nicht sehr teuere Uhren kaputt gehen, werden sie einfach weggeworfen. Damals war es anders. Es gab sehr gute Uhrmacher, die quälten sich mit den schwierigsten Reparaturen. Ich kann mich gut an Herrn Schwarz erinnern. Er brachte die vollkommen verdorbenen Uhrwerke wieder in Ordnung. Er war damals circa Mitte fünfzig und liebte junge Mädchen sehr. Seine Ehefrau war eifersüchtig auf ihn. Sie war herzkrank und, was in meinem Gedächtnis blieb, durfte sehr wenig trinken. Sie hatte rote Bäckchen und war immer sehr schlecht geschminkt.

Vera

Liebste,

der letzte Brief blieb unbeendet, denn ich konnte mich nicht dazu überwinden, weiter zu schreiben. Ich bin, wie immer in solchen Fällen, wenn Dein Urlaub naht, in einem unmöglichen Zustand. Ich habe Angst, Dich sechs Wochen nicht sehen zu können. Das ist eine Unendlichkeit! Ich möchte vor mir selbst weglaufen, immer mit Menschen sein, abgelenkt, damit diese grausame Sehnsucht mich nicht in ihren Krallen hält. Aber ich kann allein nicht weggehen!!

Nicht daran denken, Du bist ja noch hier. Jetzt sitzt Du an dem Schreibtisch und arbeitest. Wenn ich den Kopf hoch hebe, kann ich Dein geliebtes Gesicht sehen. Worüber soll ich heute schreiben? Ich wandere in die Kindheit und erinnere mich an die Spiele, welche wir damals gespielt haben. »Gorelki« – die Benennung kam von dem Wort »brennen«. Man stellte sich in Paare, und einer stand vorne und sprach: »brenne, brenne hell, damit es nicht erlöscht, schau auf den Himmel, die Vögelchen fliegen, die Glöckchen klingeln«. Daraufhin mussten die Paare auseinanderlaufen. Der vorne stand, versuchte, einen von beiden zu fangen, bevor das Paar sich wieder an der Hand hielt. »Blinde Kuh« und »Versteck« kennt man auch jetzt. Ein anderes Spiel war der »König«. Eines der Kinder saß auf einem Stuhl, das war der Thron, die anderen Kinder stellten sich vor den König und spielten ihm eine Szene vor. Der König musste erraten, was das Gespielte bedeutete. Wenn er geraten hatte, liefen die Kinder zu ihrem Ausgangspunkt zurück und der König versuchte, jemanden dabei zu fangen. Daraufhin wurde der Gefangene zum König. Wenn der König niemanden gefangen hatte, spielte er nochmals die Rolle des Königs. Dann gab es ein Spiel: »Ringlein, Ringlein, wo bist du?« Man nahm einen Ehering, zog durch ihn eine Strippe und band sie zusammen. Die Kinder standen im Kreis, hielten die Strippe mit beiden Händen und ließen den Ring durch die Strippe laufen. Ein Kind stand in der Mitte des Kreises und musste den Ring in der Hand eines Kindes festhalten. Dann kam der Erwischte in die Mitte und das Spiel wiederholte sich. Dann gab es ein Spiel »Das Meer regt sich auf«. Stühle wurden gestellt, ein Stuhl in eine Richtung und der andere in die gegenseitige Richtung. Das Klavier spielte, die Kinder setzten sich auf die Stühle. Die Kinder standen auf und liefen um die Stühle herum. Plötzlich hörte die Musik auf zu spielen. Die Kinder rannten zu ihren Plätzen, aber ein Stuhl war weg und ein Kind blieb ohne Platz. Dann kam die zweite Runde und so weiter.

Mit Liebe, Deine Vera

Liebste,

die letzten Male habe ich sehr schlecht geschrieben. Ich habe keinen Impuls zu schreiben. Ich schäme mich, ich habe kein Recht, in diesem geistigen Zustand zu sein. Aber die Traurigkeit, dass Du so lange weg bleiben wirst, die Angst, die Tage zu zählen, wo Du noch in meiner Nähe bist, nimmt mir die Kraft zu schreiben, die Konzentration fehlt. Ich kann mit mir selbst nicht fertigwerden. Das Gejammer ist unmöglich, aber die Traurigkeit zerreißt mir die Seele! Das Wetter ist düster wie im späten Herbst. Ich suche einen neuen Mieter. Der von der Insel Mauritius fährt weg nach Paris. Im Sommer ist es nicht so leicht. Worüber soll ich noch schreiben. Die Geldreform war vorbei. Auch mit dem Geldumtausch machte man Geschäfte. Herr Scherbina hatte mir und einem jungen Mädchen je DM 100,– gegeben, damit wir als Zeugen aussagen, dass er Geld zum Umtausch habe, weil er russische Bilder an einen Amerikaner verkauft hätte. In Wirklichkeit war es das Geld, welches er von einem Bankdirektor, den er kannte, schwarz für seine alten Aktien bekam, selbstverständlich viel billiger, als ihr früherer Wert war. Das Leben normalisierte sich. Ich begann, wieder Sprachunterricht zu erteilen und bekam für eine Stunde DM 10,–. Jetzt bezahlt man für eine Stunde DM 20,– und noch mehr.

Immer in Liebe, Deine Vera

Meine Liebste,

meinen letzten Brief an Dich habe ich vor drei Jahren geschrieben. Diese ganzen Briefe habe ich Dir nie geschickt. Jetzt bist Du wieder weit weg. Mir fehlt Deine Nähe. Ich möchte Dein geliebtes Gesicht sehen, ich möchte Deine schöne Stimme hören. Ich habe beschlossen, Dir meine Briefe doch zu schicken; wenn Du sie gelesen hast, wirst Du vielleicht verstehen, was Du mir bedeutest.

Immer in Liebe, Deine Vera
Berlin, im Januar 1989.

Erzählungen und Berichte

Scharik
Skizze aus dem russischen Leben

Die Sonne brennt. Auf dem Felde stehen zusammengebundene Garben von duftendem Heu. Grillen zirpen. Mohn und Kornblumen mischen sich mit weißen Kamillen.

Aus einer Garbe taucht ein kurzes Kinderkleidchen und eine blonde, eigensinnige Tolle hervor. – Das ist Tala, die von ihrer Französin, Mademoiselle Nicheau, weggelaufen ist.

Tala hat wenig Angst vor der Strafe.

»Morgen ist Sonntag. Die Gäste werden aus der Stadt kommen, es wird eine Pilzpirogge zu Mittag geben!«, freut sich das unartige Mädchen.

Tala ist sieben Jahre alt; sie liebt in das Himmelsblaue zu schauen und zu denken. Tala hat viele Sorgen: erstens beunruhigt sie ihr krankes Küken, mit seinem gebundenen Pfötchen, dann weiß sie noch nicht, ob ihr Vater den weißen Kater Wasska in die Stadt mitzunehmen erlaubt. Wasska ist der Pflegling von Tala, er kommt jeden Morgen, sie zu begrüßen, und macht ausgerechnet in ihre Waschschüssel Pipi.

Wenn Tala erwachsen sein wird, dann wird sie entweder einen Offizier oder einen Fischhändler im roten Hemd heiraten. Ihre Kinder werden barfuß laufen und keine Französin haben.

Tala ist eine große Fantastin: wenn sie auf einem Iswostschik fahren muss, dann sucht sie sich einen jungen Kutscher aus und schenkt ihm fünf Kopeken Trinkgeld. Ihr Liebling ist der blonde Hauswart Wladimir, dem sie Geschenke aus dem Auslande mitbringt; und die von der Arbeit getrocknete, hagere Waschfrau Pascha. Paschas Kinder bekommen von Tala einen schönen Weihnachtsbaum zum Heiligen Abend geschenkt.

Tala muss nach Hause gehen, dort warten ihre verzweifelte Mutter in Angst, dass sie umgekommen sein könnte, ihre Njanja Nadja, die bestimmt wiederholt: »Talotschka, mein Kopf kann nicht mehr arbeiten!« und die glotzäugige Mademoiselle Nicheau.

Tala steht auf, geht langsam durch das Feld und singt ganz falsch eine Zigeunerromanze: »Du fragst mich lieber Freund, was für ein Leiden bringt mich um!«

Endlich kommt sie zu der Gartenpforte. Tala bleibt am Zaun stehen, unter welchem eine Grube gegraben ist, durch die des Nachbars Jagdhund in Talas Garten kommen kann, um von ihr Fleischreste und Zucker zu bekommen.

Tala pfeift, aber zu ihrem Entsetzen zeigt sich anstatt des glatt frisierten Cäsars ein graues Ungeheuer, das sich mit lautem Gebell auf Tala wirft.

Das Mädchen rennt mit Geschrei dem Hause zu.

Auf der Terrasse keucht auf einem zum Nachmittagstee servierten Tisch ein kupferner Samowar.

Vera Meier, die auf dem Lande zu Gast ist, putzt geduldig Johannisbeeren zum Einkochen.

Vera Meier ist eine arme Studentin, sie besitzt viele Lebensprinzipien, liest nur gute Bücher, geht schlecht angezogen und wird sich wahrscheinlich nie verheiraten.

Tala liebt Vera Meier nicht, da diese immer traurig und leicht beleidigt ist und Tala Moralpredigten hält.

Endlich sieht Tala sich nach ihrem Verfolger um. Vor ihr steht freundlich lächelnd und mit dem Schwanze wedelnd ein großer Bastardhund.

»Scharik!«, ruft Tala, ihre Furcht ganz vergessend. Der Hund beriecht das Mädchen vertraulich.

»Das ist der Freund von Cäsar«, denkt sie: »und Cäsar hat ihm von mir erzählt.«

Nun schlossen Tala und Scharik Freundschaft.

Jeden Morgen kommt Scharik an die Terrasse gelaufen und wartet auf Tala. Nach einem gemeinsamen Frühstück legt sich Scharik unter den Tisch und hört auf Fräulein Meiers monotones Vorlesen. Wenn Vera Meier auf die zerstreute Tala schimpft, knurrt er drohend das Fräulein an. Dasselbe wiederholt sich beim französischen Unterricht.

»Il faut chasser cette bête abominable!«, sperrt die Französin ihre runden Augen auf.

Manchmal gehen Tala und Scharik auf dem Felde spazieren und kauen Haferkerne, oder sie begleiten Talas Mutter beim Einkaufen, und da Scharik vor dem Laden warten muss, bleibt auch Tala draußen stehen.

Wenn Tala Abführungsbonbons einnimmt, bekommt dieselbe Portion der treue Kamerad.

Zur Ablösung seines Bruders August wandert der nachdenkliche September durch den gelben rauschenden Blätterteppich. Die Tage sind sonnig und aufmunternd. Die Nächte kühl und neblig. Der Bahnhofskonzertgarten und der Tennisplatz werden leerer, und verschlossene, verlassene Villen mehren sich von Tag zu Tage. Auf dem Chausseeweg in der

Richtung gegen die Stadt dehnt sich eine lange Reihe von Transportwagen, mit Sommermöbeln, Vogelkäfigen und anderen Habseligkeiten beladen.

Tala und Scharik suchen Eicheln; und wenn Tala ganz früh am Abend nach Hause gebracht wird, spaziert Scharik unruhig allein umher, dann legt er sich in sein Hundehaus und heult leise, wenn er auf die dunklen Villenfenster blickt.

Endlich muss Tala abreisen. Schwer beladene Wagen stehen vor dem Hause. Talas Mutter packt die letzten Sachen. Die Dienstmädchen laufen mit verwühlten Haaren und lassen alle Türen offen.

Talas Bitten und Tränen halfen nicht: Der Vater erlaubte nicht, Scharik in die Stadt mitzunehmen. Scharik soll in der Villa bei dem Hauswart überwintern. Er ist sehr unglücklich und will nichts fressen. Tala tröstet ihn.

Den Weg bis zum Bahnhof läuft Scharik neben der Droschke her. Auf dem Bahnsteig verfolgt er jede Bewegung Talas, und als er sieht, dass sie in das Coupé einsteigen will, folgt er ihr nach, aber der Gepäckträger stößt ihn mit dem Fuße weg. Scharik heult auf und läuft zur Lokomotive, und wie er sieht, dass der Zug sich zu bewegen beginnt, springt das Tier auf die Schienen hinunter.

Vergeblich rufen die Angestellten und das Publikum das arme Tier zurück.

Immer schneller saust der schwer donnernde Zug auf den treuen Scharik zu.

Laterna magica[48]

Die Erinnerungen an die ferne Kindheit ziehen an meinen Augen vorüber, wie die Bilder einer Laterna magica. Im Zimmer ist es dunkel, auf der Leinwand blitzen hell erleuchtete Bilder auf.

Die Petersburger Straßen am Morgen. Eine Kutsche bringt mich ins Gymnasium. Vor mir schaukelt der riesige, von Steppjacke und Bauernkittel aufgeblasene Rücken von Jakob, dem Kutscher. An der Kurve zur Mochowaja Straße treffen wir täglich einen Kadetten. Das Fensterglas trennt uns. Wir schauen uns wie alte Freunde an, lächeln.

Das Taganzewa-Gymnasium, das ich besuchte, zählte zu den drei besten Mädchen-Gymnasien in St. Petersburg. Das waren das Gymnasium der Fürstin Obolenskij, in das vor allem die Adelstöchter gingen, das Stajunina-Gymnasium und das Taganzewa-Gymnasium.

Als ich auf das Gymnasium kam, lebte dessen Gründerin noch, Ljubow Stepanowna Taganzewa, die Schwester des berühmten Petersburger Senators Taganzew. Ljubow Stepanowna war eine typische Gymnasiumsdirektorin, eine kleine alte Frau, mit hellem, freundlichem Gesicht, die niemals laut wurde. Die Schülerinnen schätzten sie so sehr, dass sofort

---

48 Der Text wurde nach der russischen Maschinenschrift übersetzt. Erschienen ist er unter dem Titel »Wolschebnyj fonar« am Donnerstag, dem 20. März 1958, in *Russkaja mysl*, Nr. 1188, S. 5. In Sign. 80, Aktendeckel 1, ist auch ein vergilbtes, altes Zeitungsblatt davon erhalten.

Ruhe und Ordnung einkehrten, kaum dass sie im Klassenzimmer erschien. Sie starb, als ich in der dritten oder vierten Klasse war. Nachfolgerin wurde ihre Nichte, Nadeshda Nikolaewna, eine energische, beherzte Frau mit kleinem Schnurrbart, die Tochter des Senators und die Schwester des zur gleichen Zeit wie Gumiljow erschossenen Wladimir Nikolajewitsch Taganzew.

Letzterer unterrichtete uns in Geografie. Er war ein hochgewachsener, leicht gebeugter junger Mann, sehr bescheiden und schüchtern, mit hellem Bärtchen und Brille. Zu jener Zeit hatte er gerade geheiratet und ein kleines Kind bekommen.

Der Klassenraum war quadratisch, mit drei Bänken in der Breite und fünf in der Länge. Zwei große Fenster gingen auf den Hof hinaus. Nahe der Tür befand sich das Pult der Klassenlehrerin, einer rothaarigen alten Jungfer, Lidija Wassiljewna. Diese Klassenlehrerinnen damals waren eine besondere Gattung Frauen, die es heute nicht mehr gibt.

Ich ging während des Ersten Weltkriegs und zu Beginn der Revolution auf das Gymnasium. Wir heranwachsenden Mädchen standen wie auf der Schnittstelle zweier Epochen, der untergehenden und der aufkommenden. In uns war eine Mischung aus Romantik und sehr kühnem Realismus.

Auf zerknitterten Zetteln wurden Gedichte von Igor Sewerjanin und von Balmont weitergegeben, wie »ich möchte frech, ich möchte tapfer sein! ...«[49]

Wir stritten über »Sanin« von Arzybaschew und lasen heimlich »Olga Org« von Sljoskin. Wir verfielen der Dekadenz.

---

49 Erste Verszeile des Gedichtes »Ich will« (1902) von Konstantin Dmitrijewitsch Balmont (1867–1942).

Meine beste Freundin, die später herrliche Gedichte schrieb und in Italien starb, vergötterte ihren Bruder so sehr, dass sie ihre eigenen Finger küsste, weil sie den seinen so ähnlich waren. Wir verachteten Streber und Petzer. Es war verpönt, Klassenbeste zu sein. Petzereien wurden auch vom Lehrpersonal nicht gutgeheißen.

Geometrie unterrichtete bei uns ein gewisser Alexander Iwanowitsch, an dessen Familiennamen ich mich gar nicht mehr erinnern kann. Das war ein Ingenieur, der nicht gut aussah und etwas grob war, aber als Lehrer sympathisch und fähig, und bei den Mädchen deshalb sehr beliebt. Während einer Klassenarbeit in Geometrie schickte ich einmal, nachdem ich meine Aufgaben gelöst hatte, das Ergebnis an eine Mitschülerin, die von Mathematik nichts verstand. Der Zettel wanderte unter den Schulbänken von Hand zu Hand und wurde von Alexander Iwanowitsch abgefangen, der zwischen den Bänken hin- und herging. Betretenes Schweigen, dann wurde die ganze Klasse beschuldigt.

Ich stehe auf und sage, dass ich es war und nicht die ganze Klasse. Da wird Alexander Iwanowitsch sehr wütend und schreit: »Wer hat Sie gefragt! Das interessiert mich nicht!«

Hier in Deutschland loben die Lehrer die Kinder für das Petzen, bei uns lernten sie in meiner Jugend Solidarität und Gemeinschaftssinn.

Unweit des Taganzewa-Gymnasiums befand sich die Tenischewskij-Lehranstalt für Jungen. Dort fanden oft Literaturabende statt. Ich erinnere mich, dass ich dort am Gericht über Ibsens »Nora« teilnahm. Das war damals sehr beliebt. Aus den Jugendlichen wurden Richter ausgewählt, ein Staatsanwalt, ein Rechtsanwalt und Geschworene. Ich erinnere mich nicht, welches Urteil damals über Nora gesprochen wurde, was auch nicht wichtig ist, wichtig ist nur, dass dies die Jugend dieser Epoche interessierte und bewegte.

In dieser Tenischewskij-Lehranstalt sah und hörte ich während des Krieges zum ersten und letzten Mal Alexander Blok, der dort Gedichte las. Ich erinnere mich, dass sein Gesicht wie eine Maske war, die man nicht ansehen mochte. Er las sehr monoton, wie unwillig. Aus dem Publikum rief ihm jemand zu: »Gedichte über Russland!« Er schaute ohne ein Lächeln in den Saal und antwortete: »Genug der Worte über Russland!«

In den letzten Klassen unterrichtete uns Modest Ludwigowitsch Hofmann in russischer Literatur. Er war ein herausragender Lektor und von großer Gelehrsamkeit. Dank ihm lernten wir von der Schulbank an Puschkin lieben, und mit seinen Werken sehr überlegt und feinfühlig umzugehen. Ich erinnere mich, wie ich damals mein erstes literarisches Werk schrieb – ein Referat über den »Ehernen Reiter« – und wie aufgeregt ich war, als ich es der Klasse und Modest Ludwigowitsch vortrug. Hofmanns Stunden waren viel mehr als ein Literaturkurs, es waren richtige Vorlesungen zur Literatur, die meisten Schülerinnen nahmen teil und lernten nicht nur wegen guter Noten, sondern aus wirklichem Interesse. Gleich ertönt die Klingel, der Unterricht beginnt, und wir alle stehen in Gruppen von zwei, drei Freundinnen in dem unendlich langen Korridor, der zum Lehrerzimmer führt, und warten auf Hofmann, um zu ihm zu gehen und ihn etwas zu fragen. Die Hauptgefahr ist, dass aus einer der Türen Lidija Wassiljewna erscheint oder, noch schlimmer, die sehr boshafte Geschichtslehrerin mit der unangenehmen Bemerkung, dass es sich für gut erzogene Mädchen nicht ziemt, den Lehrer im Korridor abzufangen. Da öffnet sich die Tür des

Lehrerzimmers, und ein kleiner, schlanker, immer eleganter und parfümierter Modest Ludwigowitsch läuft buchstäblich heraus, sein Gesicht ist dem des Imperators Nikolaj dem Zweiten selten ähnlich!

So leicht und fröhlich ist es wahrscheinlich nur in der Kindheit! – Einmal wurde bei uns im Gymnasium ein Kostümabend veranstaltet. Die älteren Schülerinnen zeigten ein Theaterstück, besonders begabte sangen Lieder oder trugen Gedichte vor. Ich hatte ein Kostüm ukrainischer Art an und einen Kranz Feldblumen auf dem Kopf. Welch großes Glück, dass der Geometrielehrer mir die Ehre erwies und mir unerwartet die Hand reichte.

Und wie im Frühling die ganze Klasse mit kupfernen Sammelbüchsen über die Straßen geht und weiße Kamille verkauft. Das war der Tag der »Weißen Blume« zugunsten von Schwindsuchtkranken. Wir gingen die Nabereshnaja entlang, über die Troizkij-Brücke. Menschen, denen wir begegneten, erwiderten unser Lächeln. Wir klapperten mit den Büchsen und prahlten voreinander, wer mehr Geld gesammelt hatte. Die Mai-Sonne, die schönen Petersburger Straßen, die Passanten, denen wir begegneten, das alles schien so strahlend und unbekümmert wie unsere Jugend!

Im Kaiserlichen Michajlowskij Theater gastierte jedes Jahr das Moskauer Künstlertheater. Nach der Vorstellung der »Drei Schwestern« kehrte ich nach Hause zurück. Es war ein Aprilabend, leichter Regen, die Rufe des Kutschers, das Petersburger Licht und der besondere Duft, und ich war ganz erfüllt von einer unbestimmten süßen Sehnsucht, wie verliebt, verliebt in Tschechows *Drei Schwestern*, in Petersburg, in das Leben, in meine Zukunft!

[Übersetzung aus dem Russischen]

Die Nacht
Skizze aus dem Petrogradischen Leben im Jahre 1920

Alexandra Fjodorowna arbeitet als Stenotypistin im Sheleskom Eisenbahnkomitee. Sie bekommt außer der Lebensmittelkarte Klasse I noch ein Pajok [Verpflegungsration], und bei der letzten Ausgabe bekam sie sogar ein Paar schwarze Halbschuhe.

Für ihr Zimmer braucht Alexandra Fjodorowna nichts zu zahlen, da die Familie eines befreundeten Arztes sie gebeten hatte, bei ihnen zu wohnen, denn jeder musste für eine bestimmte Anzahl von Zimmern auch eine bestimmte Zahl von Menschen bei sich wohnen haben. So verlangte es das Gesetz.

Alexandra Fjodorowna ist noch sehr jung, sie kommt jetzt in das neunzehnte Jahr ihres Lebens. Alle Bekannte nennen sie mit dem Vornamen »Schura«, und man kann sich darum nicht wundern, wenn Ubitko sie auch nur gekürzt »Schura« nennt.

Wenn Alexandra Fjodorowna Zeit hat, geht sie durch die Stadt, sie liebt die leeren, vom Gras umwachsenen Straßen, ihre Ruhe, die nur selten duchschnitten wird von der lauten Sirene eines Fabrikautos oder von einem Revolverschuss, der aus einer unbestimmten Gegend plötzlich ertönt.

Ihr scheint oft, dass Petrograd mit seinen Einwohnern nicht mehr auf dem Erdball existiert, dass es eine märchenhafte, fantastische Stadt ist, ein Phantom. Die Straßen scheinen ihre Konturen plötzlich zu ändern; man hört das traurigeigenartige Lied der Newa; das Knirschen der Brücken und Häfen; fühlt die Wärme und Schwüle des späten Frühlings.

Manchmal, wenn sie in der Nacht durch den Kaiserplatz geht, wagt Alexandra Fjodorowna lange nicht in dem großen Tunnel am Schloss zu verschwinden, das bewacht wird von bronzenen Reitern auf schweren Pferden; sie fürchtet, dass sie hinter dem Tunnel nicht mehr die Morskaja Straße mit dem grauen Gebäude der Asow-Bank findet, sondern nur das schwarze unendliche Chaos ...

Alexandra Fjodorowna denkt nicht an ihre Zukunft; das kann man schließlich auch verstehen, wer kann denn jetzt in Petrograd an solche merkwürdigen Dinge wie die Zukunft denken? In Petrograd schläft man zwischen den »Petrokommunen«, »Raileskomen«, »Sheleskomen« und anderen harten Gegenständen – der reellsten von reellen Städten der Welt; und man sieht Träume, altertümliche, große Träume. Zum Beispiel sieht man, wie aus den nordischen Mooren die Ruinen des alten Rom steigen und Dichter in langen Togen (aber nicht in grauen, aus schmutzfarbenem Stoff gemachten Soldatenmänteln) auf den Lauten spielen. – Wenigstens, so empfindet Schura Ismailowa, ein schlankes Mädchen mit einer Schleife in der Frisur und mit dunklen weit geöffneten Augen, den Geist dieser Großstadt.

Nikolai Alexandrowitsch Ubitko ist ein Student-Kommunist, er hat die Aussprache des richtigen Kleinrussen, er dehnt die Silben und spricht das »G« wie das »H« aus.

Ubitko interessiert sich am wenigsten für das Problem des astralen oder reellen Lebens der Stadt. Sich unendlich langweilend in dem eintönigen Alltagsleben, schrieb er sich aus Bequemlichkeit in die Kommunistische Partei ein und heiratete aus Unvorsichtigkeit eine niedliche kleine Jüdin, Tochter einer Verkäuferin vom Alexandermarkt.

Er zog in die requirierte Wohnung eines nach dem Ausland geflüchteten Hauptmanns, wo er allmählich dessen ganzes Ameublement ruhig verkaufte. Jetzt richtete er bei sich einen richtigen nächtlichen Spielklub ein!

Mit Alexandra Fjodorowna Ismailowa machte Ubitko im Winter Bekanntschaft, in der Zeit der von der Regierung für die Hausmieter verordneten Schneearbeiten. – Sie wohnten in demselben Hause.

Schura machte ihm Spaß. Sie ging mit ihm oft zum Ufer der Newa, da gibt es an der Brücke einen ganz leeren Platz, wo nur gesprengte Granitstücke liegen und wo sich Lausbuben zum Fischangeln versammeln.

Ubitko und Schura sitzen dort oft bis zur Mitternacht, betrachten den Sonnenuntergang und die von der untergehenden Sonne beleuchteten Schiffe.

Ab und zu nimmt Ubitko ein aus Schildhorn gemachtes Zigaretten-Etui, raucht eine billige Zigarette an und fängt an zu erzählen …

… Ubitko hat solche durchsichtigen grauen Augen, und ein blasses, gequältes Gesicht … Ob sie ihn liebt? … – Ja, sie liebt ihn; ihr ist gleich, dass er verheiratet ist. Seine Ehe gehört zu den Begriffen, die ihr total fremd bleiben, ebenso fremd wie die Begriffe: »Sheleskom«, »Kooperativ«, »Arbeitsbuch« … Ubitko ist für sie ein ganz eigenartiges Geschöpf, und sie leben beide in einer anderen Welt, wo ihr Leben umzogen ist von den feinsten Fäden und Fasern, die ihre Lebenswege zusammenbinden.

Nikolaj Alexandrowitsch weiß bestimmt nichts von diesen Ideen, aber unwillkürlich schont er Schura, und die Predigt

von der freien Liebe hält er ganz unmateriell und unpersön-
lich.

Es ist still und leer am Ufer der Moika; ab und zu zeigt sich
ein Soldatenmantel, oder eine Meschotschniza (Lebensmit-
telhamsterin) geht vorbei. Vom leichten Winde gestoßen bewegen sich fröhlich die hellgrünen Pappeln.

Schura geht aus dem Dienst nach Hause, da stößt sie plötzlich mit Nikolaj Alexandrowitsch zusammen.

Eine ganze, unendliche Woche haben sie sich nicht gesehen!

In der Wohnung, die Ubitko bewohnt, war eine Haus-
durchsuchung, und man sprach viel von einem großen Geld-
raub in seinem Dienst (er arbeitete neben seinem Studium in
einem Parteisekretariat).

Nur einmal, durch Zufall, im Hausflur, traf Schura die
Gattin von Ubitko. Berta, so hieß die Letztere, schimpfte mit
ihrer Mutter, der Trödlerin vom Alexandermarkt, forderte
Geld und drohte andernsfalls mit einem allgemeinen Arrest.
Schura wagte sich nicht zu ihr hin, und so vergingen Tage in
Angst und Bange um sein Schicksal, den ungeklärten Geld-
raub.

Eine ganze unendliche Woche haben sie sich nicht gesehen,
Ubitko ist nicht rasiert, hat geschwollene, betrunkene Augen
und einen schmutzigen Mantel … Schuras fragender Blick
ärgert ihn; kaum sie grüßend, geht er schnell davon, die Hände
in den Hosentaschen und ohne sich umzudrehen. Schura
bleibt wie erstarrt auf demselben Platz stehen.

An der Ecke der Straße macht Ubitko unerwartet kehrt
und geht auf Schura mit den Worten zu: »Ah, Schura, Sie
gerade brauche ich!«

Ubitko wusste selbst nicht, wozu er Schura zu einem Budenzauber bei seinem Freunde eingeladen hatte. Vielleicht kam es wegen dem Spielverlust, einem langtäglichen Trinken und der Erwartung eines baldigen Arrestes, oder einfach aus Langerweile! Aber wie er zum Vorsteher der »Petrokommuna«, zu Josef Meritsch kam, da pfiff er vergnügt die Melodie der »Internationale«.

Meritsch, mit dem süßen Äußern eines Apothekergehilfen aus Kischinjow, war das Idol aller in der »Petrokommuna« angestellten Mädchen.

Jetzt lag Meritsch auf der Ottomane und quälte sich beim Suchen eines Reimes zu dem Wort »die süße Not«, das einzige, was ihm einfiel war »Brot«, und das fand er viel zu unpoetisch für die unerwiderte Leidenschaft durch die Tänzerin N.

Meritsch schickte seine Frau auf das Land, aber das half ebenso wenig wie auch seine gute Stellung und seine Lebensmittelkarten, die Tanzdiva wollte ihn nicht lieben.

Im Nebenraum, mit einem rosa Pyjama bekleidet, am Tische mit den Mittagsresten, saß Iretskij, ein Schauspieler aus der »Freien Komödie«, ein Jüngling mit lockigem Haare, einem weiblichen, niedlichen Gesicht mit hellroten Lippen.

Die beiden begrüßten voll Freude Ubitko. Nach einer kurzen und ernsten Besprechung wurden sie alle drei einig; Georgij Iretskij versprach kokettierend und lächelnd den Marine-Kommissar Sergejew aufzusuchen, da dieser bestimmt französischen Sekt bei sich hatte.

Sonnabend geht Schura durch die Hauptallee des »Sommergarten«. Mit nervöser Spannung sieht sie dauernd auf den

Eingang des Gartens. Ubitko ist noch immer nicht zu sehen … Vorbei kommen glückliche Pärchen, sich zärtlich aneinander schmiegend. Schura hat eine unbegreifliche Angst; und die Stadt empfindet sie jetzt nicht wie ein liebes Märchen, sondern wie etwas massives, schwer zur Erde Niederdrückendes, wie die verkörperte »RSFSR«.[50]

Endlich, mit einem schmeichelnden Lächeln, zeigt sich Ubitko.

Sie gehen hinaus aus dem Garten … Schweigen … Es fängt an zu dämmern … Ein Bub, abgerissen und barfuß, führt eine weiße Ziege über den Damm, laut klingt seine jugendliche Stimme: »Auf zum letzten Gefecht«. Am Newskij Prospekt bietet man »Zigaretten-Sephir«, »Newa-erste Sorte« an. Vor den Häusern verkaufen die Weiber frische Pfannkuchen, weiße Brötchen, Zucker und Bonbons …

Am Zarskosselskij Bahnhof kommen Frauen mit leeren Milchtöpfen ihnen entgegen.

Endlich sind die beiden angelangt.

Im Hausflur werden sie von Meritsch erwartet. Ubitko macht sie bekannt.

Dann gehen sie alle durch einen schmalen, dunklen und schmutzigen Hof.

Schura wird es schwindlig, und ihr Herz klopft laut!

Sie hat das Gefühl, dass jetzt etwas vom Schicksal ihr Bestimmtes, etwas Unheilvolles und Schauderhaftes passieren wird.

Nikolaj Alexandrowitsch meidet ihren Blick …

---

50 Russische Sozialistische Föderative Sowjetrepublik.

Im Speisezimmer ist alles zum Abendessen vorbereitet. Auf dem Tisch steht eine Flasche mit verdünntem Spiritus, eine alte Torte und harte Eier. Das Essgeschirr fehlt. Iretskij am Klavier, singt leise einen Tango. In einem Sessel liegt halb eine dicke Brünette, im gelben, mit schweren Perlen garnierten Kleide. Es ist die Kollegin von Iretskij – Klara Zipian. Neben ihr steht ein bescheidener junger Mann in Marine-Uniform.

Schura fühlt sich recht einsam, sie sitzt auf einer Stuhlecke und wirft Ubitko flehende Blicke entgegen.

»Ich trinke keinen Alkohol!«, gibt sie kurze Antwort.

Ubitko lacht heiser. Sergejew, unter dem Tisch, drückt Schuras Beine. Die Zipian trinkt viel, guckt mit schläfrigen Augen und lacht laut und betrunken. Iretskij sitzt auf dem Schoße Meritschs, umarmt und küsst ihn auf den Mund.

Plötzlich springt Ubitko auf und will mit Gewalt Schura zum Trinken zwingen … Sie gibt ihm einen Stoß. Er erbleicht, sagt kein Wort und verschwindet kurz danach im Nebengemach mit Klara Zipian.

Es wird ganz dunkel. Auf dem Tisch brennt nur eine Petroleumlampe. Iretskij setzt sich wieder an das Klavier …

Meritsch und Sergejew, Schura von ihrer Liebe sprechend, wollen sie mit Gewalt küssen … Sie wehrt sich und droht auf die Straße zu flüchten und dann auf dem Polizeirevier die Nacht zu verbringen, da das Gesetz den Aufenthalt auf der Straße nach 11 Uhr abends verbietet.

Aus dem Nebenzimmer kommt ein schwarzes Nichts, und man hört nur ein leises Knurren, das mit der Zeit in ein Geschrei übergeht … Schura, entsetzt, will mit der Lampe dahin eilen, aber Meritsch setzt sie auf den Stuhl zurück und sagt: »Die werden auch selbst fertig!« Und wahrhaftig, bald wird alles wieder still ...

Schura denkt, es sei ein unendlicher, krankhafter Traum. Wann käme das Erwachen? ...

Auf der Türschwelle zeigt sich Ubitko, wieder nüchtern, seine Krawatte ist schief ... Er nimmt die Lampe und verschwindet im Nebengemach.

Durch das Fenster zeigt sich der graue Petrograder Morgen.

Und noch später ist Schura so müde und abgespannt; gehorsam setzt sie sich auf den Schoß von Ubitko und trinkt aus seinem Glase den schaumigen Sekt. Er küsst ihr die Hände, Augen, Brust ... Er spricht von seinem verfehlten Leben und von seiner Liebe zu ihr. Sie hört ihm zu, mit neugierig gespanntem Blick, ohne ihn richtig zu verstehen. – So hören die Kinder einem schönen Märchen zu.

Ubitko trägt sie auf die Ottomane im Nebenzimmer und legt sie vorsichtig nieder.

Schura fühlte sich wie im Traum, als ob sie flöge, immer höher und höher. So vergeht die Zeit ... Ubitko, der endlich versteht, dass seine Worte ihm nicht helfen, wirft sich rasend auf Schura.

Ihre letzten Kräfte zusammennehmend, mit Scham und Ekel, befreit sie sich und läuft in das Speisezimmer hinaus. Ihr Kleid ist zerrissen, die Haare verwühlt. Am Tische steht Meritsch und bringt seine Hose in Ordnung. Klara Zipian, mit dem Spiegel in der Hand, schminkt sich die Lippen. Sergejew, mit schwarzen Ringen unter den Augen, raucht nervös eine Zigarette; seine Augen zwinkern frech auf Schura, man könnte in seinem Blick lesen: »Ach, so eine sind Sie, wozu dann die ganze Komödie!« Schura, ohne etwas zu sagen, zieht sich an, geht die Treppe hinunter und kommt wieder in den schmutzigen, schmalen und dunklen Hof, da sucht sie lange den Ausgang …

Wie sie endlich auf der Straße ist, schlägt die Uhr: neun. Ihr entgegen kommen Angestellte und Weiber, die aus den Dörfern Milch in die Stadt bringen.

Schura bleibt lange vor der Kirche stehen: die Kirche, von der Morgensonne beleuchtet, sieht ganz durchsichtig aus!

Der Newskij Prospekt ist noch unbelebt. Auf den Häusern sind Zeitungen geklebt: *Prawda, Rote Zeitung, Nachrichten.* Schura liest den Befehl wegen der Häuserreinigung, und die Anzeige, dass man auf die Lebensmittelkarten ausgibt: 1 Pfd. Butter, ½ Pfd. Zucker und 3 Pfd. Heringe …

Und abgesehen davon, dass der Morgen sonnig und warm ist und der Himmel nicht bewölkt, fühlt Schura den schweren Druck der Stadt. Diese Stadt drückt auf sie mit ihren Häusern und Kasernen, drückt wie mit nächtlichem, schrecklichem Albdruck!

Die Stadt wächst und dehnt sich aus den nordischen Mooren …

Im Haushof sägen der hagere Dwornik Nikita und sein Neffe, der Soldat Saschka, Holz, Schura eilt vorbei in Angst, bemerkt zu werden.

Aus der Wohnung von Ubitko klingt Bertas schreiende Stimme: »Der weiße Käse ist sehr wässerig, Sie müssen ihn billiger lassen!«

Der Tschekist
Skizze

Bis zur Abreise waren es nur noch zwei Stunden. In der Wohnung lief alles hin und her; brachte und trug die verschiedenen Gegenstände hinaus. Nur Asja saß unbeweglich auf dem Bett, den Blick auf den Stöpsel in der Wand gewendet, eigentlich bemerkte sie ihn gar nicht, ebenso wie sie auch die Wand dahinter nicht bemerkte. Gleich müssen Menschen kommen, um ihr liebes, von der Großmutter geerbtes altes Schlafzimmer aus Mahagoniholz wegzutragen.

Asja machte sich sonst wenig aus ihren Sachen, und ihr war es vollständig gleichgültig, als Grinjow, ihr Mann, das andere Ameublement verkaufte; aber der Abschied von ihrem Schlafzimmer, das alle ihre Mädchen-Erinnerungen trug, war etwas Furchtbares für sie, als ob ein Teil ihrer Vergangenheit in ein schwarzes Nichts versunken wäre.

Es klopfte an die Tür.

Der schielende Dwornik Michajlo und ein blonder Bursche traten ein; hinter ihnen, wie immer leicht gebeugt, ging Grinjow.

Der Geruch von Schweiß und feuchten Schuhsohlen verbreitete sich im ganzen Zimmer.

Grinjow sagte etwas auf Französisch zu Asja und faßte sie an der schmalen Schulter. Sie zuckte zusammen, fuhr mit der blassen, schmalen Hand über die dichten, kastanienbraunen Haare und antwortete nicht. Tränen erstickten sie.

Im Fenster verabschiedeten sich der graue Asphalthof und der ebenso graue Herbsthimmel. Es regnete.

Die Nachbarin Plotnikowa platschte, in ein wollenes Tuch gewickelt, mit den Gummischuhen über die Pfützen und schleppte Holz in die Wohnung.

Im Tore des Hauses versammelten sich alle Mieter. Aus der »Dwornitskaja« kroch schwankend die ewig schwangere Stjoscha mit der kleinen Nastja heraus, an ihrem Rock hielt sich der nassnäsige Wanjuscha fest und schrie laut.

Grinjow mit graumelierten Schläfen in einer schutzfarbenen Joppe und ohne Mütze, noch blasser und abgespannter als sonst, drückte zum Abschied die Hand des Verwalters Karl Genrichowitsch.

Asja setzte sich mit dem schwarzäugigen Kolja und der Amme Alexandra in die Droschke.

Die Amme Alexandra war eine hagere, runzelige kleine Alte; sie war nicht Koljas oder Asjas Amme, sondern blieb die Amme von Asjas Mutter, aber sie hatte Asja erzogen und blieb dann auch bei Kolja.

Wenn Grinjows weggefahren sein werden, dann wird für die Amme Alexandra nur eins bleiben: mit ihrer Freundin Anna Petrowna, die an der Ecke mit geräucherten Heringen handelt, Tee von der Untertasse zu trinken und von den vergangenen Jahren zu klatschen.

»Matjuschka, Anna Dmitrijewna, Sie müssen mir Tee und Kaffee aus Riga schicken, ich werde dann mit Anna Petrowna Gott um Ihre Gesundheit bitten. Und Koljuschka pflegen Sie gut: kochen Sie ihm recht dicken Brei und passen Sie auf seinen Stuhlgang auf!«

»Fahr ab!« – Der Droschkenkutscher schlug mit der Knute in die Luft. Das hagere braune Pferd ging langsam vorwärts; und vor Asjas Augen schimmerten zum letzten Mal die Mojka-Straße und die Isaaks-Kathedrale, mit ihrem feierlichen Glockengesang, und die Gorochowaja, wo an der Brücke Friedländers Apotheke und der Kooperativ stehen. Vor dem Kooperativ weilte eine lange Reihe wartender Leute. Wie oft hatte auch Asja in Erwartung der Lebensmittel stundenlang da gestanden! Und jetzt fuhr sie zum letzten Mal vorbei.

Auf der Plattform, in dichten Nebel gehüllt, stand der Zug, die »Eschelone«. Die Waggons machten einen unendlich eintönigen Eindruck, ohne Fenster und Türen. Das waren Frachtwaggons für die Emigranten!

Vor den Eisenbahnwagen drängte sich eine Menge von Reisenden, und man hörte die lettische neben der russischen Sprache.

Jeder wollte einen guten Platz besetzen; manche hatten Leitern mitgebracht, da die Waggons zu hoch zu ersteigen waren; andere schoben Stühle und Kinderbetten hinein. Auf der Erde lagen Essgeschirr und Nachttöpfe.

Vor Traurigkeit fehlte Asja der Atem, sie dachte: »Und noch das schlechte Wetter dazu, wenn wenigstens die Sonne scheinen würde!«

Grinjow beeilte sich, Platz zu nehmen und den schlafenden Kolja unterzubringen. Asja umarmte Tante Manja, gab Njurotschka den letzten Kuss und stürzte mit schwarzen, tanzenden Ringen vor den Augen in den Waggon.

Über die Köpfe der Grinjows legte man schwere Holzbretter, das war der provisorische zweite Stock. – Sechs Tage wird man Schritte über dem Kopf hören und in der Angst leben müssen, dass einem die Bretter auf den Kopf fallen können!

Grinjow konnte nicht einschlafen, mit väterlicher Zärtlichkeit sah er auf Asjas mädchenhaftes junges Gesicht.

Ja, man könnte sie auch für seine Tochter halten!

Grinjows Blick ruhte nicht lange auf Asjas Zügen, dann wanderte er auf die anderen Mitreisenden. Im Winkel gegenüber Grinjow saßen zwei rotwangige Lettinnen, mit einem vierzehnjährigen Mädel, sie hatten einen Spirituskocher mit, und obwohl das Kochen gesetzlich verboten war, machten sie sich Bratfische. Der Geruch von Spiritus und Gebratenem verbreitete sich im ganzen Raum.

Plötzlich, gleich vor der Abfahrt des Zuges, stiegen zwei Männer ein, die kein Gepäck hatten. Der eine von ihnen in Zivil war ein großer dicker Mann mit einem roten Bart und kleinen suchenden Äuglein; der andere, kleinere, war schlank, brünett mit einem Mephisto-Bärtchen; er trug eine schwarzlederne Joppe mit Helm.

»Wer könnten sie sein?«, blitzte in Grinjows Gehirn der schreckliche Gedanke auf. Er fasste nervös an seine Brusttasche: der Pass mit allen dazu gehörenden Unterschriften und Stempeln für den Rigaer Staatsangehörigen Grinjow und dessen Familie lag auf dem Platz, und kalte Schweißtropfen bedeckten Grinjows Stirn.

Eintönig langsam schon vier Tage lang wackelte der Eisenbahnwagen der fremden Zukunft entgegen. Mit flimmerndem Licht beleuchtete ihn die kleine Petroleumlampe.

Alles schlief: auf den Bänken sitzend, auf dem Gepäck und sogar auf dem Boden liegend. Nur die zwei verdächtigen

Männer unterhielten sich. Grinjow, der die lettische Sprache kaum verstand, konnte aus einigen Sätzen doch feststellen, worum es sich handelte.

»Verloren!«, wiederholte es sich steif in seinem Kopfe. Und mit Reue dachte Grinjow daran, dass er aus eigenen politischen Gründen Asja und Kolja in Gefahr brachte, indem er sich einen falschen Pass besorgte; denn er war kein lettischer Staatsangehöriger, sondern geborener Russe.

Wie der Morgen kam, blieb der Zug in einem Dorfe stehen. Die Reisenden gingen, um Proviant zu besorgen, und Grinjow bekam die Möglichkeit, seiner Frau das in der Nacht Gehörte ungestört mitzuteilen.

»Vor der Grenze wird man uns bestimmt arretieren!«, schloss er dumpf.

Romow, so hieß der Mann mit dem schwarzen Mephisto-Bart, musste den eigensinnigen Kolja anlachen; Kolja wollte unbedingt auf Romows Schoss klettern, um den »ulkigen« Helm zu kriegen, und als er ihn endlich hatte, schenkte er vor lauter Freude seinem neuen Genossen ein Stück Schokolade. Asja sah mit einem unwiderstehlichen Lächeln ihrer traurigen mandelförmigen Augen flehend Romow an.

Die Äuglein des rotbärtigen Mannes waren Romow überall hinterher; sie folgten ihm, wenn Romow zum Ende des Zuges lief, um für Asja heißes Wasser zu bringen, oder wenn er für Kolja Grießbrei kochen ging.

»Seien Sie nicht so begeistert, Genosse Romow!«, sagte der Rotbart, »die Partei-Disziplin steht für uns höher als alles andere. Wir sind ein Kollektiv, bitte, ohne persönliche Gefühle! *Hier* besitzen *Sie*, nicht ich die Vollmacht, aber wehe Ihnen, wenn Sie Ihre Pflicht nicht erfüllen! Nach der

Rückkehr treffen wir uns in der Leningradischen Tscheka, und dann wissen Sie Bescheid, was Sie erwartet …!«

Romow wusste um den grausamen Wert dieser Drohung, wusste, dass er nie mehr seine Mutter und seine Braut, die knabenhafte Kommunistin Schura sehen wird, aber er wusste ebenso gut, dass er nie die fremde Asja und ihren kleinen Kolja verraten würde.

Am Abend fand die Durchsuchung statt. Die Reisenden gingen in das Dorf, wo in einer Holzhütte die persönliche Untersuchung vorgenommen wurde.

Im unbeleuchteten Wartezimmer wartete Asja lange Zeit vergeblich auf Grinjow. Plötzlich fasst sie jemand zärtlich an der Hand. Es war Romow. Asja teilte ihm ihre Angst um den Gatten mit.

»Frau Grinjow«, war seine gefasste Antwort, »seien Sie unbesorgt, ich gehe gleich in den Untersuchungsraum der Männer.«

Asja drückte schweigend Romows Hand, sie hatte aus seinen Augen, den Augen eines treuen Hundes, gelesen, dass sie und ihr Kind gerettet waren.

Es war die letzte Nacht vor der Grenze. Romow half Grinjows beim Ordnen ihrer Habseligkeiten.

Hinter den Fenstern schimmerten schwarze Wälder. In den Eisenbahnwagen schaukelten müde, gequälte Menschen.

Endlich hatten sie die Grenze hinter sich. Lettische Soldaten mit Liedern und Blumen kamen den Emigranten entgegen, die in einen anderen Zug umsteigen mussten.

Nur zwei von den Reisenden fuhren wieder zurück: der Mann mit dem roten Bart und mit den suchenden Äuglein und der andere, der die schwarzlederne Joppe und den Helm trug.

Grinjow umarmte seine Frau, aber Asja, die den Preis der Rettung kannte, hatte ein schmerzliches, schweres Gefühl, weil sie an den Tschekisten mit dem Mephisto-Bart denken musste.

Licht, Luft und Sonne[51]

Für alles muss man Steuern zahlen, nur die Sonnenstrahlen kosten nichts und scheinen ebenso freundlich über dem Strandbad Swinemünde, Heringsdorf, Wannsee, wie auch hier im Grunewald, wo die Arbeitslosen sich auch ein künstliches »Strandbad« errichtet haben.

Scharf vermischt sich der Geruch des Wassers mit dem der Tannen und Birken. Laut klingen die eintönigen Stimmen: »Selter, Brause, alles auf Eis!« »Sauere Drops!« »Sauere Gurken!« »Bolle-Schoko-Eis«! …

Kinder und Hunde plätschern am Ufer und im Sande am Wasser sitzen braune muskulöse, lustige Kerle, in kleinen Filzmützen und Badehosen eigener Fabrikation, hauptsächlich Arbeitslose. Es ist schwer zu glauben, dass diese Athleten, die vom frühen Morgen bis zum späten Abend im Walde und Wasser leben und dort ihren Sport treiben, schon Monate lang nichts verdienen, zweimal wöchentlich stempeln gehen und sich mit Stullen und Kaltwasser ernähren.

Es gibt eine bestimmte Stelle im Walde am See, da kommen immer dieselben und kennen sich alle gut, so wie in jedem »Badeort«. Der Vorsteher dieses »Vereines« (so habe ich ihn

---

51 Diesen Text von 1932 hat Vera Lourie erstmals mit der französischen Schreibweise ihres Namens gezeichnet. Erschienen ist er im *Grunewald-Echo* vom 7. August 1932, dort unter dem Titel »Das Strandbad im Grunewalde«; kleinere Abweichungen von der maschinenschriftlichen Fassung. VL-Archiv, Sign. 78.

wenigstens genannt) heißt Max, dem Berufe nach ist er Müller. Er ist ein vierundzwanzigjähriger Riese, braun wie Schokolade. Er kommt nach dem Wald bei jedem Wetter, sogar bei Gewitter und Regen. Er wohnt an einem ganz anderen Ende von Berlin, geht aber hin und zurück zu Fuß und fährt nur dann, wenn er noch gültige Fahrscheine auf der Straße entdeckt. Wenn er frühmorgens kommt, macht er zunächst seine Turnübungen, dann erholt er sich, schwimmt, frühstückt. Er ist sehr stolz auf seine Turnleistungen, geht auf Händen und zeigt verschiedene akrobatische Tricks. Bekanntschaft schließt er mit allen Vorbeikommenden und unterhält sich gern. Weder Politik noch Krise beschäftigen ihn. Überhaupt ist seine Haupteigenschaft Gutmütigkeit, und er erinnert mich sehr an den berühmten Tarzan.

Seine Freundin kommt nur sonntags an den »Strand«. Marta ist Hausmädchen und oft bringt sie ihrem Maxe was Warmes zum Essen mit. Heutzutage muss man die Liebe mit realen Sachen ernähren, sonst ist sie schnell vorbei! Einer der »Herren« sagte mal: »Mädels, die nichts zum Essen mitbringen, die interessieren uns gar nicht.« Max' Schwester brachte mal einen Grießpudding mit Kompott und verteilte ihn der ganzen Gesellschaft. Die Freude war unbeschreiblich, die Männer jubelten wie Kinder.

An einer Stelle haben sie ein Loch in die Erde gegraben. Das ist die Speisekammer, jeder kann dort seine Esswaren aufbewahren: Wurst, Speck, Brot, Bier, Flaschen mit kaltem Kaffee. Eine Gefahr droht nur, die von den Hunden, aber Fritz kümmert sich darum, er sitzt auf der Erde, ein Frottierhandtuch auf dem verbrannten Rücken, eine kleine Kinderschaufel in der Hand und gräbt tiefer und tiefer in der Erde.

Ein großes Ereignis ist es, wenn man Zigaretten bekommt.

Die werden mitten im Walde geraucht, trotz Verbots und der Gefahr, erwischt zu werden. Aber man hat keine Angst vor den »Grünen«, was soll man ihnen schon nehmen, außer ihrer braunen Haut, den trainierten Muskeln, der Jugend und Freude, trotz aller Sorgen?

Überhaupt muss ich sagen, wie gut, dass man so nah von dem Zentrum der Großstadt den ganzen Tag mitten in der Natur verbringen kann, die gute Waldluft atmen und bei den gesunden und in ihrer Naivität klugen Menschen lernen kann, wie man leben muss, um seine täglichen Sorgen zu vergessen und frei und sorglos zu sein, wie die auf den Bäumen zwitschernden Vögel.

Die Likörstube

Die Erde wird mit jedem Tage eher von der Dämmerung umhüllt. In ihrem Getön klingen Kinderjahre, Frieden und Glockengeläut. Die Luft riecht betäubend nach Sehnsucht und Erinnerung. Gedankenlos ohne Ziel treibt man sich stundenlang herum, um dem Klang der Stille zuhören zu können.

Aus grünem Efeugewächs schauen die gläsernen Augen der Grunewaldvillen so durchsichtig und doch undurchdringlich wie deine Augen, deren Blick in ihnen zu lesen und sie zu suchen verbietet.

Was ist dahinter verschlossen? Wie schlägt das Herz der stummen Gesteine! Was für Gedanken verbergen sich im freundlichen Efeugeranke!!

… Endstation der Straßenbahnlinien. Müde, schwitzige Wagen ruhen hier aus, beriechen einander mit stumpfen Nasen und laufen dann wieder in die entferntesten Gegenden der Großstadt.

Ganz an der Grenze, dort wo die Stadt in den Wald übergeht, haben sich ein paar elegante Ladenfenster eingepflanzt in modernen niedrigen Gebäuden. Damenkonfektion und Wäsche; Riesenaquarien mit schlangenartigen Aalen und langschnauzigen Hechten. Ein großes Delikatessenhaus hat auch eine Abteilung gefunden. Die fettgedruckten runden Buchstaben des Schildes sehen so symbolisch aus, als ob der ganze Überfluss von Schinken, Würsten und Fetten, mit dem der wohlhabende und selbstzufriedene Spießer sein Leben erfüllt, sich in ihnen verkörpert. Und zwischen den Geschäften ist eine kleine Likörstube untergebracht, sie sieht so nachdenklich und sauber aus wie eine junge Provinzlerin. Im Zimmer ist kein schwerer Dunst, und die Tische kleben nicht von süßlichen Likörflecken – wie Fliegenpapier. Eine Frau sitzt vor der Tür; die langen Zöpfe sind in einen Knoten gelegt, aus dem kolossale Hornungeheuer herausgucken. Sie wird in ihrem Strumpfstricken von keinem unerwarteten Gast gestört, denn wer kommt denn so weit an das äußerste Ende der Stadt, um die Dämmerungsstunde zu erwarten?

Hier war ich mit dir, wahrscheinlich nur im Traum. Das alte Gewehr und die Hirschgeweihe an der Wand, lange Bänke, ein knuspriges Gretchen als Kellnerin ... – Waldhütte mitten im Walde, von Allen und Allem abgeschnitten.

Und die Zeit blieb stehen: Es gab kein Gestern und kein Morgen, nur der Wahnsinn eines Herzklopfens und dein Blick, wenn nur die Augen, ohne Worte, ohne Versprechen, mit der ganzen Schwüle und Sehnsucht des Begehrens anflehen und wenn man ihnen nichts verweigern kann ...

Ein Hund, der auf die Straße geworfen wird, heult – das Haus ist mit schweren Riegeln verschlossen – heult in die Nacht, nicht um zu klagen, nur um nicht ertrinken zu müssen im Schmerz, der immer höher aus seinem Innern emporsteigt. – Ich *falle* unter den Schlägen deiner Gleichgültigkeit und doch segne ich deine Augen – schwarze Sterne meiner Seele – und dein kindliches hilfloses Lächeln.

In Andenken an Frau K.

In der Nacht war ein Luftangriff auf Berlin. Besonders hat der westliche Teil der Stadt gelitten. Am Morgen in grauen, herbstlichen Nebel gehüllt, zitterte der Kurfürstendamm. In der Luft roch es nach Rauch. Die Bürgersteige wie auch der Fahrdamm waren mit Glassplittern und Steinen übersät.

Fetzen von Zeitungen und Papier flogen in der Luft über dem Staub der Straßen. An den Straßenbahnhaltestellen warteten durchgefrorene Menschen auf ein zufällig vorbeifahrendes Lastauto. Die Straßenbahnverbindung war noch nach dem Alarm unterbrochen.

In einer Nebenstraße inmitten der Ruinen erhoben sich stolz einige wenige beschädigte Häuser. Ein schwarzer geschlossener Lastwagen fuhr langsam an eines der Häuser heran.

»Der holt wieder Juden ab!«, bemerkte mit einer geschäftigen Miene ein kleines Männchen, welches am gegenüberliegenden Hause Glassplitter wegfegte. Ein junges Mädchen neben ihm blickte mitleidig, wollte wohl etwas sagen, sagte aber nichts, schüttelte den Kopf und drehte sich weg.

Frau Kahn lag angezogen auf der Couch. Teilnahmslos sah sie ihrer Untermieterin und Portiersfrau zu. Die Mieterin, eine imposante rothaarige Jüdin, und die Portiersfrau, eine flinke kleine Berlinerin, waren sehr aufgeregt und beeilten sich, bevor die Gestapo gekommen war, noch ein paar Habseligkeiten von Frau Kahn an sich zu nehmen.

Zur Beruhigung ihres Gewissens wiederholten sie ab und zu: »Ihre Sachen gehen ja doch verloren, Frau Kahn!« Frau Kahn war es jetzt ganz gleichgültig, was mit ihren Sachen geschehen würde, irgendwie unangenehm wirkte auf sie nur der gierige Ausdruck der beiden und ihre zitternden Hände. Schmerzhaft war ihr der Abschied von ihrer kleinen weißen Katze; sie lag auch jetzt noch friedlich an ihrer Brust und schnurrte. »Frau Müller, nehmen Sie bitte das Kätzchen zu sich«, bat Frau Kahn die Portiersfrau.

Diese Katze war das letzte lebende Wesen, welches Frau Kahn noch liebte, für welches es keine Rassengesetze gab und welches nicht wusste, dass unten auf der Straße immer näher und näher ein schwarzes Ungeheuer kam, um für immer sein Frauchen wegzuholen. Frau Kahn wusste, dass die Minuten ihres Daseins in dieser Wohnung, wo so viele Jahre ihres Lebens vergangen waren, gezählt waren. Nicht der Abschied vom Leben schreckte sie, sondern die grobe Berührung dieser furchtbaren Leute füllte ihr Herz mit Grauen, das kurze Wort »Gestapo« mit seinen unverständlichen, unmenschlichen Gesetzen!

Sie ist kürzlich 70 Jahre alt geworden. Sie besaß keine Feinde. Bei den Mietern des Hauses war sie beliebt. Zu ihrem letzten Geburtstag kam die Schlächtersfrau, die in der Wohnung über ihr wohnte, legte vor ihre Tür ein Lebensmittelpaket, klingelte und lief schnell in ihre Wohnung zurück, damit sie dabei keiner sehen konnte!

Als Frau Kahn erfuhr, dass sie zum Transport bestimmt war, wollte sie ihrem Leben ein Ende machen, aber ihre Untermieterin, die zufällig ihr Zimmer betrat, riß ihr die noch zur Hälfte volle Glasröhre mit Veronal aus der Hand. Sofort wurde der Arzt geholt und man erweckte sie wieder zum

Leben. Der alte Dr. Schwarz, mit langem weißen Bart und dem gelben Stern an der Brust, schüttelte den Kopf und sagte beim Weggehen: »Schade, man sollte ihr eigentlich einen ruhigen Tod gönnen!«

Jetzt verabschiedete sich Frau Kahn noch einmal von ihrem Leben. Ihre Jugend verging weit von hier in Petersburg, an den Ufern der Newa, in einer frommen jüdischen Familie. Ihr Vater war ein wohlhabender Kaufmann. Ihre Schwester Klara und sie selbst besuchten die Höhere Schule. Dann nahm sie Gesangsunterricht, gab später Konzerte … Ihre Ehe war glücklich, aber kurz, ihr Ehemann starb noch als junger Mensch; sie wohnten zu der Zeit schon in Berlin. Nach dem Tode ihres Mannes gab sie noch Konzerte, dann, als sie älter wurde, fing sie an, Gesangsunterricht zu erteilen. Sie zog in diese Wohnung zusammen mit ihrer Schwester ein. Ihre Schwester war Buchhalterin in einem großen Unternehmen. Sie lebten beide gemütlich und ruhig, verdienten zu ihrem Lebensunterhalt genügend; konnten sich sogar während Klaras Urlaubszeit kleine Reisen erlauben. Sie hatten Freunde und Bekannte, besuchten Theater, liebten gute Bücher, abends strickten und häkelten sie oder legten unendliche Patiencen. Ihr Leben floss so friedlich, ohne stürmische Leidenschaften, und sie waren mit diesem einfachen Leben zufrieden, liebten die Sonne, liebten die kleinen täglichen Freuden. Aber plötzlich kam eine grausame Zeit, die Macht der Nationalsozialisten vernichtete alles! Die Schwestern hofften, dass es nicht so schlimm wird. Ihre reichen Bekannten beeilten sich, Deutschland zu verlassen. Man sprach von einer Kriegsmöglichkeit. Schwester Klara musste als Jüdin ihre Stellung aufgeben. Frau Kahn verlor die meisten Schüler, da sie bei einer Jüdin keinen Unterricht nehmen durften, einige Schüler kamen noch im Geheimen zu ihr. Das Leben aber ging weiter ... Der Krieg wurde erklärt. Es begann der Transport der Juden in die Konzentrationslager ...

Viele ihrer Bekannten waren schon abtransportiert worden. Schwester Klara, die herzleidend war, konnte die Aufregungen nicht lange aushalten und starb im ersten Kriegsjahr. »Wie gut, dass sie diese Minuten nicht erleben brauchte«, dachte jetzt Frau Kahn.

Auf der Treppe hörte man schwere Männerschritte.

»Frau Müller, bitte nehmen Sie schnell das Kätzchen, sie dürfen es nicht in meiner Wohnung sehen ...«

Sie traten ein. Es waren ihrer zwei. Einer war schlank und hager, der andere untersetzt. Beide hatten einen tierischen stumpfsinnigen Gesichtsausdruck. Sie sagten etwas, stießen sie, höhnten ... Ihr war es ganz gleich. Gefügig zog sie den Mantel an und ohne Tränen ging sie die Treppe hinunter ihrem Schicksal entgegen, das ihr schrecklicher als der Tod erschien. Es war ihr schwer, in den hohen Wagen zu steigen, die Gestapomänner stießen sie grob hinein, warfen das Gepäck hinter her. Die Tür wurde geschlossen, und das große Ungeheuer schaukelte durch die vom nächtlichen Alarm noch ermüdete Stadt.

Die Ostarbeiter

Der schmutzige, regennasse Schnee schlägt mit großen Flocken ins Gesicht. Der Wind ist kalt und schneidend. Der Himmel ist schmutzig grau.

Bei einer Bäckerei stehen zwei kleine Jungen, an die Hauswand gedrückt, ungefähr acht bis zehn Jahre alt, ihre erschöpften, mageren Körper sind mit Lumpen bedeckt, für die man kaum das Wort Kleidung verwenden kann. Ihre Lippen und Hände sind von der Kälte blau gefroren. Sie bitten um nichts, nur ihre großen, erschrockenen, hungrigen Augen schauen flehend jene an, die den Laden verlassen. Es sind sogenannte »Ostarbeiter«. Vielleicht haben die Leute Mitleid und geben ihnen ein Brötchen oder ein Stück Brot. Manchmal lässt sich tatsächlich jemand erweichen und wirft ihnen, ohne sie anzuschauen, im Vorbeigehen etwas Essbares zu! Das passiert aber selten, jeder fürchtet, dass der Kontakt mit Ostarbeiter-Kindern bemerkt wird.

Das ist der Bevölkerung streng verboten. Im Falle einer Denunziation kann man große Schwierigkeiten bekommen.

In den Kriegsjahren verschleppten die Deutschen viele Menschen aus den okkupierten Gebieten der Sowjetunion, hauptsächlich aus der Ukraine und Weißrußland, meist mit Gewalt, manchmal durch Lüge und Propaganda.

Die Lage der sogenannten Ostarbeiter in Deutschland war in Wirklichkeit tragisch. Familien wurden oft einfach in Kellern untergebracht, in Häusern, die von Bomben zerstört waren, ohne Licht und Heizung, voller Feuchtigkeit und Schmutz.

Die Arbeiter unter den »Ostarbeitern« wohnten in äußerst primitiven Holzbaracken, die eigens für sie in der Nähe der Fabriken und Werke, in denen sie schuften mussten, gebaut worden waren. Sie bekamen keine Kleidung und oft nur halbrohe Steckrüben zu essen. Sie hatten keinerlei Rechte, auch keinen Schutz.

Eines Morgens gegen zehn oder elf kehrten in einem der Stadtbahnhöfe junge Ostarbeiter-Frauen das Bahnhofsgebäude, überwacht von einem Sonderaufseher. Eine von ihnen, eine ganz junge Frau, bemerkte einen Zigarrenstummel unter ihrem Fuß nicht. Der Aufseher sprang herbei und riss das Mädchen vor den Augen des Bahnhofspublikums an den Haaren, schlug es wortlos nieder und stieß es mit dem Gesicht auf den Stummel. Die Reisenden schauten dieser Szene neugierig zu, einige spornten ihn noch an, andere lachten, und nur wenige schüttelten vorwurfsvoll den Kopf und beeilten sich, weiterzugehen, um das blutig geschlagene Gesicht und den fassungslosen Blick der Schuldigen nicht ansehen zu müssen.

Im Haus der Russischen Kirche befand sich eine Ambulanz des Russischen Roten Kreuzes. An der Seite des Hauses führte eine kleine Treppe direkt in die Räume der Ambulanz. Im mittleren Zimmer warteten Menschenschlangen. Manchmal waren dort viele Ostarbeiter: junge Frauen, junge Männer, Mütter mit kleinen Kindern, sie alle kamen hierher, um Hilfe oder Rat zu bekommen. Die Kosten betrugen im Roten Kreuz fünfzig Pfennige, wer auch diese nicht hatte, wurde unentgeltlich behandelt. Doktor Aksjonow war einer dieser frommen, uneigennützigen russischen Menschen, deren Reihen immer lichter werden. Er bemühte sich nach allen Kräften und mit äußerst begrenzten Möglichkeiten, ihre Leiden zu lindern. Er brachte sie in Krankenhäusern unter und verabreichte Medikamente. Unter den Ostarbeitern war die Tuberkulose besonders verbreitet, viele junge Menschen und Kinder starben daran. Das war nicht verwunderlich: kalte Winter, keine warme Kleidung, Hunger und kräftezehrende Arbeit.

Wie früher die Landärzte in den abgelegensten Provinzen gab Doktor Aksjonow seine ganze Gesundheit und alle seine Kräfte für den Kampf mit dem Bösen. Er war herzkrank, wurde nach dem Ende des Krieges zweimal vom NKWD festgenommen und machte nach seiner Freilassung eine Privatpraxis auf. Das Russische Rote Kreuz löste sich auf – und seine ohnehin schon angeschlagene Gesundheit wurde durch die schweren Bedingungen des Berliner Nachkriegslebens, den Mangel an Lebensmitteln, die unglaublichen Preise des »Schwarzmarktes« und die unzureichenden Verdienstmöglichkeiten ruiniert. Er war noch nicht alt, als er kurz nach dem Krieg starb. Mit dem Tod von Doktor Aksjonow verlor die russische Emigration in Berlin einen ihrer besten Vertreter!

Zu einer meiner Schülerinnen, einer Georgierin, kam sonntags eine Ostarbeiterin, um die Wohnung zu putzen. Ich bat sie, mir ihre Freundin zum Saubermachen zu schicken. Eines Tages erschien Anja in meiner Wohnung, eine kränkliche, blasse, fünfundzwanzigjährige junge Frau. Ihr Schicksal war folgendes: Anjas Familie gehörte zu den Partisanen, ihre Eltern verbrannten in einem Holzhaus, das die Deutschen in Brand gesteckt hatten. Nur sie wurde wie durch ein Wunder gerettet, zog längere Zeit über die Dörfer und versteckte sich vor den Deutschen. Sie lebte von Wahrsagerei mit Karten. Halb erfroren, wurde sie schließlich doch von einem deutschen Kriegskommando aufgegriffen. Ihre Zugehörigkeit zur kommunistischen Partei konnte sie vor den Deutschen verbergen, sonst wäre sie sofort erschossen worden. Hier in Berlin musste sie in einer Chemiefabrik arbeiten. Weil sie ihren Hass auf die Deutschen nicht verbarg, bekam sie absolut kräfteübersteigende Arbeit, sie musste zentnerschwere Säcke mit chemischem Pulver schleppen und die vergiftete Luft einatmen, was ihre schwachen Lungen stark angriff, Anja hatte einen verdächtigen, trockenen Husten. Wir freundeten uns an, und sie fühlte sich in meiner Wohnung wie zu Hause. Eines Tages brachte Anja aus dem Lager heimlich eine Wolldecke mit. Eine Mieterin unseres Hauses schleppte eine Nähmaschine in meine Wohnung und fertigte bis zum späten Abend aus dieser Decke eine warme Jacke für Anja. O Schreck! Wir schauten auf die Uhr, es war zehn Uhr abends, unmöglich, noch ins Lager zurückzukehren. Anja legte sich auf mein Sofa schlafen und erklärte, dass sie im Falle eines Alarms nicht in den Luftschutzbunker gehen würde. Sobald es hell wurde, machte sie sich in das Werk auf, in der Hoffnung, unbemerkt passieren zu können. Die ganze Woche über machte ich mir Sorgen um ihr Schicksal, aber es ging alles gut.

Gegen Ende des Krieges wurde Anja in eine andere Stadt gebracht. Über ihr weiteres Los habe ich nichts mehr gehört!

Einmal kam ich mit einer Bekannten aus der russischen Kirche. Davor sahen wir zwei junge Frauen stehen, die Köpfe in Tücher gehüllt, die Kleidung ärmlich und zu leicht für den

Spätherbst. Wir dachten sofort, dass das Ostarbeiterinnen sein müssten. Eine kam schüchtern zu uns und fragte, ob sie in die Kirche gehen und beten dürften. Meine Bekannte antwortete, dass sie das natürlich dürften, aber der Gottesdienst sei schon zu Ende. Die Mädchen waren sehr nett und sahen uns offen und vertrauensvoll an. Meiner Bekannten gefielen sie sehr. Sie wohnte gleich gegenüber der Kirche, dachte nicht lange nach und lud die Mädchen zum Mittagessen ein. Als sie in die Wohnung kamen und Olja, die ältere der beiden, die Ikone des Heilands sah, die in der Zimmerecke hing, bat sie die Hausherrin, ihr das Beten zu erlauben. Olja fiel auf die Knie und verharrte lange so, mit Augen voller heißer, inständiger Bitten. Nach dem Mittagessen ging Olja zum Klavier und schaute es liebevoll an. »Du spielst sicher Klavier!«, fragte die Gastgeberin sie. Olja setzte sich ans Klavier und trug mit großem Können die Mondscheinsonate von Beethoven vor. Es stellte sich heraus, dass sie die Musikhochschule in Kiew beendet hatte. Dann war Olja mit jemandem verabredet, und deshalb bat sie meine Bekannten, ob ihre Freundin Nina, ein siebzehnjähriges Mädchen, bei ihnen bleiben könne, bis sie sie abends abholen würde. Sie kam aber nicht, und so übernachtete Nina dort. In dieser Nacht gab es starken Alarm. Am Morgen brachte der Mann meiner Bekannten Nina in das Lager des Wernerwerks in Siemensstadt. Als sie aus dem Bahnhof auf die Straße kamen, sahen sie sofort, dass sich der nächtliche Angriff auf diesen Stadtteil konzentriert hatte. Der Himmel war noch grau von Rauch und Staub, überall liefen verwirrte Menschen umher ... Durch eine Sprengbombe waren die Baracken der Ostarbeiter dem Erdboden gleichgemacht worden. Als sie an den Ort kamen, wo früher die Baracken gestanden hatten, holten Feuerwehrmänner gerade die Leichen aus den Trümmern. Die Toten waren bis zur Unkenntlichkeit entstellt. Plötzlich warf sich Nina mit einem Schrei auf eine Frauenleiche, die auf einer Trage lag. An dem roten Tuch mit den weißen Punkten hatte sie ihre Freundin Olja erkannt.

Kleinmachnow ist ein Vorort von Berlin. Kleine, saubere Häuser, umgeben von Obstgärten. Gemütlich, ruhig, wohlhabend. Natürlich gab es auch dort Luftangriffe, aber man konnte sie nicht mit denen auf Berlin vergleichen. Ich war oft dort, verbrachte die Wochenenden bei deutschen Freunden und erholte mich von den Schrecken des Krieges in Berlin. In ihrem Garten arbeitete in ihrer freien Zeit eine Ukrainerin, Katja, eine hochgewachsene, gesund aussehende junge Frau mit rundem Gesicht und roten Wangen. Ihr kastanienbraunes Haar hatte sie zu einem Knoten zusammengebunden. Sie war immer sauber gekleidet, vor dem Mittagessen wusch sie sich die Hände, bei Tisch saß sie gerade, sie aß nicht gierig, Gabel und Messer hielt sie richtig. Meine Bekannten staunten über ihr gutes Benehmen, denn Katja war ein einfaches Mädchen vom Dorf. Aber sie betrug sich nicht nur äußerlich gut, Katja war bemerkenswert würdevoll und anständig. Mit ihren Arbeitgebern verständigte sich Katja hauptsächlich mit Gesten, deshalb wartete sie ungeduldig auf mein Kommen.

Sie erzählte mir von den schwierigen Lebensbedingungen im Lager. Wenn die Mädchen nicht zur vorgeschriebenen Zeit ins Lager zurückkehrten und sich auch nur leicht verspäteten, wurden sie mit der Knute geschlagen und bekamen kaum zu essen. Trotzdem mussten sie sich im Lager eigens ins Russische übersetzte Propagandareden anhören, die ihnen einreden wollten, dass sie glücklich und Hitler dankbar sein müßten, weil er sie von den Bolschewisten und vom jüdischen Joch befreit hatte.

Einmal klagte ein junger Ostarbeiter, mit dem mich Katja bekannt machte, über die hoffnungslose Lage. »Was ist das nur für ein Leben«, sagte er, »mit Vieh geht man besser um. Und wenn die Deutschen geschlagen sind und die Unseren kommen, werden die uns auch nicht gerade tätscheln. Sie werden uns nicht verzeihen, dass wir mit den Deutschen gegangen sind. Aber was hätten wir tun sollen, sie haben uns ja mit Gewalt hierhergebracht. Für uns gibt es keine Rettung, unser Los ist bitter.« […]

Viele Jahre sind seither vergangen, und noch immer steht mir deutlich der Anblick jener jungen Frau vor Augen, die vor dem Heiland kniete und so inbrünstig betete, als ob sie ihren nahen Tod vorausgefühlt hätte![52]

[Übersetzung aus dem Russischen]

52 Der Text erschien am Dienstag, dem 30. April 1957, in Paris in der Zeitung *Russkaja mysl*, S. 7.

Die letzten Kriegstage in Berlin

Jeden Dienstag und jeden Freitag konnte man in einigen Restaurants Fisch bekommen. Dafür brauchte man nur Fettmarken abzugeben. An diesen Tagen machte ich mich gemeinsam mit einem Bekannten zum Fischfang auf. Wir gingen den Kurfürstendamm entlang und hielten nach einer langen Schlange Ausschau, die darauf wartete, dass sich die Tür zum Paradies öffnete. Da blieben auch wir stehen, oder genauer einer von uns, der andere las schnell die Speisekarte und lief dann, um zu schauen, ob es in der Nähe in einem anderen Restaurant besseren Fisch gäbe!

Als ich einmal eine Reihe von Restaurants ablief und zum Ausgangspunkt zurückkehrte, fand ich zu meinem Entsetzen meinen Bekannten in der Warteschlange nicht mehr. Einige Tische wurden frei, und einige Anstehende wurden ins Restaurant gelassen. Dann schloss sich die Tür wieder. Aber der Hunger und das wenig attraktive Stehen im Frost steigerten meine Energie ungemein. Ich achtete nicht auf die Schubser der wütenden Deutschen und ihre Pöbeleien, die hinsichtlich der »frechen Ausländerin« nicht ganz ungerechtfertigt waren, schaffte es trotz allem bis zum Pförtner und überzeugte ihn, mich in das Restaurant einzulassen.

Wir versuchten immer, solche Restaurants auszuwählen, in denen das eine Ende vom anderen aus nicht zu sehen war. Das war natürlich nicht durch unsere Liebe zu großen Räumlichkeiten begründet, sondern durch unsere Erfahrung. Ungeachtet der Abgabe von Fettmarken konnte man nur eine Portion Fisch pro Person bekommen. Die Menge war äußerst begrenzt. Die Deutschen hielten sich ganz genau an die Vorschriften, weil sie ein erstaunlich gehorsames Volk sind. Aber wir Russen sind immer ein bisschen Anarchisten!

Wenn wir mit Heißhunger eine Portion gebratene Scholle verspeist und die Rechnung bezahlt hatten, taten wir so, als würden wir das Restaurant verlassen, setzten uns aber an einen Tisch am gegenüberliegenden Ende des Raumes, wo ein anderer Kellner bediente, und wiederholten eben jene Prozedur.

In jedem Restaurant konnte man ein Tagesgericht ohne Marken erhalten. Meist waren es Steckrüben, die in Wasser gekocht und kaum genießbar waren. Löffel, Gabeln und Messer musste man von zu Hause mitbringen. Einmal saß ich abends in einer kleinen Bierkneipe an einem langen Holztisch. Das Publikum war farblos, erschöpft, angespannt, typisch für die letzten Kriegsjahre. Jeder war froh, den letzten Bissen runterzukriegen, bevor die Sirenen anfingen zu heulen. Mein Tischnachbar, ein kleines, unscheinbares Männchen, öffnete sein Portemonnaie, entnahm ihm einen Teelöffel, schaute mit stiller Verzweiflung auf die Steckrübenstücke, die in einer trüben Flüssigkeit schwammen, und sagte: »Glücklich die, die einen großen Löffel besitzen. Wie lange noch muss ich diese Steckrüben mit meinem kleinen Löffel essen!« – So grau und hoffnungslos war damals das Leben in Berlin.

Niemand wusste etwas Konkretes. In den deutschen Zeitungen und im Radio war kein einziges Wort wahr. Ich war froh, die Berichte der Kriegsereignisse nicht sehen zu müssen! Einen eigenen Radioapparat hatte ich damals nicht. Manchmal gelang es bei Bekannten, BBC zu empfangen, bei geschlossenen Türen und so leise, dass die Nachbarn es nicht hören konnten. Dann besserte sich die Stimmung, und Hoffnung kam auf, dass dieser Albtraum bald ein Ende haben würde.

Eines Tages war ich mit meinem ständigen Begleiter, dem schwarz-grauen zotteligen Mucha, unterwegs nach Hause. Ein Ohr stand bei ihm immer trotzig quer nach oben, das andere hing traurig herunter. Reinrassig konnte man ihn nicht nennen, dafür aber einzigartig. Ich liebte ihn zärtlich. Wir trennten uns nie, und wenn in irgendeinen Luftschutzkeller kein Hund gelassen wurde, blieben wir zusammen im Zugang stehen.

Unterwegs war ich zu Fuß. Gegen Ende des Krieges hatten in den Nachmittagsstunden nur Mitarbeiter und Arbeiter mit Sonderausweisen das Recht, öffentliche Verkehrsmittel zu benutzen. Schon eine Stunde vorher war es unmöglich, in eine Straßenbahn zu steigen, sie waren so überfüllt, dass Menschen, die nicht richtig hineingekommen waren, unter Lebensgefahr halb in der Luft hingen.

Es war warm, es ging auf den Frühling zu. Ich hatte es nicht eilig. Plötzlich hörte man von Weitem eine Gewehrsalve. In diesen Jahren war das völlig normal, niemand achtete darauf. Aber mein Mucha hatte bei Luftangriffen, Sirenen und Schießereien Todesangst. Als er nun die Schüsse hörte, stürmte er in Richtung unserer Wohnung los. Es war unmöglich, ihn zu fangen, und zwecklos, ihn zu rufen. Der Hund verlor vor Angst den Verstand. In solchen Fällen fand ich ihn meist auf der Treppe vor unserer Wohnung sitzend, zitternd und mit heraushängender Zunge. Aber diesmal zeigte sich Mucha weder auf der Treppe noch bei den anderen Mietern des Hauses, nicht im Keller, nirgends …

Er war verschwunden! Plötzlich klingelte das Telefon, und eine Frauenstimme teilte mir mit, dass mein Hund in der Straßenbahn zwischen Grunewald und Bahnhof Zoo spazieren führe und dass der Schaffner ihn im Fundbüro abgeben wolle. Die Dame hatte auf dem Halsband meinen Familiennamen und die Telefonnummer gelesen. Ich stürzte auf die Straße. Aber in welche Richtung sollte ich laufen! Ich rannte von einer Straßenbahnhaltestelle zur nächsten, flehte die Schaffner an, mich hineinzulassen, fragte, ob sie nicht meinen Hund gesehen hätten ... Endlich hatte eine Schaffnerin Mitleid mit meiner zerzausten Erscheinung, sie ließ mich in den Wagen und erzählte, dass sich mein Hund an der Endhaltestelle Grunewald befände. Mucha hatte schon einige Fahrten dorthin und zurück unternommen. Die Fahrgäste hatten ihn bemerkt und den Schaffner auf den Passagier ohne Fahrschein aufmerksam gemacht. Glücklich, dass ich meinen Hund wieder hatte, schleppte ich mich mit ihm nach Hause, weil ich nicht mehr in die Straßenbahn gelassen wurde!

Im April begann man, auf allen großen Straßen Barrikaden zu errichten. Die Stadt nahm fantastische Züge an: die Ruinen wechselten mit Häuserkulissen, die anstelle der Fenster schwarze Höhlen hatten. Auf den Bürgersteigen türmten sich seltsame Konstruktionen auf. Über die Straßen polterten Lastautos mit Lautsprechern, die die Bevölkerung zu beruhigen versuchten. An den Häusern klebten Zettel, auf denen die Rücken nach vorn gebeugter Zivilisten dargestellt waren, mit der Unterschrift »Vorsicht! Feind hört mit!« Die Menschen trauten einander nicht mehr. Für laut geäußerte Zweifel am Sieg der deutschen Armee konnte man nicht nur ins KZ kommen, sondern auch den Kopf verlieren!

Die Sirenen heulten mehrmals am Tag und in der Nacht!
Abends gab es stundenlang keinen Strom. Pünktlich um halb
zehn abends ging das Licht wieder an, und alle wussten, dass
genau eine halbe Stunde später, um zehn Uhr, der Alarm ertönte! Die Koffer standen fertig gepackt, um beim Heulen
der Sirene schleunigst in den Luftschutzbunker hinunterzu-
gehen. Die Mehrheit der Berliner Bevölkerung begab sich
schon um acht oder neun Uhr zu den Bunkern und wartete
davor, weil man die Leute erst bei vorläufigem Alarm hinein-
ließ, der meist kurz vor dem richtigen Alarm gegeben wurde.
Einmal überzeugte man mich, auch zum Bunker am Bahnhof
Zoo zu gehen. Übrigens gab es gerade in dieser Nacht keinen
Alarm! Ein schreckliches Bild! Hunderte Menschen mit wei-
nenden Kindern, mit Koffern, mit Vögeln in Käfigen, lagen
stundenlang auf den Steinplatten des Bahnhofsgebäudes
herum. Mitte April war der Aufenthalt in der Wohnung nicht
mehr sicher. Ich hatte Besuch. Wir zogen den Tisch in die
Ecke, die vom Fenster am weitesten weg war, um bei einer
Bombenexplosion in der Nähe keine Glassplitter ins Gesicht
zu bekommen. – Das war nach dem 20. April und die Mehrheit der Bewohner unseres Hauses waren schon im Keller
untergebracht worden. Es wurde immer schwieriger, auf die
Straße zu gehen. Die sowjetischen Flugzeuge flogen sehr tief
über der Stadt und feuerten aus Maschinengewehren. Hörte
man ein Flugzeug in der Luft, versuchte man, sich an der
Häuserwand entlang weiterzubewegen. Ungeachtet der Gefahr standen die Menschen manchmal stundenlang in Schlangen vor den Fleischerläden. Die Frauen fauchten sich hass-
erfüllt an, jede versuchte, sich an der Reihe vorbei in den
Laden zu zwängen, waren sie drin, rauften sie sich fast um die
besten Stücke. Es war nicht möglich, Lebensmittelvorräte

anzulegen. Alles war rationiert und der Rest für die hohen Parteigenossen versteckt.

Eine Woche vor Kriegsende musste auch ich mich in den Keller begeben. Es gab ununterbrochen Luftangriffe, Detonationen von Brandbomben und Luftminen. Nicht einmal Sirenenalarm wurde mehr gegeben. Berlin verwandelte sich in ein Schlachtfeld. In die Keller zog man alte Sofas und Liegen. Der beinlose Schuster und seine Frau stellten sogar ein Bett auf. Ich richtete mich auf zwei Reisekörben ein, auf die ich eine Matratze legte. Die Deutschen wollten immer noch an Hitlers Sieg glauben. Es wurden eigens Gerüchte verbreitet, dass die westlichen Verbündeten auf die Seite der Deutschen übergegangen wären!!! Die Läden hatten weiterhin auf, und mit der für das Nazi-Regime charakteristischen Grausamkeit wurde sogar Brot nur auf Karten ausgegeben. Um nicht vor Hunger zu sterben, war man gezwungen, jeden Tag in die Bäckerei zu gehen.

Vor mir liegt eine völlig leere Straße. Die Luft ist gesättigt vom Geruch nach Rauch und Staub. Der Himmel ist dunkel, nur Feuerglut von den Bränden. Der entfesselte Wind treibt über Platten und Gehsteige Zeitungs- und Papierschnipsel. Der Bäckerladen ist ganz nah, schräg gegenüber von unserem Haus, aber diese wenigen Minuten Entfernung sind wie eine Ewigkeit! Ich gehe direkt an den Häuserwänden entlang, mein Herz klopft und das Blut pocht in den Schläfen. Das Haus an der Ecke steht nicht mehr, da ist nur noch ein Haufen Ziegelsteine, und dann geht es über die Straße. Hier gibt es keinerlei Deckung mehr! Ich laufe atemlos hinüber und flüstere dabei: »Lieber Gott, steh mir bei!« Zurück zum Keller dieselben Schrecken. Ein Glück, wenn man mit Brot zurückkehrt, denn es kann auch passieren, dass sie sagen: »Alles ausverkauft, kommen Sie später wieder, wenn es frisches Brot gibt!«

Eines frühen Morgens ging ein älterer Beamter aus unserem Keller los, um sich nach Brot anzustellen. Seine Frau wartete bis zum Mittag, sie wartete bis zur Dämmerung, aber er kam nicht zurück. Der invalide Schuster ging auf seinen Stümpfen, mit einem Stock und einer Taschenlampe los, um die Sache aufzuklären. Es stellte sich heraus, dass die Leute am Haustor Schlange gestanden hatten, als in unmittelbarer Nähe eine Bombe explodiert war. Jene, die etwas weiter von der Straße entfernt standen, waren nur verletzt, während die, die näher standen, ums Leben gekommen waren. Der Schuster erkannte den toten Beamten an der Kleidung, er lag auf einem Haufen neben anderen Toten. Er zog dessen Dokumente aus der Tasche und kehrte, nachdem er sich vergewissert hatte, dass er sich nicht geirrt hatte, in den Keller zurück!

Als die Kämpfe bereits den westlichen Teil Berlins erfasst hatten und der Kellerboden von den Explosionen erschüttert wurde, kamen zwei verwundete deutsche Soldaten zu uns. Die Frauen legten sie auf ihre Sofas und pflegten sie sorgsam. Die Soldaten erzählten von deutschen Divisionen, die Berlin zu Hilfe eilten, und wiederholten das Märchen vom Wechsel der westlichen Verbündeten auf die deutsche Seite! Die Leute glaubten diesen Wahn, diesen Irrsinn, und auf den Straßen starben Alte, Frauen und Kinder. Ein Mieter unseres Hauses, der in der Stadt als Sanitäter arbeitete, kam eines Nachts in den Keller zurück. Sein Anblick war schrecklich: Schmutz, Blut auf der Kleidung, die Augen irrten umher, seine Hände zitterten so sehr, dass er den Cognac vergoss, als er ihn aus einer Feldflasche in ein Glas kippen wollte. Er sagte, dass er das Grauen nicht in Worte fassen könne, das in der Stadt herrsche, es gab nichts, womit man die Verwundeten hätte verbinden können, und keinerlei Medikamente. Der sogenannte Volkssturm war praktisch ohne Waffen, alles nur alte Männer und Jungen. Jene, die sich weigerten, sich an den Straßenkämpfen zu beteiligen, wurden auf der Stelle erschossen. Zwei Jungen aus unserem Haus rannten mit Gewehren durch den Keller, einer war sechzehn, der andere zwölf.

Als die Rote Armee die Halenseebrücke besetzt hatte und sowjetische Soldaten schon in unserer Straße waren, verschwanden die Jungen. Nach der Kapitulation fand die Mutter des Sechzehnjährigen ihren Sohn an einem Verbandplatz, der eilig in einer Volksschule eingerichtet worden war, mit Munitionssplittern im Bein und starkem Fieber. Er lag dort ohne jegliche medizinische Hilfe! Der Mutter des Zwölfjährigen teilten die Nachbarn mit, dass sie ihren Sohn mit einer Bauchverletzung aufgelesen hätten und er im Sanitätspunkt gestorben sei! […]

Der erste Abend nach der Kapitulation der deutschen Armee. Ein kalter Maiwind. Kein Glas in den Fenstern, die Lumpen, mit denen wir die Fenster irgendwie zuhängten, schützten wenig vor der Kälte. Kein Strom. Kein Gas. Nach Wasser musste man zehn Minuten zu einer Pumpstation gehen und dort Schlange stehen. Bei mir in der Wohnung erschien ein obdachloses und mir wenig sympathisches Paar. Die Frau, ein hysterisches Weib, lief von einem Zimmer ins andere, rang die Hände und machte alle damit verrückt, dass Soldaten unser Haus anzünden würden. Tatsächlich gab es überall in der Umgebung Brände, und angesichts des starken Windes konnte das Feuer mit Leichtigkeit auch auf unser Haus übergreifen. Schließlich hatte ich das Gejammer dieser Frau satt. Ich wollte so sehr endlich schlafen können, dass ich um elf Uhr abends eine Schachtel Streichhölzer nahm, die dunkle Treppe hinunter ging und mich vor das Haus stellte, um zu sehen, was ringsum geschah. Da sah ich plötzlich einen kleinen Soldaten vorbeigehen und sagte zu ihm: »Genosse, ob unser Haus nun abgebrannt wird oder nicht, ich würde zu gerne endlich schlafen!« Vermutlich hatte er eine solche Frage nicht erwartet, aber er antwortete mir, dass sich im Nachbarhaus einige Soldaten zur Nacht eingerichtet hätten und unser Haus deswegen wahrscheinlich nicht angezündet würde.

In diesen ersten Tagen nach dem Kriegsende bewahrte mich eine Art geistiger Schutzschild vor starken inneren Erschütterungen. Ich war in einem seltsamen Zustand, nur etwas wirklich Persönliches konnte mich erfreuen und bewegen, alles andere ging an mir vorbei und hinterließ keinerlei Narben auf meiner Seele.

Die gequälten, verletzten Straßen in den ersten Maitagen des Jahres 1945! Auf den Fahrbahnen und Bürgersteigen lagen tote Menschen und tote Pferde! Bei uns an der Ecke lag auch ein Toter. Ich ging hin, um nachzusehen, ob es nicht der Sohn einer Nachbarin sei. Ich war froh, dass es ein fremder Mensch war, aber der Anblick der Leiche löste in mir weder Entsetzen aus, noch regte er mich auf. Die Soldaten zerschlugen die Fenster und Türen der Läden und eine hungrige Menge stürmte hinein. Die Leute schnappten, was sie in die Finger bekamen, und liefen beladen nach Hause. Aus den Lebensmittelläden trugen sie Taschen voller Gerste und Zucker! Ich ging selbst einmal zum Kühlschrank einer Fleischerei und zerrte mit einer mir unerklärlichen Kraft Schinkenkeulen heraus. Begriffe wie Eigentum, Ehrlichkeit, Diebstahl existierten nicht mehr. Am zweiten Tag nach der Einstellung der Kriegshandlungen ging ich in Begleitung einer Nachbarin schauen, wie es in anderen Straßen der Stadt aussah. Dasselbe Bild! Tote Menschen, tote Pferde, Stahlhelme, Polizeihelme, zerbrochene Fensterscheiben. Wir gingen an einem ss-Depot vorbei. Dort waren Massen von Leuten, wir gingen auch hinein und was haben wir nicht alles zusammengerafft!

Leinenschuhe, Geschirr, Konservendosen mit Karotten, Strümpfe... Wir kamen auf die Straße, es war schwer, das alles nach Hause zu schleppen. Plötzlich sahen wir einen Müllwagen stehen. Wir luden unsere Beute darauf und gingen weiter. Als wir zu unserem Haus kamen, trafen wir einen fremden alten Mann und eine alte Frau, die sich unter der Last ihrer Koffer bogen. Wir gaben ihnen den Wagen, er gehörte niemandem, er war ohne Besitzer, wie alles in diesen denkwürdigen Tagen! Und über uns war der blaue Frühlingshimmel, und vor uns erstand aus dem Zerfall und dem Chaos wieder ein neues Leben auf!

[Übersetzung aus dem Russischen]

Herbst

Die schweren Absätze des Herbstes klopfen wieder in den Straßen Halensees. Die Sonne wärmt noch, und kleine Wolken – unschuldige Schäfchen – schwimmen in den blauen Weiten. Man könnte denken, dass nichts geschehen ist und wir den Sommer noch immer haben. Aber im gewöhnlichen Geräusch der rostigen Blätter unter den Füßen und im bösen Flüstern des kühlen Windes klingt es unaufdringlich, grausam und unerschütterlich: – Alles ist vergänglich, alles fließt in die Lethe. – Steine, die in einen sprudelnden Bach geworfen werden, sinken auf den Grund. Aber wie tief ist der Grund?! Und was erwartet sie dort?! …

… Die elektrischen Augen der Nachtreklamen funkeln über dem nächtlichen Kurfürstendamm. Große Scharen von Automobilen weiden friedlich hinter den gläsernen Scheidewänden ihrer Riesenkäfige. An den Straßenlaternen und Litfaßsäulen kleben mit Seide umhüllte und bunt bemalte Figuren; die grell-roten Lippen – Schaufenster eines modernen Ladens, wo alles vervollkommnet, konstruktiv und zu billigen Preisen zu kaufen ist – laden freundlich ein.

»Kleider, nach allen Arten … Nur fünf Mark … Hier gleich im Flur …«

In den Restaurants, Bars und Palais de Danse, dort wo die Neger, Amerikaner, Juden, Deutschen, Zigeuner und »Balalajetschnik«-Kapellen durch das Zittern der Banjos und Weinen der Saxofone das kleine Männchen, den Uhrzeiger, zu erbarmen und seinen Lauf aufzuhalten suchen, dort wo die schwarzen Fracks, mit einem gelben Fleck an der Stelle, wo das Gesicht sich gewöhnlich befindet, geräuschlos über die staubigen Teppiche gleiten – dort verrichten die langen schmalen Finger, mit rosigem Glanz der gepflegten Nägel, ihre strenge Zeremonie, langsam fließt aus geheimnisvollen Flaschen der Zaubertrank in die Gläser. Blonde Locken, schlangenrote Streifen, schwarzes Gold des Orients – die Köpfe der modernen Opferpriesterinnen beugen sich über die langen Tische.

»Beeilt euch, euer Leben zu genießen, berauscht euch mit schaumigem Sekt und dem schwülen Tango. Die Nacht ist kurz und vergänglich, bald kommt der nüchterne graue Morgennebel, in dem sich unser Zauber zerstreut und zu nichts wird«, sprechen ihre warnenden Blicke. Und die zeitgenössischen Satyrn, mit dem garstigen, sinnlichen Trieb in den tierischen Augen, drängen sich zu ihren Körpern, und für den Glanz der internationalen Geldpapiere kaufen sie sich die ursprüngliche Seligkeit.

Der »Waldpark« wird leer. Die feuchten grauen Tische stehen einsam in dem Garten. Der Musikpavillon ist verlassen. Nur die hölzernen Pferde des Karussells galoppieren weiter in dem bestimmten Kreise, begleitet von einem klappernden alten Walzer. Ein hölzerner Husar treibt sie mit der Peitsche an. Das erstarrte Lächeln auf seinem müden Gesicht spricht so deutlich: Alles ist nur Bewegung! – Augenblicke, Stunden, Jahrhunderte – nicht zu wiederholen in ihrer Gleichförmigkeit… – Und ein Affe auf dem Hügel neben dem Marionettentheater kaut frech seine frischgebratenen Erdnüsse.

Und ich möchte wieder das kleine Mädelchen sein mit dem blonden Ponny und im kurzen Kleide, das nichts von dem ewigen Laufe des Uhrzeigers und vom grausamen Flüstern des Herbstwindes weiß. Dem Mädelchen, das so liebte, die in dem Eichenlaub versteckten Eicheln zu suchen, und gar nicht ahnte, dass nur die Sehnsucht unvergänglich ist; die Sehnsucht, die von einem schwülen, dunklen wie die schwarze Kirche und so lieben Blick geboren ist, die Sehnsucht nach dem, was niemals zurückkehren und sich wiederholen kann. – Es gibt kein Vergessen. Die Erinnerungen sind Steine auf dem tiefen Meeresgrund. Die Seele ist auch ein Grund. Meine Sehnsucht nach Dir, meine Liebe zu Dir sind unvergänglich …

BERLIN

Berlin im Leuchten der Laternen
Wir rasen durch die Straßen
Im Radio Musik
Der herbstliche Himmel schwarz,
ohne Sterne
Ich schaue durch das Fenster
mit einem traurigen Blick.

Vorbei an dem Schlosspark,
an dem Schlosspark von heute.
Vorbei an der Kirche
am Hohenzollerndamm
Sie erinnert an Weihrauch,
an knieende Leute –
Da war die russische Schule,
der Unterricht war lahm
Wir rasen weiter, Landhausstraße
Nummer sieben
Da wohnte Alexis, der russische
Anwalt
Und ich war so glücklich, die
große Liebe
Die Liebe ohne Schranken, ohne
Halt.

Prager Diele. Maler und Dichter.
Ehrenburg empfing seine Freunde hier.
Die Abende im Café schienen mir
sehr wichtig.
Keine Musikbox, ein Mann am Klavier
In dieser Stadt verging meine Jugend
Und alles erinnert mich an die
vergangene Zeit.
Die Vergangenheit, wie Steine,
fällt in den Abgrund
Nichts kehrt zurück, alles
bleibt unendlich weit!

22.X.1989

Briefe an Vera Lourié

Michel Ossorguine   6. November 1933
11, Square de Port-Royal
Paris (XIII)

Liebe Verotschka,

ich bin sehr betrübt, dass ich Ihnen nur eine sehr unangenehme Antwort geben kann. Abgesehen davon, dass eine Reise hierher zu organisieren unwahrscheinlich schwierig ist, wüsste ich gar nicht, wie das zu bewerkstelligen wäre, und vor allen Dingen ist es kaum denkbar, hier irgendeine Arbeit zu finden. Die Arbeitslosigkeit ist selbst unter den Franzosen sehr hoch, von Ausländern ganz zu schweigen.

Die Carte de travaille – die Arbeitserlaubnis – wird sogar denen, die schon fünf Jahre hier leben, nur mit großen Schwierigkeiten erteilt und selbst das bringt nicht viel. Übersetzer aller Sprachen gibt es ohne Ende. In den »Redaktionen« kann man nichts finden, weil es nur eine einzige Redaktion gibt (*Die neuesten Nachrichten*), wo es keine Arbeit gibt, weil alle Stellen besetzt sind. Ich bin ein alter Zeitungsarbeiter mit fast vierzig Jahren Erfahrung, wie Sie wissen – und ich verdiene kaum genug für die Miete, für Essen reicht es schon nicht mehr.

Die Armut ringsum ist zum Verzweifeln. Möglich, dass L. Teitel Ihnen die Reise hierher ermöglichen könnte; aber überlegen Sie gut, ob es sich lohnt! Es ist wichtig, wenigstens irgendein Einkommen in Aussicht zu haben, denn sonst landen Sie brotlos auf der Straße, und niemand wird Ihnen helfen können.

Natürlich verstehe ich, dass es für Sie in Berlin nicht leicht ist – aber wäre es hier nicht hundertmal schlimmer!

Ich schreibe Ihnen dies mit größter Ernsthaftigkeit und in dem Bewusstsein, dass ich nur dann anders schreiben könnte, wenn ich die Möglichkeit hätte, Ihnen persönlich zu helfen – aber ich bin doch selbst bettelarm.

Und ich denke mit Schrecken daran, in welche Lage Sie hier geraten könnten.

Und darum, wenn Sie irgendeine Möglichkeit haben, und sei es hungernd, in Berlin zu leben, – dann bleiben Sie!

Und wenn nicht – dann geht man eben zugrunde, egal wo.

Das, Verotschka, ist meine äußerst verzweifelte und betrübliche Antwort. Ich sage das aus bitterer eigener Erfahrung und der von vielen anderen. Ich fühle von ganzem Herzen mit Ihnen – auch wenn das Mitgefühl wenig bringt.

Über mich möchte ich gar nichts weiter schreiben – das würde das Elend nur noch größer machen. Mir geht es schlecht und ich bin dauernd krank.

Ich umarme Sie – und verzeihen Sie, dass ich Sie durch nichts erfreuen kann.

Ihr ergebenster
Michail Ossorgin
[Übersetzung aus dem Russischen]

Middlebury College
Middlebury, Vermont 05753

2. August 1985

Liebe Vera,

entschuldige, dass ich Dir so lange nicht geantwortet habe:
Deinen Brief habe ich bekommen und oft an Dich gedacht.
Ich war wegen meiner literarischen Angelegenheiten in
Europa. Als ich nach Hause zurückkam, war ich sehr beschäftigt, [und] jetzt bin ich im wunderbaren Vermont, wo
Thomas Thomasowitsch Beyer, unser gemeinsamer Freund,
lebt und im College unterrichtet. Ich habe hier einen Vortrag
gehalten und fahre bald nach Hause. Ich bin von Freunden
umgeben, es ist wunderbares Sommerwetter und das Leben
ist friedlich.

Pass auf Dich auf und vergiss mich nicht. Neulich erfuhr
ich von jemandem, der in Leningrad war, dass Ida Nappelbaum einen Schlaganfall hatte und sie ihr Gesicht kaum bewegen kann.

Ich umarme Dich. Nina
[Übersetzung aus dem Russischen]

Doris Liebermann
Andrej Belyj in Berlin

Am 22. November 1921 meldete eine der russischen Zeitungen Berlins, die *Stimme Russlands* (*Golos Rossii*), dass der berühmte Schriftsteller Andrej Belyj in der Stadt eingetroffen sei.

Vier Jahre nach der Revolution war es möglich, Sowjetrussland mit einem Auslandspass zu verlassen, und Belyj, dessen Gesundheit nach langer Krankheit angegriffen war, reiste aus dem hungernden, notleidenden Moskau nach Berlin. In Litauen musste er allerdings erst mehrere Woche auf die Einreiseerlaubnis nach Deutschland warten. »Nichtsdestoweniger erlebte er in Kaunas einen qualvollen Monat«, schreibt Belyj über den mit autobiografischen Zügen ausgestatteten Helden seines Berlin-Essays *Im Reich der Schatten*, der 1924 in Leningrad nach der Rückkehr des Schriftstellers erschien, »festgehalten von den Deutschen, die hier einen Sperrpfosten errichtet hatten für tausende Juden und Russen, welche Wochen, Monate, halbe Jahre lang auf den gesegneten Augenblick warteten, wo man sie nach Deutschland ließ; … die Repräsentanten der deutschen Macht besuchten sogar seine öffentlichen Vorträge in Kaunas, kamen ins Lektorenzimmer und machten ihm Komplimente; was aber die Einreise betraf, – so dachten sie nicht daran, sie ihm zu gewähren; das gewünschte Reisevisum nach Deutschland hing in der Luft, und die war von dichtestem Nebel erfüllt …

Deutschland zog sich zurück in den Nebel der Ungewissheit oder in das Tintenfass des deutschen Konsuls in Kaunas, denn von diesem Tintenfass musste der Fluss des Federstrichs auf dem Papier den Ausgang nehmen, das die Tore nach Deutschland aufschloss.«[53]

Der »Jemand«, der literarische Held in Belyjs Berlin-Roman, fand in der Stadt ein vertrautes Milieu vor. Er »kam vom Bahnhof in den Teil Berlins, der von den Russen ›Petersburg‹ und von den Deutschen ›Charlottengrad‹ genannt wird ... Die Deutschen singen hier echt nationale deutsche Lieder: ›Sonja‹, ›Natascha‹, und ›Annuschka‹. Im ersten, bei den Deutschen besonders beliebten Lied lautet der Refrain: ›Sonja, Sonja, – deine schwarzen Haare/Küsse ich im Traume tausendmal .../Kann dich nicht vergessen, wunderbare/ Blume aus dem Wolga-Tal‹.«

Andrej Belyj, 1880 als Boris Nikolaewitsch Bugajew und Sohn eines bedeutenden Mathematikprofessors der Moskauer Universität geboren, war schon in jungen Jahren mit der deutschen Kultur vertraut: Goethe, Nietzsche, Wagner, Kant und Schopenhauer prägten den russischen Schriftsteller ebenso wie Dostojewskij, Mereshkowskij, Brjusow und Solowjow.

Andrej Belyj wandte sich schließlich der Anthroposophie zu, in der er eine nachträgliche Erklärung seiner eigenen »symbolischen Philosophie« fand. Als Belyj nach ausgedehnten Reisen 1912 in Köln Rudolf Steiner persönlich kennenlernte, begleitete er ihn auf Vortragsreisen quer durch Europa. Er befreundete sich auch mit dem sich zur Anthroposophie bekennenden Christian Morgenstern. Zwischen

[53] Andrej Belyj: *Im Reich der Schatten. Berlin 1921–1923*. Übersetzt von Birgit Veit. Frankfurt am Main: Insel Verlag 1987.

1912 und 1916 arbeitete er gemeinsam mit seiner Frau Asja Turgenjewa innerhalb einer russischen Kolonie beim Bau des Goetheanums in Dornach mit. Als Belyj 1916 nach Russland zurückkehrte, weil er zum Militärdienst einberufen wurde, blieb Asja Turgenjewa, eine Großnichte Turgenjews, in Dornach. Erst 1921 gelang es Belyj, Sowjetrussland zu verlassen, um seine Frau nach langer Trennung wiederzusehen.

Andrej Belyj lebte bis Oktober 1923 in Berlin. Er wohnte zunächst in der Passauer Straße 3 (bei Boraus), dann am Viktoria-Luise-Platz 9, später in Zossen, einer kleinen Stadt, südlich von Berlin gelegen. »[...] das Wort gefällt mir nicht: Zossen. So scharf und irgendwie fleischlich, wie ein Kloß«, gibt die Dichterin Marina Zwetajewa in ihren wunderbaren Erinnerungen an Belyj dessen Kommentar zu Zossen wieder.[54]

Bereits zwei Tage nach seinem Eintreffen in Berlin war Belyj an der Gründung des Hauses der Künste beteiligt und hielt beim ersten öffentlichen Auftritt der Gründungsgruppe am 14. Dezember 1921 im ehemaligen Logenhaus, Kleiststraße 10, einen vielbeachteten Vortrag über die »Kultur des heutigen Russlands«.

Belyj wurde bald Redakteur der russischen Zeitschrift *Epopeja* und gab mit Maxim Gorkij die Zeitschrift *Beseda* (*Gespräch*) heraus. Sie war als Forum des Meinungsaustausches zwischen Sowjetrussland und Deutschland geplant, durfte in Sowjetrussland aber nicht vertrieben werden.

Im März 1922 lud das Haus der Künste Thomas Mann zu

54 Marina Zwetajewa: *Ein gefangener Geist*. Essays. Übersetzt von Rolf-Dietrich Keil. Frankfurt am Main: Suhrkamp Verlag 1989, S. 215.

einer Lesung zugunsten hungernder Schriftsteller in Petrograd ein. Am 20. März 1922 las Thomas Mann im Logenhaus, Kleiststraße 10, vor versammeltem russischen Publikum seine noch nicht veröffentlichte Novelle *Das Eisenbahnunglück*, anschließend dankte ihm Andrej Belyj in bewegten Worten auf Deutsch.

Trotz seines literarischen Erfolgs in Berlin – in den russischen Verlagen der Stadt erschienen sechzehn Publikationen, davon neun Erstausgaben seiner Werke – war Andrej Belyj unglücklich. In Berlin kam es zum endgültigen Bruch mit Asja Turgenjewa, die in Berlin eine Liaison mit dem jungen, unbedeutenden Dichter Alexander Kussikow einging, was den berühmten Belyj demütigen musste. Die Schattenstimmungen aber, die von Belyj in Berlin mehr und mehr Besitz ergriffen und den anfangs ironischen, ja heiteren Ton seines Berlin-Texts überlagerten, gingen über den privaten Schmerz hinaus. »In Moskau und Leningrad, die ohne Licht waren«, schreibt Belyj, »spürte ich mitten in Hunger, Kälte, Typhus Licht: Licht des Sieges des Bewusstseins, das erweitert war und über dem Körper, über der Natur des Animalischen schwebte: viele erwärmten sich für die Probleme des Menschheitsschicksals, zündeten universale Gedanken an in ihrem Kopf und entfachten universale Gefühle in den Herzen, und sie ballten den Willen in der Hand, und so loderte ein durchdringendes Licht auf …« »Mehr als einmal«, heißt es weiter, »sah ich in den erleuchteten, prunkvoll eingerichteten Berliner Restaurants ein tieftrauriges Erlöschen des Bewusstseins, das unter der Last wachsender Dumpfheit vollends zerbrach beim Herausgehen aus dem Restaurant auf die Straße, die dem Bürger ihre drohenden Schatten entgegenschickte. An mir selbst spürte ich das Verlöschen des Lichtes, das mir in Russland noch leuchtete. Ringsum umgaben mich die Äußerungen eines paralysierten Bewusstseins, das in seiner Eingeengtheit der animalischen Natur in die Arme fällt. Da entstand ganz Berlin vor mir als ein ›Domizil des Gespensterreiches‹.«

Andrej Belyj hatte die Oktoberrevolution 1917 in Russland mystisch verklärt erlebt, sie als geistig bedeutsames Ereignis, als Beginn eines neuen kulturellen und sozialen Zeitalters begrüßt. Seine Hoffnungen auf einen kulturellen Einigungsprozess in Europa, nach den schweren Erschütterungen des Ersten Weltkrieges, sah Belyj in Berlin gründlich enttäuscht. Das Nachkriegsberlin, das sich ihm 1921 präsentierte, empfand er nicht als golden, licht und hell wie Moskau, sondern sah es nur in den düsteren Farbtönen grau-braun. Belyj fühlte in Berlin »unterirdische, stickige und giftige Gase« aufsteigen, die ihm die Luft nahmen, spürte sich vom »wilden Chaos tatsächlicher Zersetzung und des Todes« bedroht und machte als Leitmotiv der Stadt das »Dräuen eines Gewitters« aus, »das sich nicht entlädt«.

In der von politischen Machtkämpfen, Fememord, wirtschaftlichem Ruin, Inflation und Sittenverfall gezeichneten Reichshauptstadt sah Andrej Belyj die gesamte europäische Kultur kurz vor der Agonie, in atavistischen Zuckungen und im animalischen Aufbäumen. Der »Neger in Europa« nennt er – befremdend – dieses Phänomen, das von ihm selbst Besitz ergriff und ihn in ekstatischen Tänzen erschütterte. In den Berliner »Dielen«, die Belyj geringschätzig in seinen Erinnerungen erwähnt, tanzte er die Nächte durch; Vera Lourié berichtet in ihren Briefen davon.

Zu den von ihm später missachteten Lokalitäten gehörte auch die Prager Diele, das Stammlokal Ilja Ehrenburgs am

Prager Platz. Zu den russischen Künstlern, die sich dort trafen, fiel Belyj der Neologismus »pragerdilstvovat« ein, zu deutsch so viel wie »pragerdilieren« oder »in der Prager Diele sitzen und diskutieren«. Obwohl Belyj nicht zur Stammrunde gehörte, hatte er in der Prager Diele eine für ihn nachhaltige Begegnung mit der Moskauer Dichterin Marina Zwetajewa, die sich nur wenige Wochen in Berlin aufhielt. Als ihm ein russischer Verleger noch am selben Abend Marina Zwetajewas Gedichtband *Die Trennung* überreichte, las Belyj die ganze Nacht durch und war so tief berührt, dass er später mit einem Gedichtband darauf reagierte, den er *Nach der Trennung* nannte. Zu diesem Zyklus gehört auch ein Gedicht mit dem Titel *Berlin*, das die dunkle Bedrohung, die in dem Prosatext zum Ausdruck kommt, aufgreift: »Wohin sollen wir fliehen/vor dem Zorn? Und wie aufheulen/aus den schwarzen Löchern?«

An dem Entschluss, in die Sowjetunion zurückzukehren, hatte Belyjs zweite Frau, die Moskauer Anthroposophin Klawdija Wassiljewa großen Anteil. Sie kam eigens nach Berlin, um den Schriftsteller zur Rückkehr zu bewegen. Zum Abschied kam auch Vera Lourié an den Bahnhof, die ahnte, dass sie Belyj in ihrem Leben nie mehr wiedersehen würde.[55]

Am 23. Oktober 1923 reiste das Paar nach Moskau ab. Belyj verbrachte die ersten Tage nach seiner Ankunft »auf den nicht gerade vor Sauberkeit blitzenden Bürgersteigen« und verschlang die Moskauer »mit den Augen«. Er huldigte der neuen Sowjethauptstadt und verglich sie mit Berlin:

»Mein erster Eindruck von Moskau ist der Eindruck von einem Lebensborn; und beim ersten Schluck von diesem

---

55 Siehe S. 51 f..

Leben spürt man voll Freude, dass man sich nicht in einer trostlosen, fremden, niedergeschlagenen Stadt befindet, sondern in einem sprudelnden, kreativen, ein wenig ungereimten und bunten Tohuwabohu, wobei man fühlt, dass das Tohuwabohu das schöpferische Laboratorium für zukünftige, von der Welt vielleicht noch nie gesehene Formen ist.«

Zehn Jahre später, am 8. Januar 1934, starb Andrej Belyj, ohne dass sich seine messianischen Hoffnungen, die er mit der Revolution verknüpft hatte, erfüllt hätten. Ein Romanvorhaben mit dem Titel *Germanija*, für das sein Berlin-Text möglicherweise die Vorstufe war, blieb unvollendet.

Doris Liebermann
Ilja Ehrenburg in Berlin

Die Speisekarte kann es nicht gewesen sein, die Ilja Ehrenburg 1922/23 in sein Berliner Lieblingscafé, die Prager
Diele am Prager Platz, lockte. Das geht aus seinem Artikel
Die russische Künstlerkolonie im Café Prager Diele hervor,
der 1926 in der Zeitschrift *Die literarische Welt* erschien. Es
gebe sieben verschiedene Arten des Selbstmordes, schreibt
er darin, und führt unter anderem »Cherry, Schorle-Morle,
Mampediktiner und Gulasch auf ungarische Art« an. Es muss
wohl eher die skurrile Mischung aus seriösem Café-Betrieb
und schrägem Tanzlokal gewesen sein, die Ehrenburgs Neu-
gier fesselte, vielleicht spielte auch die Bequemlichkeit eine
gewisse Rolle, denn der russische Schriftsteller wohnte nicht
weit entfernt, zunächst in einer Pension in der Trautenau-
straße, dann in der Hotelpension Prager Diele, die sich im
gleichen Haus befand.

In der Prager Diele fand er so etwas wie ein Empfangs- und
Arbeitszimmer gleichzeitig. Ehrenburg arbeitete auch in
Deutschland im Café. Während der Emigrationsjahre in Paris (1909–1917) war ihm der Gang ins Caféhaus zur Gewohn-
heit geworden, ursprünglich aus Not, er hatte an der Heizung
seines Zimmers sparen müssen. Das »Gefühl der gleichen
Ausgesetztheit«, das Ehrenburg für die Pariser Bohème cha-
rakteristisch gefunden hatte, einte auch die russische Kolonie
Berlins. Die Prager Diele, Treffpunkt für Verleger und Autoren der russischen Verlage Berlins, wurde durch Ehrenburg

und seinen Freundeskreis, »rätselhafte Gäste« in den Augen der deutschen Kellner, zu einer bedeutenden Institution. Als solche ist sie in die russische Literatur eingegangen. Denn zu den Gästen der Prager Diele gehörten heute längst legendäre Künstler: die Maler El Lissitzky und Natan Altman, die Schriftsteller Marina Zwetajewa, Viktor Schklowskij, Wladimir Majakowskij und Sergej Jessenin, der Philosoph Lew Schestow, die Theaterregisseure Wsewolod Meyerhold und Alexander Tairow. Natürlich war auch die elegante Malerin Ljubow Kosinzewa, Ehrenburgs Frau, mit von der Partie. Im Mittelpunkt des bewegten abendlichen Treibens aber befand sich der pfeiferauchende Ehrenburg, der der Nachwelt in seinen Memoiren einige heitere Anekdoten aus der Prager Diele überliefert hat. Einmal, schreibt er, gerieten Andrej Belyj und der Philosoph Lew Schestow über ihr Streitobjekt, den »Zerfall der Persönlichkeit«, so heftig ins Debattieren, dass sie sich auch an der Drehtür noch anschrien und am Hinausgehen hinderten.

Ernste Gründe hatten Ehrenburgs Wege nach Berlin gelenkt. 1891 geboren, saß er schon als Halbwüchsiger wegen seiner revolutionären Gesinnung im Gefängnis. Nach den Emigrationsjahren in Paris kehrte er 1917 wieder nach Russland zurück. Auch ihm gelang es, 1921 erneut Richtung Westen zu reisen, als nach Revolutionswirren und Bürgerkrieg die sowjetrussischen Grenzen wieder durchlässig wurden.

Wieder sollte Frankreich sein Ziel sein, der französischen Polizei war aber Ehrenburgs Pass verdächtig, sie schob den Schriftsteller nach Belgien ab. Dort gelang es ihm, ein Visum für Deutschland zu erhalten:

»Im Spätherbst des Jahres 1921 sah ich nach dem satten und ruhigen Brüssel – Berlin. Die Deutschen lebten wie in einem

Wartesaal; niemand wusste, was morgen geschehen werde. Die Zeitungsverkäufer schrien: ›BZ – letzte Ausgabe! Kommunistische Umtriebe in Sachsen. Putschvorbereitungen in München!‹ Die Geschäftsinhaber änderten täglich die Preisschilder: Die Mark fiel. Über den Kurfürstendamm streiften Rudel von Ausländern, sie kauften für ein Spottgeld die Reste einstiger Pracht auf.«

Ehrenburg verbrachte zwei Jahre in Berlin, in »Angst und Hoffnung«, er fühlte sich hier wie »an der Front«. In seiner mehrbändigen Autobiografie *Menschen Jahre Leben* skizziert er das Berlin der zwanziger Jahre, es taucht in seinen Texten auch zu anderen Zeiten auf, als Zwischenstation auf dem Weg nach Russland, als Durchreisestation Richtung Frankreich und Spanien. Auch das Jahr 1945 spart er nicht aus, als er als hasserfüllter Propagandist gegen die Deutschen mit der Roten Armee erneut nach Berlin kam.

Anfang der zwanziger Jahre schrieb er im Romanischen Café, diesem »Asyl der Schriftsteller, Maler, kleinen Spekulanten und Prostituierten« einen seiner interessantesten Texte über Berlin (erschienen in *Visum der Zeit*).[56] In knappen Momentaufnahmen hält er seine Eindrücke fest, vielleicht auch, um sich seiner selbst zu vergewissern, denn Ehrenburg fühlte sich 1922/23 in Berlin »von lauter Sinnestäuschungen« umgeben. Überall begegneten ihm die Spuren des Ersten Weltkrieges, die die Stadt in hektischer Betriebsamkeit zu vertuschen suchte. Die Kriegsversehrten, so Ehrenburg, bemühten sich, nicht mit ihren Prothesen zu klappern, Hunger

---

56 Ilja Ehrenburg: *Briefe aus dem Café. Deutschland im Jahre 1922.* Erschienen in: Ders.: *Visum der Zeit.* Übersetzt von Hans Ruoff. Leipzig: Verlag Philipp Reclam jun. 1982, S. 44–69.

und Kälte herrschten in den Wohnungen, Ersatz war allerorten die Norm. Es gab Eichelkaffee, Kuchen aus erfrorenen Kartoffeln, Limonade mit Alkohol anstelle von Sekt, »Havannas« aus nikotingetränkten Krautblättern. Ehrenburg vergleicht diese vom Ersten Weltkrieg gezeichnete Stadt mit jenem Berlin, das ihm als Kind begegnet war. Damals, zu Beginn des Jahrhunderts, war er auf der Rückreise nach Russland durch Berlin gekommen, erschrocken über die deutsche Pünktlichkeit, erschrocken darüber, dass der Zug auf die Minute genau in den Bahnhof einrollte. Auch Anfang der zwanziger Jahre erschien dem russischen Schriftsteller die Stadt wie ein »musterhaftes Chronometer«, Symbol für das Herz des alten Europa« und »Inkarnation seiner Zeit«: »Meine diesmalige Ankunft in Berlin werde ich nennen: Begegnung mit meiner Zeit … Hier machte ich Bekanntschaft mit unserer Epoche. Sie bot sich mir ganz schlicht dar, nicht in den Deklarationen der Redner, nicht in futuristischen Gedichten, nein – in Zigarettenschachteln, im Tempo des Potsdamer Platzes, im letzten System der Gasherde, in den drei Tarifen der Autos und den dreißig Tarifen der Frauen, in der Nacktheit der Stadt, in ihrem düsteren Reichtum, in allem.«[57]

Die Stadt erinnerte ihn an einen schmutzigen Eisenbahnknotenpunkt und riesigen Bahnhof. In diesem Bahnhof wussten viele nicht, wann und wohin der nächste Zug ging. Ein Leben wie im Wartesaal führten vor allem die russischen Flüchtlinge, die zu Hunderttausenden in die Stadt strömten. In Berlin trafen die Russen beider Fronten, die »Reinen mit den Unreinen«, wie Ehrenburg es nennt, die mit Sowjetpass Reisenden und die Flüchtlinge, zusammen. »Die Nebel

---

57 Ebd., S. 72.

wallten noch« schreibt Ehrenburg lakonisch kurz und schwankte wohl selbst, zu welcher Seite er gehörte. Da die Mark infolge der Inflation täglich an Wert verlor, war es für die Russen, ein Leichtes, Verlage zu gründen, wenn sie über Dollar verfügten. 86 russische Verlage, mehrere Tages- und Wochenzeitungen gab es zu Beginn der zwanziger Jahre in Berlin. Auch Ilja Ehrenburg wurde hier als Verleger tätig. Gemeinsam mit dem konstruktivistischen Maler und Bildhauer El Lissitzky gab er eine Zeitschrift heraus, die den Namen *Weschtsch* [Der Gegenstand] trug.

Wenn Ehrenburg sich vor allem im Kreise seiner Landsleute bewegte, war er doch einer der wenigen, die Kontakt zu Deutschen suchten. Er traf mit Leonhard Frank, Wieland Herzfelde, George Grosz, Axel Eggebrecht, Alfred Döblin und Arthur Holitscher zusammen: »In Berlin bin ich kein Exote, kein ›Kosak, der zufällig lesen kann und sogar Romane schreibt‹, sondern ein Zeitgenosse, ein Mensch der gleichen Zeitheimat, der gleichen Generation, gezwungen, nach dem Großen Krieg zu leben. Das taten die Bücher, die soliden, gebundenen Bücher – sie hoben die Grenzen auf.«[58]

Ehrenburg bezieht sich hier auf die deutschen Übersetzungen seiner Romane, die ab 1921 im Malik-Verlag erschienen sind und von Kurt Tucholsky in der *Weltbühne* und von Herwarth Walden im *Sturm* vorgestellt wurden. Eine der höchsten Auflagen an sowjetischer Belletristik erzielte im Malik-Verlag mit 21 000 Exemplaren Ehrenburgs Roman *Die Liebe der Jeanne Ney*, eines seiner schwächeren Werke, dessen Verkaufserfolg wohl hauptsächlich mit der späteren

58 Ebd., S. 84.

Ufa-Verfilmung von 1928 zusammenhing.[59] Ehrenburg hat diesen Roman rückblickend selbst »unglaublich sentimental« genannt. Tatsächlich scheint das rührselige Melodram um das französische Bürgermädchen Jeanne und den russischen Revolutionär Andrej einem Groschenroman zu entstammen. Andrej wird in dem Buch wegen eines Justizirrtums zum Tode verurteilt und hingerichtet. Der Ufa war dieses Ende zu tragisch, sie gab dem Film ein Happy End. Ehrenburg protestierte, vergeblich druckte Malik-Verleger Wieland Herzfelde die Protestschreiben: der Film endete vor dem Traualtar.

In Berlin freundete sich Ilja Ehrenburg auch mit dem Dichter Carl Einstein an. Als Einstein 1922 wegen seines Stückes »Die schlimme Botschaft« als Gotteslästerer vor Gericht gestellt wurde, nahm Ehrenburg an der Verhandlung teil. 1945 fand er die Ruinen dieses Ortes wieder. Von dem Gebäude, in dem Carl Einstein verurteilt worden war, stand nur noch eine Mauer. Auf sie hatte ein sowjetischer Soldat geschrieben: »Entmint«.

59 Siehe S. 143.

Zu Liane Berkowitz und Helmut Marquart[60]

Liane Berkowitz

Geb. 7.8.1923 in Berlin als Tochter des russischen Kapellmeisters Viktor Wassiljew und seiner Frau Katharina geb. Jewsijenko, die 1923 aus der Sowjetunion geflohen waren. Wird nach dem Tod des jüdischen Vaters 1930 von Henry Berkowitz adoptiert, der gleichfalls jüdischer Herkunft ist und 1939 nach Ehescheidung ins Ausland geht. Liane spricht fließend Russisch, besucht verschiedene Privatschulen in Berlin, ab 1941 die Heilsche Abendschule, lernt hier Fritz Thiel und ihren späteren Verlobten Friedrich Rehmer kennen. Beide gehören bald zum engeren Freundeskreis um Fritz Thiel und nehmen an den Schulungszirkeln bei Dr. John Rittmeister teil.

Rehmer wird am 5.6.41 eingezogen, an der Ostfront verwundet und befindet sich zuletzt im Reservelazarett Berlin-Britz.

Liane Berkowitz beteiligt sich an der Weitergabe illegaler Flugschriften und zusammen mit Otto Gollnow an der Zettelklebeaktion vom 17./18.5.1942 gegen die antisowjetische Propagandaausstellung »Das Sowjetparadies«. Lebt bei ihrer Mutter in Berlin-Schöneberg, Viktoria-Luise-Platz 1, und ist zum Zeitpunkt der Verhaftung schwanger.

---

60 Alle Angaben nach: Regina Griebel/Marlies Coburger/Heinrich Scheel: *Erfasst? Das Gestapo-Album zur Roten Kapelle. Eine Foto-Dokumentation.* Herausgegeben in Verbindung mit der Gedenkstätte Deutscher Widerstand, Halle/S. 1992, S. 182 f.

Verhaftung um den 29.6.42, wahrscheinlich zu Hause, Einlieferung in das Polizeipräsidium am Alexanderplatz, Prozess 14./15. und 18.1.43 vor RKG/2. Senat

Urteil Todesstrafe »wegen Beihilfe zur Vorbereitung des Hochverrats und zur Feindbegünstigung« (Begnadigung am 21.7.43 von Hitler abgelehnt)

Weitere Haftstation 30.3.43 Frauengefängnis Barnimstr. 10 (dort am 12.4.43 Geburt der Tochter Irene, die in der orthodoxen russischen Kirche getauft werden soll, ab Juli von der Großmutter betreut wird und am 25.8.43 in ein Eberswalder Krankenhaus gebracht werden muss, wo sie am 16.10.43 stirbt)

Hinrichtung 5.8.43 in Plötzensee um 19.45 Uhr durch das Fallbeil

Friedrich Rehmer

(geb. 2.6.1921) wird am 29.11.42 im Lazarett verhaftet, am 18.1.43 »wegen Vorbereitung zum Hochverrat und wegen Kriegsverrats« zum Tode verurteilt und am 13.5.43 in Plötzensee um 19.24 Uhr durch das Fallbeil hingerichtet.

[...]

Helmut Marquart[61]

geb. am 3.1.1923 in Berlin als älteres von zwei Kindern des Ingenieurs und Kunsthandwerkers Otto Marquart und seiner Frau, der Kunstmalerin Rose geb. Elsner.

1929–33 Besuch der Volksschule in Berlin-Friedenau, dann des Rheingaugymnasiums, wo er als Halbjude und Nichtmitglied der HJ unter Druck gerät und vom Vater 1934 aus der Schule genommen wird. Nimmt vorübergehend Privatunter-

---

61 Ebd., S. 92 f.

richt, besucht ab 1935 die Rudolf-Steiner-Schule, die 1938 von den Nazis geschlossen wird. Ostern 1937 Konfirmation. Ab Ostern 1938 Besuch der von Dr. Heil geleiteten privaten Vorbereitungsanstalt zum Abitur in Berlin-Schöneberg, Kleiststr. 9, der sogenannten Heilschen Abendschule. Schon als Kind leidenschaftlicher Radiobastler, eignet sich neben der Schulbildung Fertigkeiten als Hochfrequenztechniker an, hört regelmäßig Radio Moskau und den Deutschen Freiheitssender 29,8.

Auf der Abendschule Bekanntschaft mit Fritz Thiel, Ursel Goetze, Fritz Rehmer und anderen, etwa Frühjahr 1940 Einbeziehung in die illegalen Aktivitäten des Freundeskreises. 1940 Tod der Mutter.

Nach Aufforderung durch das Arbeitsamt ab 4.5.42 Anstellung bei der Firma Elektrofrequenz in Falkensee durch Vermittlung von Fritz Thiel. Wird dort im Forschungslabor eingesetzt, das sich mit der Produktion und Instandsetzung von Nachrichtengeräten für die Wehrmacht beschäftigt.

Hat durch Thiel etwa seit Ostern 1942 Kontakt zu Hans Coppi und Karl Böhme, die mehrfach Hilfe bei der Reparatur von Funkgeräten erbitten. Repariert die Geräte teilweise in der Wohnung des Vaters, teilweise im eigenen möblierten Zimmer in Berlin-Wilmersdorf, Westfälische Str. 56, und übergibt sie dann Thiel bzw. in der Wohnung Erika von Brockdorffs an Coppi.

Erhält durch Thiel Kenntnis von der im Mai 1942 geplanten Zettelklebeaktion, schlägt die Verwendung eines Spielzeugdruckkastens zum Stempeln der Klebezettel vor, ist aber wegen Krankheit nicht an der Aktion beteiligt. Arbeit ab Juli 1942 als Hochfrequenztechniker bei einem selbständigen Ingenieur für Nachrichtentechnik in Berlin-Charlottenburg.

Verhaftung Do. 17.9.42 [19.9.42] um 6.00 Uhr in Bln.-Wilmersdorf, Westfälische Str. 56

Einlieferung in die Gestapozentrale Prinz-Albrecht-Str. 8

Überführung 26.9.42 in das Strafgefängnis Spandau (Beginn einer Lungenerkrankung)

Prozess 1.7.43 vor RKG/2. Senat

Strafantrag 9 Monate Gefängnis

Urteil Freispruch mangels ausreichender Beweise

Weiterer Haftverlauf 21.8.43 erneuter Schutzhaftbefehl

(»M. kann nicht freigelassen werden, da damit gerechnet werden muss, dass er nach Freilassung die Belange des Führers und des Reiches gefährden würde.«)

18.9.43 KZ Sachsenhausen

Entlassung 2.3.45 nach mehrfachen Gnadengesuchen des Vaters

Seitdem arbeitsunfähig.

Nach Kriegsende wegen offener Tbc bis 1947 im Kurort Sülzhayn. 19.9.47 Heirat mit Else Deutsch. […]

Quellenangaben

Sofern nicht anders angegeben, befinden sich die Schriften im
Vera-Lourié-Archiv, Akademie der Künste zu Berlin.

Erinnerungen
Über mich [Sign. 37]
Briefe an Dich [Sign. 44, ergänzt um Passagen aus Sign. 37, 34,
45 und 79]
Handschriftliche Notiz von Vera Lourié über Empfang zu
Ehren von Jewgenij Jewtuschenko [Sign. 35]

Gedichte
Es war, es ist! [o. D., Sign. 44]
A. P. [16.3.1941, Sign. 1.4]
Berlin [1989, Sign. 85]

Erzählungen und Berichte
Der Tschekist [von mehreren Fassungen wurde die maschi-
nenschriftliche deutsche verwendet, o. D., Sign. 20]
Die Likörstube [maschinenschriftliche Fassung, o. D., Signa-
tur 21]
Die Nacht [maschinenschriftliche Fassung, o. D., Sign. 22]
Die Ostarbeiter [Übersetzung aus dem Russischen, Sign. 23]
Laterna magica [Übersetzung aus dem Russischen, o. D.,
Sign. 25]
Herbst [maschinenschriftliche deutsche Fassung, o. D., Sign. 26

In Andenken an Frau K. [Berlin 1950, Sign. 27]
Licht, Luft und Sonne [Berlin, 15. Juli 1932, Sign. 30]
Scharik [maschinenschriftliche Fassung, o. D., Sign. 32]
Die letzten Kriegstage in Berlin [Übersetzung aus dem Russischen] und Interviewpassagen [Privatarchiv Doris Liebermann]

Widmungen und Briefe
Widmungen von Anna Achmatowa und Konstantin Waginow sowie Gedicht »Upala noč« von Konstantin Waginow [Sign. 37]
Brief von Nina Berberova an Vera Lourié [Middlebury, 2.8.1985, Sign. 49, Übersetzung aus dem Russischen]
Brief von Michail Ossorgin [hier mit französischer Schreibweise Michel Ossorguine, Paris, 6. November 1933, Sign. 54, Übersetzung aus dem Russischen]

Dokumente
Schreiben aus dem KZ Dachau von und betr. Alexis Posnjakow [Sign. 61]
Helmut Marquarts Bericht über die Verhaftung [Gedenkstätte Deutscher Widerstand, Akte RK 41/95]

Literaturverzeichnis

Alexander Bachrach und Marina Zwetajewa: »Andrej Belyj in Berlin. Mit Gedichten aus dem *Berliner Liederzyklus*«, *Kontinent* Nr. 3/1978.

Andrej Belyj: *Im Reich der Schatten. Berlin 1921–1923*. Übersetzt von Birgit Veit. Frankfurt am Main: Insel Verlag 1987.

Nina Berberova: *Kursiv moj*, dt.: *Ich komme aus St. Petersburg*. Übersetzt von Christine Süss. Düsseldorf: Verlag Claassen 1990.

Thomas R. Beyer Jr.: *The House of the Arts und the Writers' Club. Berlin 1921–1923*, in: Thomas R. Beyer Jr., Gottfried Kratz, Xenia Werner: *Russische Autoren und Verlage in Berlin nach dem Ersten Weltkrieg*. Berlin: Verlag Arnold Spitz 1987.

Albert Camus: *Die Gerechten*, in: Ders.: *Dramen*. Übersetzt von Guido G. Meister. Reinbek bei Hamburg: Rowohlt 1989.

Elisabeth Cheauré: »*Ein Mensch, der viel erlebt, erfahren und gesehen hat ...* Zu den Erinnerungen von Vera Lourié (1901–1998)«, in: *Russische Kultur und Gender Studies*. Berlin: Verlag Arnold Spitz 2002, S. 477–502.

Ilja Ehrenburg: *Briefe aus dem Café. Deutschland im Jahre 1922.* Erschienen in: Ders.: *Visum der Zeit.* Übersetzt von Hans Ruoff. Leipzig: Verlag Philipp Reclam jun. 1982.

Ilja Ehrenburg: *Menschen Jahre Leben.* Memoiren, Band I bis III. Übersetzt von Harry Burck und Fritz Mierau. Berlin: Verlag Volk und Welt 1982.

Regina Griebel/Marlies Coburger/Heinrich Scheel: *Erfasst? Das Gestapo-Album zur Roten Kapelle. Eine Foto-Dokumentation.* Herausgegeben in Verbindung mit der Gedenkstätte Deutscher Widerstand, Halle/S. 1992.

Vera Lourié (Vera Lur'e): *Stichotvorenija. Poems.* Edited and with an introduction by Thomas R. Beyer Jr. Berlin: Reihe der Staatsbibliothek Preußischer Kulturbesitz, Band 8, 1987.

Klaus Mann: *Der Wendepunkt. Ein Lebensbericht.* Reinbek bei Hamburg: Rowohlt Verlag 2006.

Fritz Mierau (Hrsg.): *Russen in Berlin: Literatur, Malerei, Theater, Film 1918–1933.* Leipzig: Verlag Philipp Reclam jun. 1987 und Weinheim: Verlag Quadriga 1988.

Kurt Schilde (Hrsg.): *Eva-Maria Buch und die »Rote Kapelle«. Erinnerungen an den Widerstand gegen den Nationalsozialismus.* Berlin: Overall 1993.

Karl Schlögel: »Berlin: Stiefmutter unter den russischen Städten«, in: Ders.: *Der große Exodus. Die Russische Emigration und ihre Zentren 1917 bis 1941.* München: C. H. Beck 1994.

Karl Schlögel: *Berlin Ostbahnhof Europas. Russen und Deutsche in ihrem Jahrhundert*. Berlin: Siedler Verlag 1998.

Hans-Joachim Torke (Hrsg.): *Lexikon der Russischen Geschichte. Von den Anfängen bis zur Oktoberrevolution*, München: Verlag C. H. Beck 1985.

Jurij N. Tynjanov: *Wilhelm Küchelbecker. Dichter und Rebell*. Übersetzt von Maria Einstein. Zürich: Diogenes Verlag 1990.

Konstantin Vaginov: *Sobranie stichotvorenij*. München: Verlag Otto Sagner 1982.

Marina Zwetajewa: *Ein gefangener Geist*. Essays. Übersetzt von Rolf-Dietrich Keil. Frankfurt am Main: Suhrkamp Verlag 1989.

Bildnachweise

15. Gedenkstätte Deutscher Widerstand
16. Akademie der Künste, Berlin
17. 1 und 2 Akademie der Künste, Berlin
18. Renate von Mangoldt
19. Claudia Jeczawitz

Namensregister

Verwandte von Vera Lourié

Schriftsteller, Künstler und Personen der Zeitgeschichte

Marie-Françoise Peteuil
Helen Hessel
Die Frau, die Jules und Jim liebte
Eine Biographie
Aus dem Französischen von Patricia Klobusiczky
Mit zahlreichen Abbildungen
456 Seiten. Gebunden.
ISBN 978-3-89561-263-3

»Sensationell gelungen.«
Cosima Lutz, Die Welt / Die Literarische Welt

»Helen Hessel – eine Jahrhundertbiographie.«
Gabriele Denecke, RBB

»Helen Hessel wurde fast hundert Jahre alt;
es ist gut, dass man dieses außergewöhnliche Leben
jetzt zum ersten Mal ganz nachvollziehen kann.«
Ulrike Voswinckel, BR2

»Helen Hessels Leidenschaft und ihre Willensstärke
sind auch heute noch beneidenswert;
das Buch: eine unbedingte Empfehlung.«
Bettina Baltschev, MDR

Schöffling & Co.